清代學術名著叢刊

十七史商榷

上

[清]王鳴盛 撰
黃曙輝 點校

上海古籍出版社

圖書在版編目(CIP)數據

十七史商榷/(清)王鳴盛撰；黄曙輝點校．—上海：上海古籍出版社，2016.3（2025.4重印）
（清代學術名著叢刊）
ISBN 978-7-5325-8015-6

Ⅰ.①十…　Ⅱ.①王…　②黄…　Ⅲ.①中國歷史—古代史—紀傳體　②《十七史》—研究　Ⅳ.①K204.1

中國版本圖書館CIP數據核字 (2016) 第 044982 號

清代學術名著叢刊

十七史商榷

(全三册)

[清] 王鳴盛　撰

黄曙輝　點校

上　海　古　籍　出　版　社　出版、發行

（上海市閔行區號景路159弄1–5號A座5F　郵政編碼201101）

(1) 網址：www.guji.com.cn

(2) E-mail：gujil@guji.com.cn

(3) 易文網網址：www.ewen.co

上海展强印刷有限公司印刷

開本 850×1168　1/32　印張 51.625　插頁 9　字數 1,000,000

2016 年 3 月第 1 版　2025 年 4 月第 6 次印刷

印數：3,951-4,550

ISBN 978-7-5325-8015-6

K·2173　定價：158.00 元

如發生質量問題，請與承印公司聯系

電話：021-66366565

整理弁言

清人傾全力治經，治史多在課經之暇，而通校全史者尤稀如星鳳。乾隆間，錢大昕、王鳴盛、趙翼三氏，校理全史，各自撰有專書。錢氏《廿二史攷異》、王氏《十七史商榷》、趙氏《廿二史劄記》，十數年間相繼問世，亦史林之盛觀也。三家之書各有所長，皆爲讀史者之津梁。王利器輯《越縵堂讀書簡端記》録李慈銘《十七史商榷》書首識語云：「趙書意主貫串，便於初學記誦，此與錢書，則鉤稽抉擿，考辨爲多，而議論淹洽，又非錢之專事校訂者比矣。」又云：「錢專考訂，鮮及評議。趙主貫串，罕事引證。兼之者惟此書，故尤爲可貴。」於《商榷》一書，推崇甚至。今《攷異》、《劄記》均已有標校本，《商榷》獨無，亦缺典也。因發憤從事校讎，經始於甲申，越一年蕆事，全書都八十萬言，可付印，因掇其著書旨趣及所欲爲讀者告者冠於篇首云。

王鳴盛，字鳳喈，號禮堂，又號西莊，晚年改號西沚居士。生於清康熙六十一年，卒於嘉慶二年，年七十六。生平詳見錢大昕《西沚先生墓誌銘》及王昶《王鳴盛傳》。

西莊以漢學鳴於時，博綜善考據，當時已有通人之目，或又比之漢之鄭玄。趙翼《甌北集》卷三十九《王西莊光禄輓詩》有「歲在龍蛇讖可驚，儒林頓失鄭康成」之句。按《後漢書》卷三十五鄭玄本傳曰：「建安五年春，夢孔子告之曰：『起，起，今年歲在辰，明年歲在巳。』」李賢注引北齊劉晝《高才不遇傳》云：「辰爲龍，巳爲蛇。歲至龍蛇賢人嗟。」甌北上句即用此事。鄭玄卒於庚辰，西莊卒於丁巳，龍蛇之厄，後先一揆，亦巧合也。

西莊一生拚命著書，用曾國藩評俞樾語，見《春在堂隨筆》卷一。沈德懋跋西莊所著《蛾術編》云：「西莊先生著述富有，同時後進，稱其遠儕伯厚，近匹弇州。」沈跋又載西莊之語曰：「我於經有《尚書後案》，於史有《十七史商榷》，於子有《蛾術編》，於集有詩文，以敵弇州《四部》，其庶幾乎。」言之津津，今猶可想見其自得之色也。

《十七史商榷》者，取毛氏汲古閣所刻十七史，全校之一周，爲改譌文，補脱文，去衍文，又舉其中典制事蹟，詮解蒙滯，審覈舛駁。計《史記》六卷，《漢書》二十二卷，《後漢書》十卷，《三國志》四卷，《晉書》十卷，《南史》合《宋》《齊》《梁》《陳書》十二卷，《北史》合《魏》《齊》《周》《隋書》四卷，《新》《舊唐書》二十四卷，《新》《舊五代史》六卷，總九十八卷，又別論史家義例崖略爲《綴言》二卷，合爲一百卷。西莊又釋《商榷》命名之義云：「商度而揚榷之也。」按：「商榷」之「榷」當从「手」，不當从「木」，西莊後自覺其非，辨之於《蛾術編》卷三十，自認前此誤引木部，其書已行，不及追改云。後人亦有从西莊後説改爲从「手」者，沈家本《諸史瑣言》引此書皆作《商搉》。

西莊史學宗趣，一則曰治史宜考典章制度，再則曰治史與治經不同。惟其謂治史宜考典章制度，故於校勘本文、補正訛脱外，最詳於職官輿地典章制度；惟其謂治史與治經不同，故深惡宋儒以議論求法戒，凡自矜筆削而附於夏五郭公者均深斥之，尤不喜褒貶人物，以爲空言無當也。

西莊撰《商榷》時，曾向妹婿錢大昕請益。《昭代名人尺牘》二十二册有西莊與大昕一札云：「上次賜示零星小誤，叨教已深。今又承指應改二處，直諒多聞，兼之矣。向後一有得，乞即寄來。切切。海内能讀此書者不過數十人，如紹弓、輔之，又遠隔京華，不得不向吾兄而求益。其不及盡改者，總入《蛾術編》可也。順問孝履，餘不一。竹汀大兄大人我師。弟王鳴盛。」柴德賡曰：「札無年月，札後問孝履，當是乾隆四十七八年竹汀丁母憂時事。説不及盡改的可總歸入《蛾術編》，必屬晚年著作，其爲《十七史商榷》無疑。」見柴氏《史學叢考》中《王西莊與錢竹汀》一文。惟曰「零星小誤」，曰「海内能讀此書者不過數十人」，仍是驕矜自負語，未必真能虚心受教也。

其實西莊所涉既廣，讀書又不耐細勘，故著述中考證疏略者，往往而有。錢大昕《十駕齋養新録》卷六云：「三史謂《史記》、《漢書》及《東觀記》也。」其釋三史，至當不可易。而西莊《十七史商榷》中論三史者凡有三則，卷三十二引《續漢·郡國志》，謂三史指《史記》、前後《漢書》，而《後漢》則指謝承或華嶠書；卷四十二又據《三國志·吕蒙傳》注引《江表傳》有「省三史諸家兵書大有益」之語，因是時尚無謝、華二家之書，乃又謂三史似指《戰國策》、《史記》、《漢書》；卷九十九又舉前兩説而並舉之。其説依違無準，而皆爲誤釋則一也。考金毓黼《静晤室日記》卷一一四云：「《初學記》二十一《文部》史傳第二下云：『世以《史記》、班固《漢書》及《東觀漢記》爲三史矣。』按此語最爲明晰。往者王西莊《十七史商榷》數釋三史皆誤，錢辛楣《養新録》釋三史不誤矣，然未知引及此條。」則三史指《史》、《漢》、《東觀》，古人已明白言之，可爲大昕佐證，而西莊之爲臨文誤猜，益可見矣。

又《商榷》卷九十一《李德裕貶死年月》條云：「會昌六年三月，武宗崩。四月，宣宗立。明年改元大中。故《舊書·李德裕傳》：『宣宗即位，罷相，出爲東都留守。大中元年秋，以太子少保分司東都，再貶潮州司馬。明年冬，又貶潮州司户。二年，自洛陽水路經江淮赴潮州。其年冬，至潮陽，又貶崖州司户。三年正月，達珠崖郡。十二月卒，年六十三。』所謂『明年』者，大中二年也。其下文『二年』當作『三年』，『三年』當作『四年』，『年六十三』當作『六十四』，皆傳寫誤也。《新書》本傳『元年，貶潮州司馬』之下，删去『潮州司户』一節，即書『明年貶崖州司户，明年卒，年六十三』云云，則似真以二年貶崖州，三年卒，而《舊書》非傳寫之誤矣。此因删之不當，又據誤本以成誤者。《南部新書》卷戊云：『以二年正月貶潮州司馬。其年十月再貶崖州司户。三年十二月卒於貶所，年六十四。』所書貶官年月亦與舊史參錯不合，而年六十四却是。考《李衛公别集》第七卷《祭韋相執誼文》『維大中四年月日，趙郡李德裕謹以蔬禮之奠，致祭故相韋公之靈。公遣讒投荒，某亦竄跡南陬，從公舊丘』云云，末句云：『其心若水，其死若休。臨風敬弔，願與神遊。』蓋德裕將終之語。執誼亦由丞相貶崖州司户，故云，然則爲大中四年甚明。爲誤此一年，故以年六十四爲六十三，《舊書》不過數目字誤，《南部新書》乃傳聞失實，而《新書》則武斷已甚。《容齋隨筆》卷一載德裕手帖云：『閏十一月二十日，從表兄崖州司户參軍同正李德裕狀。』此正是大中四年之閏十一月，發此書後至十二月而卒矣。洪邁因史文而誤以爲三年。」

按陳寅恪《李德裕貶死年月及歸葬傳説辨證》云：「王説初視之，似甚精確，然考其根據約有二端，一爲《舊唐書》壹柒肆《李德裕傳》中明年冬又貶潮州司户之一節，一爲《李衛公别集》柒《祭韋執誼文》中維大中四年月日之一語。其實二者皆有可疑。」

關於第一點，陳氏辨之云：「考《舊唐書》壹捌下《宣宗紀》大中三年九月制略云：『守潮州司馬員外置同正員李德裕，可崖州司户參軍。所在馳驛發遣，縱逢恩赦，不在量移之限。』據此，則李德裕在未貶崖州司户參軍以前，仍是潮州司馬。若如《舊唐書·李德裕傳》所載，德裕在既貶潮州司户以後，未貶崖州司户參軍以前，其間果尚有貶潮州司户一事者，則德裕貶崖州司户參軍之詔書應稱其官銜爲潮州司户參軍，而非潮州司馬矣。今詔書既稱其官銜爲潮州司馬，則其間無貶潮州司户參軍之事，可以決言。《新唐書》壹捌拾《李德裕傳》删去《舊傳》中因上下文重複而傳寫衍誤之『明年冬又貶潮州司户』一句，正足徵其比勘精審，勝於舊史之文，復何武斷之有？若王氏之臆改『二年』作『三年』，『三年』作『四年』，『六十三』作『六十四』，則誠可謂武斷已甚耳。」陳氏又云：「又王氏謂德裕手帖之閏十一月正是大中四年之閏十一月。洪邁亦因史文而誤以爲三年。寅恪檢古今人所編長曆，惟大中三年有閏十一月，大中四年並無閏月之可能。此正容齋之不誤，而西莊之大誤也。」

關於第二點，陳氏辨之云：「今傳世《李衛公別集》中《祭韋相執誼文》，即王氏用以爲德裕卒於大中四年説之根據者，實從《雲溪友議》中採輯而來。今范氏書爲維大中年月日，而非維大中四年月日，其『四』字乃原本所無，後人誤增入者。故王氏立説之最後根據既已覓得之後，不但不能助成其説，反足以喪失其自身立足之憑藉，然此豈王氏當日之所能料及者哉。」又云：「《李衛公別集》乃後人綴輯而成。其卷柒所收《祭韋執誼文》，除《雲溪友議》外，若《文苑英華》及《唐文粹》等總集皆未選録。大約即採自范氏之書。此文疑如《南部新書》所言，乃仇家僞作。故以僕射稱韋執誼，致與大中四年以前之事實不符也。

夫王氏李德裕卒於大中四年之説，其最强有力之證據，在此祭文。若此祭文爲僞造，或雖非僞造，而其原本實無大中四年之四字，則其説之難成立，自不待詳辨矣。」

錢大昕《疑年録》卷一：「李文饒六十三。生貞元三年丁卯，卒大中三年丁巳。」其下注云：「《續前定録》、《南部新書》俱云六十四。王西莊據《衛公别集》有大中四年《祭韋丞相執誼文》，斷爲四年卒，六十四。今據本傳。」陳寅恪又引大昕此條而論之曰：「錢氏雖不顯言王氏之非，然其所依據乃從《唐史》本傳。中略。其學識相去懸遠，信爲清代史學家第一人也。」

又《商榷》開卷第一條講目録學，四百餘字中即有四誤，陳垣嘗撰《書十七史商榷第一條後》一文，一一辨之，見其《史源學雜文》，今已收入本書附録，讀者可以參觀焉。《商榷》中亦有陰本前人成説而不標出處者。卷一《十篇有録無書》條，余嘉錫曰：「王氏此條，考十篇有録無書，凡七百八十餘言，除引張晏及《索隱》外，其自爲説大抵與《漢志考證》所引東萊吕氏語同，而竟一字不及吕氏，是不可解也。」見余氏所著《太史公書亡篇考》。又卷三十一《父諱武》條，李慈銘曰：「此條已見顧氏炎武《日知録》第二十六卷《史文衍字》條下。」見王利器輯《越縵堂讀書簡端記》。

又考《商榷》卷三十五《卒吏》條、《護軍將軍》條、《高密侯》條，其説均已見於劉攽《東漢書刊誤》，而均不標所自，《商榷》於劉書多所稱引，惟此數條没其所出。西莊頗推崇王懋竑，於其《白田雜著》及《讀書記疑》採摭極多，至有稍爲增益一二語即將爲己有者。《商榷》六十一《顔竣鑄錢議》條云：「宋制，有事百官集議，衆議不同，並以啓上，《宋書》中往往載之，如《顔竣傳》中載其鑄錢兩議，《孔季恭傳》中載其墾湖田議，是也。但所議攙用史牘，殊不可讀，《南史》遂痛削之，僅存一二，若無《宋書》，則當時制度全不見。」按《讀書記疑》卷八云：「《顔竣傳》鑄錢兩議，删削過多，不見其本意，當從《宋書》補正。宋制，百官集議，衆議不同，並以啓上，《宋書》中往往載之，《竣傳》其一也。但所議攙用吏牘，又有訛脱，頗難曉解。《南史》因並削之，僅載一二，當時之制度遂不見於後世。」西莊僅增「孔季恭傳中載其墾湖田議」數字，難免貪天之功以爲己力矣。又楊樹達《積微翁回憶録》一九三六年二月廿六日條下云：「跋王峻《漢書正誤》，王西莊校《漢書》，説多與《正誤》同。考峻爲紫陽書院山長，西莊爲其弟子，何以相襲從同，不可知矣。」有好事者取《正誤》與《商榷》對校，當不難發現西莊因襲乃師之處。

嘗試言之，西莊當非有意攘人之善者，《商榷》卷六十八自述其讀《南》《北史》云：「予循文指摘，記於上下，隙處殆遍。」想校訂十七史時均用此法，蓋先用諸本對校質證，而諸家校語亦記於書上，當時偶漏其主名，而成書寫定時又未能一一檢照也。

西莊學問，博大有之，精深則未也，而其人品亦有可議，而尤爲吾所不滿者，則有二事焉。

一則爲人貪鄙。清昭槤《嘯亭續録》卷三云：「王西莊未第時，嘗館富室家，每入宅時必雙手作摟物狀。人問之，曰：『欲將其財氣摟入己懷也。』及仕宦後，秦諉楚諈，多所乾没，人問之曰：『先生學問富有，而乃貪吝不已，不畏後世之名節乎？』公曰：『貪鄙不過一朝之嘲，學問乃千秋之業。余自信文名可以傳世，至百年後，口碑已没而著作常存，吾之道德文章猶自在也。』故所著書多慷慨激昂語，蓋自掩其貪鄙也。」黄文相《王西莊先生年譜》載《輔仁學誌》第十五卷一二合期。乾隆五十三年條下云：「《甌北詩集》三二《閶門晤王西莊話舊》詩云：『握手論交紫塞塵，春明一出見無因。每逢後進思前輩，喜聽貧官作富人。』自注云：『君生事頗足。』《漢學師承記》謂先生卜居蘇州閶門外，不與當事通，亦不與朝貴接。家本寒素，賣文諛墓碑以自給，餘則一介不取也。證以甌北詩注，江鄭堂之言似爲諛詞，而《嘯亭雜録》好貨之譏，恐亦不爲無因也。」

二則好輕詆人。陳垣《書十七史商榷第一條後》曰：「王西莊好駡人，昔賢每遭其輕薄，如謂劉向爲西漢俗儒；謂李延壽學識淺陋，才短位卑；謂杜元凱剽竊；蔡九峰妄謬；又謂陳振孫爲宋南渡後微末小儒；王應麟茫無定見。其於時賢如顧亭林、戴東原，亦力斥之，又謂朱竹垞學識不高。」其所舉西莊罵人之語如此。

予又考之，《商榷》卷二十四謂趙岐漢之俗儒，卷五十一謂陸德明、張守節皆無知之輩。卷七謂吴仁傑作《兩漢刊誤補遺》，輾轉駁難，紙墨遂多，豈不無謂而可笑。人生世上，何苦吃飽閑飯，作閑嗑牙。卷九十四謂徐無黨空疏。西莊於古人顯有主名者則必逞其利口，遇無主名者亦必慨歎一番，快其胸臆。《商榷》卷一百自謂「大凡人學問精實者必謙退，虚僞者必驕矜。生古人後，但當爲古人考訂疑誤，若鑿空翻案，動思掩蓋古人自以爲功，其情最爲可惡。」一若西莊爲謙退君子，而《商榷》中詆諆古人，譏彈近士，幾於無所不至，可謂言行不符矣。尋錢大昕《潛研堂文集》卷三十五《答王西莊書》謂：「愚以爲學問乃千秋事，訂訛規過，非以訾毁前人，實以嘉惠後學，但議論須平允，詞氣須謙和，一事之失，無妨全體之善，不可效宋儒所云一有差失，則餘無足觀耳。」大昕規西莊之過深矣，可謂言之諄諄，而聽之藐藐，西莊仍未能降心相從，《蛾術編》爲其最後著述，臨終猶未定稿，而其中輕薄前賢之語，未嘗稍爲末減，故後來迮鶴壽校訂其書時，亦病其出言過分，而稍爲圓其説也。可見西莊天性刻薄，至死不能自悟其非也。

予故著其人品之可議者，以爲學者之戒。毋謂百年易盡，口碑已没，有著述傳世，即可不修德砥行也。至於文人相輕之惡習，尤爲學人之蠹，近來耳目所及，攻訐嘲謔，紛争而不能已，皆此相輕之一念爲之，覽前人之成事，不能不感慨系之也。

西莊自謂：「予所著述，不特注所出，並鑿指第幾卷、某篇某條，且必目睹原書，佚者不列。」《商榷》卷九十八。夷考其實，亦不盡然。《商榷》卷六《史通駁史記》條云：「《史通》曰：『太史公述《儒林》則不取游、夏之文學，著《循吏》則不言冉、季之政事，至於《貨殖》爲傳，獨以子貢爲先，成人之美，不其缺如。』愚謂游、夏、冉、季、子貢已載《仲尼弟子列傳》，《史通》妄也。《困學紀聞》有《史記正誤》篇，愚謂子長與經傳牴牾處誠多，至如《史通》此條，《紀聞》亦取之，則無識。」

按引《史通》見《外篇·雜説》上，引《困學紀聞》見卷十一，《商榷》未注明，其不合者一。

「獨以子貢居先」下，《史通》尚有「掩惡揚善，既忘此義」兩句。「不其闕如」，《紀聞》引，「闕」作「缺」。據此，西莊引《史通》，即從《困學紀聞》轉録。《史通》非佚書，此則未據原書，而從他書轉引也。其不合者二。

茲校理《商榷》，即以洞涇草堂原刻本爲底本，除施以句讀疏通文義外，於西莊所引書，尤三致意焉，一一辨析其起迄，以免傳訛。本書卷十三《益延壽》條云：「『甘泉則作益延壽館』，師古曰：『益壽、延壽，二館名。』按黄長睿云：《史記》作『益延壽館』，而近歲雍耀間耕夫有得古瓦，其首作『益延壽』三字，瓦徑尺，字畫奇古，則此館當時瓦也。又《括地志》云：『延壽觀在雍州雲陽縣西北八十一里，通天臺西八十步。』正今耀州地也。然則當以《史記》爲正，《漢・郊祀志》誤衍一『壽』字耳。」

按此則全採黄伯思字長睿。《東觀餘論》卷上《二館辨》之文，西莊未益一字。《漢書補注》卷二十五下引此條，標曰「王鳴盛曰黄長睿《東觀餘論》云」，已爲補得其出處矣。王樹民《王鳴盛的經史之學》一文則舉此條，謂西莊不僅正《漢書》之訛，兼糾顔注之謬，蓋未檢《東觀餘論》原文，而誤以「又《括地志》云」以下爲西莊申釋之辭也。如釋《漢書》，徑引《東觀餘論》即可，不然，亦當曰王鳴盛引黄伯思《東觀餘論》云云，如此方合引書之體。

然西莊亦有引前人之説而綴以己見者，此又非細心尋繹不可。卷三十八《楚王英恒帝》條於引《後漢書・西域傳》後又云：「此傳論前敍佛説所自來，多有微詞。又言道書之流，又言鄒衍、莊周未足槩其萬一，與宋景文公《李蔚贊》所云『大抵與黄老相出入，而譎誕華人取莊列之説以助其高，因此層累騰架，直出其上』者同意。《魏書》：太平真君七年詔曰：『雖言胡神，問今胡人，共云無有，皆是前世漢人無賴子弟劉元真、吕伯强之徒，乞胡人之誕言，用老莊之虚假，附而益之，皆非真實。』《李蔚贊》又出於此詔文，載《魏書・釋老志》。」

按自「此傳論」至「直出其上者同意」，此《榕村集》卷二十二《書後漢書西域傳論後》之文，惟西莊以意截取，與原文亦多出入。下文引《魏書・釋老志》以明《新唐書・李蔚傳》贊所本，則又西莊之語也。

古人引書，其起迄最難究詰。《史記》卷七《項羽本紀》太史公曰：「吾聞之周生曰：舜目蓋重瞳子，又聞羽又重瞳子。羽豈其苗裔耶，何興之暴耶？」錢鍾書《管錐編》云：「按舜之重瞳，何待聞之周生，故周生語少不能減於兩句矣。」中華本二七八頁。讀書得間，一語道破矣。惟周生語之起迄，仍以書闕有間，未能論定耳。近世著述存者既多，亦較先秦、兩漢爲謹嚴，互相推求，十猶能得其七八也。《舊唐書》卷七《中宗紀》云：「景龍四年三月壬戌，賜宰臣已下内宴甲子。」《商榷》卷七十一《内宴甲子》條云：「沈氏考證云：『甲子』下闕文。書日不書事也。案校本作『賜宰臣已下内様巾子』，傳寫之誤，非闕文。」既以「案」字領起下文，則「『甲子』下闕文。書日不書事也」爲沈氏考證語，當無疑義，及考沈炳震《唐書合鈔》，是又不然，該書卷七於「壬戌，賜宰臣已下内宴甲子」下注「下闕文」三字，則「『甲子』下闕文」者，西莊述沈氏之意，而「書日不書事也」則又西莊申述之辭也。岑建功本《舊唐書校勘記》按此書卷一至卷十爲劉文淇撰。卷三引沈校及西莊此條，沈校僅云：「『甲子』下有闕文。」蓋是從原書摘録，故能確知其起迄也。

茲校《商榷》，凡涉獵所及，有相關者皆不忍捐棄，附於各條之下。如李慈銘《商榷》批語，王利器輯入《讀書簡端記》，類皆精審不可易，故悉數採入。惟限於見聞，掛漏難免，而多所枝蔓，又似於校書體例，稍有參差，繼念薈萃衆説既已匪易，而諸家之於《商榷》，或正其誤，或申其緒，其言雖未必盡是，要足爲西莊諍友，會而聚之，足供參稽，而將來有志校證此編者，亦可於焉取材，遂不避魯莽謏聞之誚，賈勇爲之。至於折衷群言，論定是非，則益非淺學所能爲役，而有賴於讀者之慎思明辨矣。惟因疏懶，未即所得録爲長編，故不僅《漢書補注》、《後漢書集解》、《晉書斠注》、《舊唐書校勘記》等均採之未竟，而新得史料雖復不少，亦因排版已竣，增固不能，删亦未便，臨卷悵然，不勝伊鬱。姑識吾過，以俟他日增補。

乙酉秋日，後學黄曙輝謹識，壬辰春校訂。

目録

上册

十七史商榷卷八……七七

十七史商榷卷九……八六

十七史商榷卷十……九八

十七史商権卷十一

十七史商権卷十二

十七史商榷卷十三

十七史商榷卷十四

十七史商榷卷二十六……二七八

十七史商榷卷二十七……二八九

十七史商榷卷二十八……三〇一

十七史商榷卷二十九……三一〇

十七史商榷卷三十……三一六

十七史商榷卷三十一

十七史商榷卷三十二……三四六

十七史商榷卷三十三……三五七

十七史商榷卷三十四……三七四

十七史商榷卷三十五……三八〇

十七史商榷卷三十八……四一八

中册

十七史商榷卷四十四……五〇六

十七史商榷卷四十五……五二三

十七史商榷卷四十六……五三七

十七史商榷卷四十七

十七史商榷卷四十八……五六六

十七史商榷卷四十九

十七史商榷卷五十……五九一

十七史商榷卷五十二……六一六

十七史商榷卷五十三……六二五

十七史商榷卷五十四……六三三

十七史商榷卷五十五……六六三

十七史商榷卷五十八

南史合宋齊梁陳書六……七二三

十七史商榷卷五十九

南史合宋齊梁陳書七……七二九

十七史商榷卷六十……七五六

十七史商榷卷六十二……七九七

十七史商榷卷六十三……八一一

十七史商榷卷六十四……八三五

南史合宋齊梁陳書十二……八三五

十七史商榷卷六十五……八七四

十七史商榷卷六十六……八七七

十七史商権卷七十……九六九

十七史商榷卷七十一

十七史商榷卷七十二……一〇〇八

十七史商榷卷七十三

下册

十七史商榷卷七十六……一〇七四

新舊唐書八……一〇七四

十七史商榷卷七十七……一〇九二

十七史商榷卷七十八……一一〇〇

十七史商榷卷七十九……一一〇九

十七史商榷卷八十七……一二四二

十七史商榷卷八十八……………………一二七二
新舊唐書二十……………………一二七二

十七史商榷卷八十九……一二九三

十七史商榷卷九十……一三一五

十七史商榷卷九十一

新舊唐書二十四

十七史商榷卷九十五……一四二六

十七史商榷卷九十六 …… 一四五六

新舊五代史四 …… 一四五六

十七史商榷卷九十七 …… 一四六五

新舊五代史五 …… 一四六五

十七史商榷卷九十八……一四八六

十七史商榷卷九十九……一四九七

十七史商榷卷一百……一五〇七

附録一　傳狀……一五三〇

附録二　評論……一五四二

序

十七史者，上起《史記》，下訖《五代史》，宋時嘗彙而刻之者也。商榷者，商度而揚榷之也。海虞毛晉汲古閣所刻行世已久，而從未有全校之一周者。予爲改譌文，補脱文，去衍文，又舉其中典制事蹟，詮解蒙滯，審覈踳駁，以成是書，故名曰《商榷》也。《舊唐書》、《舊五代史》，毛刻所無，而云十七者，統言之，仍故名也。若《遼》、《宋》等史，則予未暇及焉。大抵史家所記典制有得有失，讀史者不必橫生意見，馳騁議論，以明法戒也，但當考其典制之實，俾數千百年建置沿革，瞭如指掌，而或宜法，或宜戒，待人之自擇焉可矣。其事蹟則有美有惡，讀史者亦不必强立文法，擅加與奪，以爲褒貶也，但當考其事蹟之實，俾年經事緯，部居州次，紀載之異同，見聞之離合，一一條析無疑。而若者可褒，若者可貶，聽諸天下之公論焉可矣。書生匈臆每患迂愚，即使考之已詳，而議論褒貶猶恐未當，況其考之未確者哉。蓋學問之道，求于虚不如求于實，議論褒貶皆虚文耳，作史者之所記録，讀史者之所考核，總期于能得其實焉而已矣，外此又何多求邪？予束髮好談史學，將壯，輟史而治經，經既竣，乃重理史業，摩研排纘，二紀餘年，始悟讀史之法，與讀經小異而大同。何以言之？經以明道，而求道者不必空執義理以求之也，但當正文字，辨音讀，釋訓詁，通傳注，則義理自見而道在其中矣。譬若人欲食甘，操錢入市，問物有名甘者乎？無有也。買飴食之，甘在焉。人欲食鹹，問物有名鹹者乎？無有也。買鹽食之，鹹在焉。讀史者不必以議論求法戒，而但當考其典制之實；不必以褒貶爲與奪，而但當考其事蹟之實。亦猶是也，故曰同也。若夫異者則有矣。治經斷不敢駁經，而史則雖子長、孟堅，苟有所失，無妨箴而砭之，此其異也。抑治經豈特不敢駁經而已，經文艱奧難通，若于古傳注，憑己意擇取融貫，猶未免于僭越，但當墨守漢人家法，定從一師而不敢佗從。至于史則于正文有失，尚加箴砭，何論裴駰、顔師古一輩乎？其當擇善而從，無庸偏徇，固不待言矣，故曰異也。要之，二者雖有小異，其總歸于務求切實之意，則一也。予識暗才懦，一切行能，舉無克堪，惟讀書校書頗自力，嘗謂好著書不如多讀書，欲讀書必先精校書。校之未精而遽讀，恐讀亦多誤矣；讀之不勤而輕著，恐著且多妄矣。二紀以來，恒獨處一室，覃思史事，既校始讀，亦隨讀隨校，購借善本，再三讎勘，又搜羅偏霸雜史、稗官野乘、山經地志、譜牒簿録，以暨諸子百家、小説筆記、詩文別集、釋老異教，旁及於鐘鼎尊彝之款識、山林冢墓、祠廟伽藍碑碣斷闕之文，盡取以供佐證，參伍錯綜，比物連類，以互相檢照，所謂考其典制事蹟之實也。暗砌蛩吟，曉窗鷄唱，細書歆格，夾註跳行，每當目輪火爆，肩山石壓，猶且吮殘墨而凝神，搦秃豪而忘倦。時復默坐而翫之，緩步而繹之，仰眠牀上而尋其曲折，忽然有得，躍起書之，鳥入雲，魚縱淵，不足喻其疾也。顧視案上有藜羹一盂，糲飯一盂，于是乎引飯進羹。登春臺，饗太牢，不足喻其適也。凡所考者，皆在簡眉牘尾，字如黑蟻，久之皆滿，無可復容，乃謄於別帙而寫成浄本，都爲一編，計《史記》六卷，《漢書》二十二卷，《後漢書》十卷，《三國志》四卷，《晉書》十卷，《南史》合《宋》、《齊》、《梁》、《陳書》十二卷，《北史》合《魏》、《齊》、《周》、《隋書》四卷，《新》、《舊唐書》二十四卷，《新》、《舊五代史》六卷，總九十八卷，別論史家義例崖略爲《綴言》二卷終焉。閑館自攜，寒燈細展，指瑕索瘢，重加點竄，至屢易稾始定。噫嘻，予豈有意于著書者哉？不過出其讀書、校書之所得，標舉之以詒後人，初未嘗別出新意，卓然自著爲一書也。如所謂横生意見，馳騁議論，以明法戒，與夫强立文法，擅加與奪褒貶，以筆削之權自命者，皆予之所不欲效尤者也。然則予蓋以不著爲著，且雖著而仍歸于不著者也。學者每苦正史緐塞難讀，或遇典制茫昧，事蹟樛葛，地理、職官眼眯心瞀，試以予書爲孤竹之老馬，置于其旁而參閱之，疏通而證明之，不覺如關開節解，筋轉脈摇，殆或不無小助也與。夫以予任其勞而使後人受其逸，予居其難而使後人樂其易，不亦善乎？以予之識暗才懦，碌碌無可自見，猥以校訂之役，穿穴故紙堆中，實事求是，庶幾啓導後人，則予懷其亦可以稍自慰矣。夫書既成，而平生不喜爲人作序，故亦不求序于人，聊復自道其區區務實之微意，弁之卷端。序所不足者，《綴言》具之云。進士及第通議大夫光禄卿前史官嘉定王鳴盛字鳳喈號西沚譔。

十七史商榷卷一

史記一

史記集解分八十卷

《漢志》，《史記》百三十篇，無卷數。裴駰《集解》則分八十卷，見司馬貞《史記索隱》序，《隋志》始以一篇爲一卷，又別列裴注八十卷，《新》《舊唐志》亦然，不知何人刻《集解》亦以一篇爲一卷，疑始于宋人。今予所據常熟毛晉刻正如此，裴氏八十卷之舊不可復見，不知其分卷若何。

目録之學，學中第一緊要事，必從此問塗，方能得其門而入，然此事非苦學精究，質之良師，未易明也。自宋之晁公武，下迄明之焦弱侯一輩人，皆學識未高，未足剖斷古書之真僞是非，辨其本之佳惡，校其譌謬也。有某氏者，藏書最稱奧博，自誇其家藏宋刻開元本《史記》，升老子於列傳首，居伯夷上，又自誇集諸宋板《史記》共成一書，凡一百三十卷，小大長短咸備，因李沂公取桐絲精者襍綴爲一琴名「百衲琴」，故亦戲名此爲「百衲《史記》」，但百衲本既分一百三十卷，而開元本分卷若干，其爲仍裴駰之舊乎，抑已改之乎，某之學不足以知此，竟未嘗討論及之。如某之搜奇訪秘，多見多聞，較儉陋者誠不可同日語，惜其未有學識，枉見如許奇秘古本，竟不能有所發明以開益後人。[一]如某但可云能藏書，未敢許爲能校書、能讀書也。或問予曰：「讀書但當求其意理，卷帙離合有何關繫，而子斷斷若此？」予笑而不能答。

校讀記

[一]李詳《媿生叢録》卷一云：「詳案：某氏者，錢遵王也。事見《讀書敏求記》。遵王學識雖淺，要爲俊物，派開乾隆以後諸目録家之先聲，西莊即有不滿於錢，亦何必諱言某氏耶？屢思之不得其故。」按陳垣《書十七史商榷第一條後》説同，陳文又列舉西莊此條之誤凡四，詳見本書附録二《評論》。

索隱正義皆單行

《索隱》三十卷，張守節《正義》三十卷，見《唐志》，皆别自單行，不與正文相附，今本皆散入。明監板及震澤王氏、莆田柯氏刻並同。惟常熟毛晉既專刻《集解》外，又别得北宋刻《索隱》

單行本而重翻刻之，是小司馬本來面目。自識云：「倘有問張守節《正義》者，有王震澤行本在。」震澤本亦非唐本三十卷之舊，亦是將司馬氏、張氏注散入裴本中者，但必出自宋人，故毛氏云然，張氏三十卷本，今不可得而見矣。

遷字子長

《集解序》張守節正義云：「司馬遷，字子長，左馮翊人也。」按遷之字，《史記·自序》及《漢書》本傳皆不見，惟見《法言·寡見》篇。《後漢書·張衡傳》、《晉書·干寶傳》、《文選》載其《報任安書》亦著司馬子長，魏收《魏書》附收上書啓亦稱之。《新唐書·柳宗元傳》亦云「韓愈評其文似司馬子長」，但楊子雲既稱之，則班氏豈有不知，而竟不著於本傳？蓋史例雖至班氏而定，每人輒冠以字某，某郡縣人，而《遷傳》即用《自序》元文，例不畫一，故漏其字。又《自序》云：「遷生龍門」，《漢·地理志》左馮翊夏陽縣龍門山在北，故張氏以爲左馮翊人。

子長遊蹤

司馬遷自言：「生長龍門，二十南游江淮，上會稽，探禹穴，闚九疑，浮沅湘，北涉汶泗，講業齊魯之都，鄉射鄒嶧，厄困鄱薛彭城，過梁楚以歸。」此遊所涉歷甚多，閱時必甚久，約計當有數年，歸後始仕爲郎中，又奉使巴蜀，南略卭笮昆明，還報命。徐廣以爲「平西南夷在元鼎六年，其明年爲元封元年」，約計是時遷之年必在四十左右。元封初，其父談卒，遷使還見父，父卒三歲始爲太史令，而紬石室金匱書。又五年當太初元年，始論次其文，是時遷之年蓋已五十。又七年遭李陵之禍，徐廣以爲天漢三年。既腐刑，乃卒述黃帝至太初，則書成時必六十餘矣。後爲中書令，卒必在武帝之末，《曹參世家》末言參之五世孫宗以征和二年坐太子死，即戾太子也。又田仁、任安二人皆坐戾太子事誅，而《史記·田叔傳》及仁死事，且云：「予與仁善，故述之。」又《報安書》作於安下獄將論死之時，則巫蠱之獄、戾太子之敗，遷固親見之。又四年武帝崩，《漢書》本傳于《報任安書》後言遷卒，則在武帝末，或更至昭帝也。《孝武本紀》裴駰注云：「《太史公自序》曰『作《今上本紀》』，又其述事皆云『今上』、『今天子』，或有言『孝武帝』者，悉後人所定也。」愚謂遷實卒於昭帝初，觀《景帝本紀》末云「太子即位，是爲孝武皇帝」，《衛將軍驃騎傳》末段亦屢稱武帝，按其文義，皆非後人附益，間有稱武帝爲「今上」者，《史記》作非一時，入昭帝未久即卒，不及追改也。惟《賈生傳》末述賈生之孫嘉「與余通書，至孝昭時列爲九卿」，此「孝昭」二字則是後人追改，其元本當爲「今上」耳。

《五帝本紀》贊自言「予嘗西至空峒，北過涿鹿，東漸於海，南浮江淮」，《黄帝紀》云「西至空桐」，注引韋昭曰：「山在隴右。」又「戰于涿鹿之野」，注引服虔曰：「涿鹿，山名。在涿郡。」遷東至海，南至江淮，即二十南遊事。至空峒、涿鹿遊跡，不知約在何年，其二十南遊無空峒、涿鹿蹤跡，《河渠書》贊則云：「余南登廬山，觀禹疏九江，遂至于會稽太湟，上姑蘇，望五湖，東闚洛汭、大邳，迎河，行淮、泗、濟、漯、洛渠，西瞻蜀之岷山及離碓，北自龍門至于朔方。」其「廬山」以下云云，蓋即二十南遊所歷，瞻岷山、離碓即爲郎中使巴蜀時事，意者其時並至隴右，故登空峒。若朔方及涿鹿則究無由至。《蒙恬傳》贊云：「吾適北邊，自直道歸，行觀蒙恬所爲秦築長城亭鄣。」蓋遷別自有北邊之遊，但不知此段遊蹤定在何時耳，不可考矣。《屈原傳》贊云：「余適長沙，觀屈原所自沈淵，未嘗不垂涕，想見其爲人。」此遊蹤即二十南遊闚九疑、浮沅湘時事，《樊酈滕灌傳》贊云：「吾適豐沛，問其遺老。」即過梁、楚以歸時事。

史記所本

本傳云：「孔子因魯史記作《春秋》，左丘明論輯其本事，爲之傳。又纂異同爲《國語》。又有《世本》，録黄帝以來至春秋時帝王公侯卿大夫祖世所出。春秋之後，七國並争，秦兼諸侯，有《戰國策》。漢興，伐秦定天下，有《楚漢春秋》。故司馬遷據《左氏》、《國語》，采

《世本》、《戰國策》，述《楚漢春秋》，接其後事，訖于大漢。」裴駰全采此段爲《集解》序。考《藝文志》，《春秋經》、《左氏傳》外有《國語》二十一篇，亦左丘明著；《世本》十五篇，古史官記；《戰國策》三十三篇，記春秋後；《楚漢春秋》九篇，陸賈所記。又諸子儒家别有《陸賈》二十三篇。《世本》今已亡，而《楚漢春秋》亦亡。今所傳陸賈《新語》，繹其文，即列於諸子之儒家者，絶非《楚漢春秋》，而篇數只有十二，無二十三，子長于《酈生陸賈傳》贊云「余讀陸生《新語》書十二篇」，則知本十二，《漢書》乃言「二十三」，傳寫誤也。

史記剏立體例

司馬遷剏立本紀、表、書、世家、列傳體例，後之作史者遞相祖述，莫能出其範圍，即班、范稱書，陳壽稱志，李延壽《南北朝》稱史，歐陽子《五代》稱史記，小異其目。書之名，各史皆改稱志，《五代》又改稱考；世家之名，《晉書》改稱載記。要皆不過小小立異，大指總在司馬氏牢籠中。司馬取法《尚書》及《春秋》内、外傳，自言述而非作，其實以述兼作者。

《新唐》一百九十七卷《循吏傳》云：「李至遠撰《周書》，起后稷至赧爲傳紀，令狐德棻許其良史。」周事載于經傳諸子者已詳，何勞復用《史記》體，强作編次？此爲牀上安牀。

德棻稱之，無異兒童之見。

《史記》先本紀，次表，次書，次世家，次列傳，《漢書》同，《晉書》載記、《五代史》世家附于末尾，蓋以僭僞諸國，自不便居傳之前，非必立意欲與《史記》别異也。若《新唐書》改爲先志後表，《宋》、《遼》、《金》、《元》皆然，此則特變《史記》之例者也。魏收《北魏書》并改志居傳後，蓋收先著紀傳奏上，以志未成，奏請終業，然後又續十志上之，自云：「志之爲用，網羅遺逸，晚始撰録，彌歷炎凉，是以綴于傳末。」而《五代史》亦從之。此變中之變也。

《史記》「太史公曰」云云者，此其斷語也。而班氏改稱贊，陳壽改稱評，至范蔚宗又改稱論矣，而又系以贊，論爲散文，贊爲四言詩，沈約《宋書》改論稱「史臣曰」，惟《趙倫之等傳》一卷無論，校者以爲非約原書。[一] 蕭子顯《南齊書》、姚思廉《梁》《陳》二書、魏收《北魏書》、令狐德棻《北周書》及《晉書》、《隋書》、《舊唐書》並同。《五代史》論直起不加標題，而輒以「嗚呼」二字引其端，此皆其名目之不同者也。有論無贊者，《宋書》、《梁書》、《陳書》、《北魏書》、《北周書》、《隋書》、《南》《北史》、《新唐書》、《五代史》、《宋》《遼》《金》三史也。論贊並用者，《晉書》、《南齊書》、《舊唐書》，而《南齊書》志亦有贊，《宋》、《遼》二史本紀稱贊，列傳稱論，則變之尤者。《晉書》中間有唐太宗御論，改稱「制曰」，但如《王羲之傳》制專論其善書一節，則知太宗當日特偶然論及，未必欲以此作史論，史臣特援入之以爲重耳。《梁書》本紀末史臣論後又贅侍中鄭國公魏徵論一段，昭明太子及王茂等傳襍用其父所作論，稱爲「陳吏部尚書姚察曰」云云，《陳書》亦然，此皆思廉之謬。至於李百藥《北齊書》本紀之末，於論外又附鄭文貞公魏徵總論一篇矣，而其餘紀傳有有論無贊者，有有贊無論者，有論贊俱無者，有論贊俱有者，其論或稱「論曰」，或稱「史臣曰」，參差不一，蓋因《北齊書》多亡，僅存者十八篇，其餘皆後人取《北史》充入，故體例錯亂如此。若前明所修《元史》，全部皆無論贊，則幾不足以爲史矣。要總未有能出《史記》之範圍者。

校讀記

[一]《宋書》卷四十六趙倫之等傳後附宋嘉祐時人鄭穆校語云：「臣穆等案：《高氏小史·趙倫之傳》下有《到彦之傳》，而此書獨闕。約之史法，諸帝稱廟號而謂魏爲虜，今帝稱帝號，魏稱魏主，與《南史》體同，而傳末又無史臣論，疑非約書。然其辭差與《南史》異，故特存焉。」

十篇有録無書

《漢·司馬遷傳》：「著十二本紀、八書、三十世家、七十列傳，凡百三十篇，而十篇缺，有録無書。」張晏注云：「遷没之後，亡《景紀》、《武紀》、《禮書》、《樂書》、《兵書》、《漢興已來將相年表》、《日者列傳》、《三王世家》、《龜策列傳》、《傅靳列傳》。元成之間褚先生補缺，作《武帝紀》、《三王世家》、《龜策》、《日者傳》，言辭鄙陋，非遷本意也。」《史記·自序》末段裴駰即引此注注之，而「兵書」二字作「律書」。《索隱》于《自序》末則云：「《景紀》取班書補之，《武紀》專取《封禪書》，《禮書》取荀卿《禮論》，《樂書》取《禮·樂記》，《兵書》亡，不補，略述律而言兵，遂分歷述以次之。《三王系家》空取其策文以續此篇，何率略且重，非當也。《日者》不能記諸國之同異，而論司馬季主。《龜策》直太卜所得占龜兆襍説，而無筆削功，何蕪鄙也。」今考《景紀》現存，是遷元文，不知張晏何以言遷没後亡，且此紀文及贊皆與《漢書·景紀》絶不同，又不知《索隱》何爲言以班書補之。其《武紀》則是褚少孫所補，《禮書》、《樂書》雖是取荀卿、《禮記》，其實亦是子長筆，非後人所補，不知張晏何以云亡。《兵書》即是《律書》，觀《自序》自明。師古謂本無《兵書》以駁張晏，誠誤，但今《律書》見存，即是《兵書》不亡，而張晏何以云亡，《索隱》亦誤會也。《漢興以來將相年表》惟太始以後後人所補，其前仍是子長筆，何以云亡。《日者》、《龜策》二篇，惟末段各另附褚先生言，其元文仍出子長筆，《索隱》以《日者傳》司馬季主事爲褚補，非也。[一]不知張晏何以云亡。而褚《龜策傳》末則云：「太史公作《龜策列傳》。臣往來長安中，求《龜策傳》不能得，[二]故之太卜官，問掌故文學長老習事者，寫取龜策卜事，編于下方。」然則今所有《龜策》元文出子長者，褚所未見，又不知以何時出而得行也。《三王世家》直列三王封策書而不置一詞，其贊云：「王者封立子弟以褒親親，自古至今，由來久矣。非有異，故弗論著也。然封立三王，文辭爛然可觀，是以附之世家。」此亦是子長筆，據文雖未定之筆，亦不可云亡，而張晏何以云亡。其後則有褚先生曰：「臣好觀太史公傳。傳中稱《三王世家》文辭可觀，求其世家終不能得，竊從長老好故事者取其封策書，編列而傳之。」據贊則取封策以當世家者亦子長所爲，而褚乃以爲其自所編列，是皆不可解。《索隱》據褚之言，以爲褚所補。《傳靳傳》俱是子長元文，並無補續，又不知張晏何以云亡。然則《漢書》所謂十篇有録無書者，今惟《武紀》灼然全亡，《三王世家》、《日者》、《龜策傳》爲未成之筆，但可云闕，不可云亡。[三]其餘皆不見所亡何文。

校讀記

[一]李慈銘曰：「慈銘案：《日者傳》先述司馬季主事，後一行云：『太史公曰：古者卜人所以不載者，多不見於篇，及至司馬季主，余志而著之。』其後又列『褚先生曰』云云，似所載季主事固出史公筆矣，然其文緐蕪，絶無翦裁，不同史公它文字，蓋此傳亦已亡，止存卷末『太史公曰』數語之贊，褚少孫因取季主事補入之，張晏、司馬貞所言必非無據矣。」

[二]李慈銘曰：「案：《龜策列傳》自『太史公曰』至『豈不信哉』，乃傳序，非傳文也，以僅存序文，故褚少孫謂『求列傳不可得』，其下方所列文甚緐，此小司馬所謂『占龜兆雜説蕪鄙，不足取

者』。」

〔三〕參余嘉錫《太史公書亡篇考》。

褚先生補史記

世皆言褚先生補《史記》，其實《史記》惟亡《武紀》一篇，餘間有缺，無全亡者，說已見上，而褚所補亦惟《武紀》，其餘特附益于各篇中如贅疣耳。《武紀》之補，固屬可笑，其餘皆鄙瑣無謂，或冗複混目，已詳見各條，惟《外戚世家》有數句可取，至若《建元以來侯者年表》末補武帝末年侯者四人，昭宣時所封及元帝初元間封者一人，《張蒼傳》末附征和以後并宣元諸相車千秋、韋賢、玄成、魏相、丙吉、黄霸、匡衡，此等雖無害，然《史記》本訖天漢，亦何勞贅述？其《平津侯傳》末附太皇太后賜公孫弘後當爲後者關内侯爵詔一通，又采入《漢書》贊一篇。徐廣曰：「此詔是平帝元始中王元后詔，後人寫此及班固所稱，以續卷後。」《索隱》云：「案廣所云，則又非褚先生所録。」考張晏謂褚爲博士在元成間，此非褚筆明矣。

徐廣音義

裴駰，松之之子，宋南中郎參軍，注司馬遷《史記》，行于世，見《宋書》六十四卷及《南史》三十三卷。其自序云：「東莞徐廣研核衆本，爲《史記音義》，麤有發明而殊恨省略，聊以愚管，增演徐氏。」以徐爲本，號曰《集解》。考《宋書》五十五卷《徐廣本傳》云「字野民，東莞姑幕人」云云，此傳叙述頗詳，並不言廣注《史記》，《晉書》八十二卷本傳、《南史》三十三卷本傳並同，蓋偶然漏略，諸傳沿襲不補。廣即太子前衛率邈字仙民之弟。

裴注所采

裴注于《尚書》則引鄭玄、馬融、王肅注，不但引僞孔安國；於《左傳》則引賈逵、鄭衆、服虔注，不但引杜預；於《穀梁傳》則引麋信注，不但引范甯；於《國語》則引賈逵、唐固注，不但引韋昭；於《孟子》則引劉熙注，不但引趙岐；於《戰國策》則引綦毋邃、孫檢注，不但引高誘。又引《尚書大傳》、《韓詩章句》、《司馬法》、《孫子兵法》、《尸子》、《魯連書》、《皇覽》、《楚漢春秋》、《茅盈内紀》、劉向《别録》、譙周《古史考》、皇甫謐《帝王世紀》，及宋忠《世本》注、左思《齊都賦》注、王肅《禮記》注。諸書今皆亡，藉其采用，存千百之一二，亦爲有功。所引雖係隨手掇拾，非有鑒裁，然亦博雅。古書現存爲其所引者不數。

裴注下半部簡略

裴注上半部頗有可觀，其下半部則簡略，甚至連數紙不注一字。世家自陳涉以下，列傳自張耳、陳餘以下，裴於徐廣舊注外，但襲取服虔《漢書》注、晉灼、臣瓚及蔡謨《漢書音義》，裴所自爲者十無一二。《漢書》之所取者《史記》也，今《史記》注反取《漢書》注以爲注，陋矣。大約自戰國以前，關涉經傳者尚屬用心，一入漢事即無足取。

索隱改補皆非

《索隱》凡三十卷，前二十八卷貞采徐廣、裴駰、鄒誕生、劉伯莊舊注，兼下己意，按文申義，自序一篇附于末。其二十九卷及三十卷之上半卷，則貞嫌元本述贊未善而重爲一百三十篇之贊，下半卷則補序一篇，自述其補之之由，又逐段論其改删升降之意，大旨謂五帝之前當補太皞庖犧氏、女媧氏、炎帝神農氏，并於其前又追補天皇、地皇、人皇三皇，總稱《三皇本紀》。又欲將《秦本紀》、《項羽本紀》俱降爲世家，又謂惠帝事不當没之而入於《吕后紀》中，欲依班氏分爲二紀。又欲補曹叔振鐸、許男、邾子、張耳、吴芮諸世家。又欲將列傳中吴王濞升入世家，與楚元王同爲一篇，淮南、衡山升入世家，與齊悼惠王同爲一篇。又欲將《陳涉世家》降爲列傳，又謂外戚不當入世家，其意蓋亦欲降入列傳。又謂子產、叔向不宜入《循吏傳》，欲於管、晏後補吴延陵、鄭子產、晉叔向、衛史魚等傳。又欲分老子與尹喜、莊周爲一篇，韓非别入《商君傳》。末又欲抽魯連與田單爲一傳，鄒陽與枚乘、賈生爲一傳，屈原與宋玉等自爲一傳。又謂《司馬相如》、《汲鄭傳》不宜在《西夷》之下，《大宛傳》宜在《朝鮮》之下，不宜在《酷吏》、《游俠》之間。貞所改補如此。後乃自悔其穿鑿，俱仍舊貫，而聊附其説於此。惟《三皇本紀》一篇贅于卷末。然述贊猶於《李廣》之下《衛青》之前抽出《匈奴》，入於《南越》之前。愚謂貞之改補誠不知而作，皆非是。至其又欲分《蕭相國》、《曹相國》、《留侯》、《絳侯》、《五宗》、《三王世家》，各爲一篇作六篇。按今本固爲六篇而貞言如此，則不可解。意者此即所謂八十卷本之分卷邪？但子長於《留侯》下有《陳平》，方繼以《絳侯》，而貞所舉《留侯》下即《絳侯》，則又不可解。

貞所移易篇次有非是者，有似是而不必者。如老、韓同傳，正以老子清虚不有其身故，無情則必入於深刻，故使同傳。今乃謂其教迹全乖而欲移之，真强作解事。李廣、衛青事迹與匈奴相出入，故以匈奴參錯于二人之間，今移之亦非。司馬相如次西南夷下者，亦因相如實欲通西南夷者，移之則非其本意。其餘皆多事而無謂，不必也。惟惠帝年十六即位，在位七年，年二十三而崩，《史記》將惠帝事亦入《吕后本紀》，此則似不如《漢書》别立《惠帝紀》爲妥，然此惟《漢書》斷代爲史，立體必應如是，若《史記》本自疏闊，周七八百年只一紀，漢每帝一紀，已自詳近略遠，惠帝無紀亦復何害。

《周禮·春官》「外史掌三皇五帝之書」，則五帝以前固有三皇矣，但不知孰謂三皇，孰謂五帝。僞孔安國《尚書》序以伏羲、神農、黄帝爲三皇，少昊、顓頊、高辛、堯、舜爲五帝，而《史記》則以黄帝與顓頊、高辛、堯、舜爲五帝，無少昊。考昭十七年《左傳》「少皞氏鳥名官」，杜預云：「少皞，金天氏，黄帝之子。」疏引《大戴禮·帝系》云：「黄帝生玄囂。」《史記》云：「黄帝[一]生二子，其一曰玄囂，是爲青陽。」據《世本》及《春秋緯》，皆言青陽即是少皞，黄帝之子，代黄帝有天下，號曰金天氏。[二]雖《史記》言青陽降居江水，與諸書言有天下似不同，而其爲黄帝之子則同，意者亦如帝摯立而不終，故當統於黄帝爲一代而不得别爲一帝。僞孔説非矣。且《史記》所數五帝，本之《大戴禮·五帝德》篇，此孔子之言，豈可不依？又《易·繫辭》以伏羲、神農爲上古，黄帝、堯、舜爲後世聖人，二者顯有區别，然則羲、農爲皇，黄帝等爲帝明甚。《困學紀聞》十一卷引五峰胡氏説，《易繫》以犧、農、黄帝、堯、舜爲五帝，大謬。而僞孔之謬尤可知矣。《索隱》謂僞孔説惟皇甫謐《帝王世紀》與之同，豈知孔即謐之所假託，自譔自證以售其欺者乎？要之，羲、農爲皇尚少一皇，不足三數。故司馬貞必欲追補三皇，先取羲、農，從鄭玄據《春秋緯》配以女媧猶之可也，乃復於其前追紀天皇、地皇、人皇則甚誕。鄭樵、陸唐老皆以三皇冠于五帝前，若劉恕、陳桱則於三皇前又追叙盤古，皆非也。[三]

校讀記

[一]疏「黄帝」下有「正妃」二字，按此疏撮舉《史記·五帝本紀》之文，「正妃」兩字不可省。

[二]西莊引《左傳疏》止此。

[三]翁元圻《困學紀聞注》卷十一引西莊此條，以爲「説最精當」，且有補證。

十七史商榷卷二

史記二

殷本紀裴注誤

《殷本紀》：「盤庚涉河南，治亳。」裴駰引鄭玄曰：「治於亳之殷地，商家自此徙，而改號曰殷亳。」皇甫謐曰：「今偃師是也。」按《尚書疏》引鄭注，以亳在偃師，若皇甫謐則以亳爲梁國穀熟縣，此安談也。詳《尚書後案》。安肯遵鄭注乎？「皇甫謐曰」四字，裴駰妄加，裴於經注援引多誤，今不暇詳辨。

始皇本紀贊後人所亂

《秦始皇本紀》太史公贊采賈生之言，自「秦兼諸侯山東三十餘郡」起至「是二世之過也」凡二千四五百字。今考此文見賈誼《新書》卷一《過秦》上、中、下三篇，予所藏係宋淳祐八年刻本，最爲可據，自「秦孝公」至「攻守之勢異也」爲上篇，[二]自「秦并海内，兼諸侯，南面稱帝」至「是二世之過也」爲中篇，自「秦兼諸侯山東三十餘郡」至「而社稷安矣」爲下篇，若如今本《史記》，則司馬遷所采乃倒其次，以下篇爲上篇，上篇爲中篇，中篇爲下篇矣。又《陳涉世家》末有褚先生曰「吾聞賈生之稱曰」云云，即用「秦孝公」至「攻守之勢異也」一段，若果本紀内已有此一段，則兩處重出，不但遷必不如此，即庸陋如褚先生亦不應至是。今試取賈誼原書尋繹之，上篇是專責始皇，而每以陳涉與六國相形，以見其不施仁義，故前之滅六國易，後之亡於陳涉亦易，中篇亦數始皇罪惡，而下半篇却歸罪二世，下篇則兼責子嬰，故每並稱三主，其次第甚明。再取徐廣及裴駰、司馬貞注詳翫之，則知司馬遷當日實取《過秦》中、下二篇爲《始皇本紀》贊，上篇爲《陳涉世家》贊，而中、下篇亦仍就賈生元次，未嘗倒其文，班固所見司馬氏元本本如此，徐廣亦見之。本紀贊中「秦孝公」云云至「攻守之勢異也」一段乃魏、晉間妄人所益，後人見其與《世家》贊重出，疑出褚少孫手，于是又妄改《世家》贊「太史公曰」爲「褚先生曰」。

《始皇本紀》贊末段云「賈誼、司馬遷曰：『向使嬰有庸主之才，僅得中佐，山東雖亂，秦之地可全而有，宗廟之祀未當絶也。』秦之積衰，天下土崩瓦解，雖有周旦之材，無所復陳其巧，而以責一日之孤，誤哉」云云，各本並同。愚謂上「司馬遷」三字衍，「未當絶也」之下

脱「司馬遷曰」四字。[二]

校讀記

[一]李慈銘曰：「小司馬《索隱》已略言之。」

[二]李慈銘曰：「慈銘案：《秦本紀》贊引賈生語云云，其文已完，其後别提行記襄公至二世立年、傳授、葬處及大事，而終之曰『右秦襄公至二世六百一十歲』，《索隱》謂『此當據《秦紀》爲説，與正史小有不同』者，是也。其後又曰『孝明皇帝十七年十月十五日乙丑，曰周曆已移，仁不代母』，以下至末『嬰死生之義備矣』乃班固對明帝之語，徐廣註曰：『班固《典引》曰：永平十七年，詔問臣固：「太史遷贊語中，甯有非耶？」臣對：「賈誼言：『子嬰得中佐，秦未絶也。』此言非是。」』徐注以證此段文之出於《典引》甚明，小司馬謂『「孝明皇帝」以下，是明帝訪班固，評賈、馬贊中論秦亡天下之得失，後人因取其説附之此末者』，是也。蓋賈論并貶子嬰，史公取賈論爲贊，則馬意亦同賈，故班氏並舉賈誼、司馬遷云云，『秦之積衰』以下，是班駁賈、馬語，王氏蓋誤以爲皆史公本文，亦太疏矣。鄙意自『襄公立享國十二年』以下，至『右秦襄公至二世六百一十歲』一大篇亦是後人附入，史公於本紀中既已備敘，何煩複列，以博異聞。」

江西江東

《史記·項羽本紀》：「秦二世元年七月，陳涉等起大澤中。九月，會稽守通謂項梁曰：『江西皆反，此天亡秦之時也。』」《陳涉世家》：「二世元年七月，發閭左適戍漁陽九百人屯大澤鄉，涉爲屯長。」徐廣注：「大澤鄉在沛郡蘄縣。」然則所云江西乃指江北言。《本紀》又言「項梁收會稽兵得八千人，召平矯陳涉命，立梁爲上柱國，曰：『江東已定，急引兵西擊秦。』項梁乃以八千人渡江而西。」又：「范增説項梁曰：『君起江東。』」又：「羽軍敗，欲渡烏江，烏江亭長曰：『江東雖小，亦足王也。』羽曰：『我與江東子弟八千人渡江而西，今無一人還，縱江東父兄憐而王我，我何面目見之。』」臣瓚云：「烏江在牛渚。」以上所言江東，指今之江寧、鎮江、常州、蘇州、松江、嘉興、湖州等府而言，會稽守治則今之蘇州府治也。而江西則古人西北通稱，非以對東乃得稱之。若《三國志·吴主傳》：「曹公恐江濱郡縣爲孫權所略，徵令内移，民轉相驚，自廬江九江蘄春廣陵户十餘萬皆東渡江，江西遂虚，合肥以南惟有皖城。」《吴宗室傳》謂孫權初統事時，賓客諸將多江西人，而《孫策傳》則謂：「策説袁術，乞平定江東，術表策爲折衝校尉，行殄寇將軍。」又言：「曹公表策爲討逆將軍，封爲吴侯。時袁紹方强而策并江東。」又：「策臨死謂權曰：『舉江東之衆，決機於兩陳之間，卿不如我。舉賢任能以保江東，我不如卿。』」彼時策之所有，會稽、吴、丹楊、豫章、廬陵五郡，則所云江西、江東，約略可見。要皆據大勢約略言之，非有劈分定界。

鄭注非康成

《項羽本紀》:「懷王都盱台。」裴駰引鄭玄曰:「音煦怡。」案康成不注《史》、《漢》,此所引鄭注當是鄭德《漢書注》,而《漢書·羽傳》此下亦無鄭德注,不知裴何據。常熟毛氏《索隱跋》謂宋刻「鄭德」誤作「鄭玄」,則此亦宋人妄改。

項氏謬計四

項氏謬計凡四。方項梁起江東,渡江而西,并諸軍,連戰勝,及陳涉死,召諸別將會薛計事,此時天下之望已繫於項梁,若不立楚懷王孫心,即其後破死於章邯之手,而項羽收其餘燼,大可以制天下。范增首唱議立懷王,其後步步爲其掣肘,使沛公入關,羽得負約名,殺之江中,得弑主名,增計最拙,大誤項氏。謬一。酈生勸立六國後,張良借前箸籌其不可。在劉如此,在項何獨不然。章邯破滅項梁,羽之讎也,乃許之盟,與之和好,立之爲王。此事秦民已不服,又詐坑降卒二十萬,失秦民心。謬二。棄關中不都而東歸,乃三分關中,王章邯及其長史司馬欣、都尉董翳以距漢,豈知三人詐秦民降諸侯,被坑民怨之刺骨,安肯爲守?坐使漢還定三秦如反掌。謬三。漢之敗彭城,諸侯皆與楚背漢,范增勸急圍漢王滎陽。[一]范增諸所爲項王計畫，惟此最得，乃又聽漢反間逐增，使軍心懈散，失漢王。謬四。六國亡久矣，起兵誅暴秦，不患無名，何必立楚後？制人者變爲制於人，而懷王者公然主約，既約先入關者王之，而不使項羽入關，是明明不欲羽成功也。獨不思已本牧羊兒，誰所立乎？既不能殺羽而顯與爲難。且不但不使羽入關而已，并救趙亦僅使爲次將，所使上將則妄人宋義也。羽即帳中斬其頭如探囊取物，迨至羽屠咸陽，殺子嬰後，懷王猶曰如約。如約者，欲令沛公王關中也。兵在其頸，猶爲大言，牧羊兒愚至此。范增謬計既誤項氏，亦誤懷王。

項王之失不在粗疏無謀，乃在苛細多猜疑，不任人。韓信、陳平皆棄以資漢，至於屢坑降卒，嗜殺失人心，更不待言。《黥布傳》贊云：「項氏所坑殺人以千萬數，而布常爲首虐，用此得王，亦不免于身爲世大僇。」子長著布之罪，而項羽之罪亦見。

校讀記

[一]「滎陽」當作「滎陽」。

高祖紀不書諱

《史記》于高祖云字季，不書諱，餘帝則諱與字皆不書。《漢書》本紀因之，馬、班自以爲漢臣故耳。其餘各史則皆書諱某字某，沈約曾仕宋，而《宋書》亦皆書諱。夫史以紀實也，帝王之尊，當時爲臣子者固不敢書其名字，若史而不書，後何觀焉？各史不襲馬、班是也。

似君當作以君

《高紀》：「吕后與兩子居田中，有一老父過相吕后，曰：『夫人，天下貴人。』相孝惠，曰：『夫人所以貴者，乃此男也。』老父已去，高祖來，追及，問老父，老父曰：『鄉者夫人嬰兒皆似君。君相貴不可言。』」「皆似君」，《漢書》作「皆以君」，即上文「夫人所以貴者，此男」之意，《漢書》凡「以」皆作「㠯」，[一]惟此作「以」，蓋就《史記》文去「人」旁故耳。彼如淳注云：「『以』或作『似』。」或又引《論衡》作似爲據，[二]但吕后貌似高祖，此何説乎？皆非也。「夫人嬰兒皆以君」，荀悦《漢紀》作「夫人兒子蒙君之力」，[三]語意尤覺顯然。

校讀記

[一]參本書卷二十八《史記多俗字漢書多古字》條。

[二]見《論衡·骨相》篇。

[三]見《高祖皇帝紀》卷第一。又按：「荀悦」原誤作「苟悦」，據光緒十九年廣雅書局刻《商榷》

改正。

劉項俱觀始皇

秦始皇帝游會稽，項梁與籍俱觀，籍曰：「彼可取而代也。」高祖繇咸陽，縱觀秦皇帝，喟然太息曰：「嗟乎，大丈夫當如此也。」項之言悍而戾，劉之言則津津然不勝其歆羨矣。陳勝曰：「壯士舉大名耳。王侯將相，寧有種乎？」項籍口吻正與勝等，而高祖似更出其下。天下既定，置酒未央宮，奉玉巵，爲太上皇壽曰：「始大人常以臣亡賴，不能治産業，不如仲力，今某之業所就孰與仲多。」[一]其言之鄙至此。

校讀記

[一]李慈銘曰：「慈銘案：朱温謂其母曰：『朱五經兒作天子。』與此同一識見，同一口吻。善乎，唐彦謙之詩曰：『長陵亦是閒丘壟，異日誰知與仲多。』得《春秋》之旨矣。朱竹垞詞云：『看來終勝劉仲。』文人滑稽耳。」

劉藉項噬項

兩敵相争，此興彼敗，恒有之事，從無藉彼之力以起事，後又步步資彼乃反噬之如劉之於項者。項起吴中，以精兵八千人渡江，并陳嬰數千人，黥布、蒲將軍亦以兵屬，凡六七萬人，又并秦嘉軍，其勢强盛。項梁聞陳王死，召諸别將會薛計事，沛公亦起沛往焉。此時沛公甚弱，未能成軍。項梁益沛公卒五千人，五大夫將十人，始得攻豐，拔之。此後凡所攻伐，史每以沛公、項羽並稱，兩人相倚如左右手，非項藉劉，乃劉依項。項氏之失策在立楚懷王而聽命焉。羽欲西入關，懷王不許，而以命沛公，乃使羽北救趙，約先入關者王之，其後羽乃得負約名，此項之失策也。然當日若非羽破秦兵於鉅鹿，虜王離，殺涉間，使章邯震恐乞降，沛公安能入關乎？羽不救趙，破秦兵，秦得舉趙，則關中聲勢轉壯，沛公入秦何如此之易乎？沛公始終藉項之力以成事而反噬項者也。故曰：「吾能鬬智不鬬力。」其自道如此，若使夫子評之，必曰「譎而不正」。

漢惟利是視

漢始終惟利是視，頑鈍無恥，其言曰：「吾與項羽俱北面受命懷王，約爲兄弟。」羽少漢王十五歲，《項羽本紀》初起時年二十四，時高祖年三十九。又徐廣注：「項王以始皇十五年己巳歲生，漢五年之十二月死，時年三十一。」時高祖四十六。如其言，則漢王爲兄、項王弟矣。鴻門之會，自知力弱，將爲羽所滅，即親赴軍門謝罪，其言至卑屈，讓項王上坐，己乃居范增之下爲末坐，縱反間以去范增，用隨何以下黥布，有急則使紀信代死，不顧子女，推墮車下，鴻溝既畫，旋即背之，屢敗窮蹙不以爲辱，失信廢義不以爲媿也。若以沛公居項羽之地，在鴻門必取人於杯酒之間，在垓下必渡烏江而王江東矣。

不許趙高

《史記》于《高紀》西略地入關之下，叙至趙高已殺二世，使人來，欲約分王關中，沛公以爲詐，乃使酈生、陸賈往説秦將，啗以利，因襲破之。「以爲詐」三字，《漢書》改爲「不許」，近儒遂云：「不許賊臣，真可云扶義而西者。」[一]考《始皇本紀》，沛公屠武關，使人私於趙高。然則沛公豈真扶義而不許高者乎？特以爲詐耳。班之改焉，非也。

校讀記

[一]「近儒」指何焯，「不許賊臣，真能扶義而西者矣」，見《義門讀書記》第十五卷。

爲羽發哀

爲義帝發喪，袒而大哭，此猶自可。殺項羽，以魯公禮葬，爲發哀，泣之而去。天下豈有我殺之即我哭之者，不知何處辦此一副急淚，千載下讀之笑來。《鄭當時傳》：「詔項籍故臣皆名籍。」怨毒如許，哭之何爲。

高祖年當從臣瓚

《高紀》：「漢十二年四月甲辰，高祖崩。」裴駰引皇甫謐曰：「高祖以秦昭王五十一年生，至漢十二年年六十三。」按《六國表》秦昭王五十一年歲在乙巳，至漢十二年歲在丙午，則高祖年當爲六十二，「三」字傳寫誤，若如此説，則高祖以秦二世元年九月起兵，時年已四十八，至爲漢王之元年，年已五十一，至即真，年已五十五。若《漢書·高紀》臣瓚注則云：「帝年四十二即位，即位十二年，壽五十三。」若如此説，則高祖以秦莊襄王三年歲在甲寅生，至起兵之年，年三十九，爲漢王四十二，即真四十六。愚謂當從臣瓚。秦昭王五十一年，周赧王以是年卒，皇甫謐欲推漢以繼周，故妄造此言，王應麟信之，載《困學紀聞》十一卷，其實非也。

少帝諸王皆非劉氏[一]

《史記·吕后紀》云：「惠帝崩，太子即位。元年，號令一出太后。四月，立孝惠後宫子强爲淮陽王，子不疑爲常山王，子山爲襄成侯，子朝爲軹侯，子武爲壺關侯。二年，常山王薨，以其弟襄成侯山爲常山王，更名義。四年，太后幽殺帝。五月，立常山王義爲帝，更名弘，不稱元年，以太后制天下也。以軹侯朝爲常山王。五年八月，淮陽王薨，以弟壺關侯武爲淮陽王。七年，立皇子平昌侯《表》作「昌平」。太爲呂王。更名梁曰呂，呂曰濟川。」其下又敍至八年七月，太后崩，諸呂欲爲亂，之下則云「當是時，濟川王太、淮陽王武、常山王朝名爲少帝弟」，以下又叙至諸呂誅後，大臣謀曰：「少帝及梁、淮陽、常山王皆非真孝惠子也。呂后以計詐名他人子，殺其母，養後宮，令孝惠子之，立以爲後，及諸王」云云，其下叙立代王後，興居、滕公除宮，謂少帝曰：「足下非劉氏，不當立。」載之出。代王入宮，夜，分部誅梁、淮陽、常山王及少帝于邸。一則曰非孝惠子，再則曰非劉氏，其文甚明。所誅梁王即前封呂王更名梁王亦更名濟川王名太者也，所誅淮陽王即前封壺關侯更封淮陽王名武者也，所誅常山王即前封軹侯更封常山王名朝者也，所誅少帝即前封襄成侯更封常山王又立爲帝，初名山，改名義，又改名弘者也。據《索隱》改名弘農，今本無「農」字。張守節《史記正義》引劉伯莊云：「諸美人皆先幸呂氏，懷身而入宮生子。」而《漢書·高后紀》于元年既書並封二王三侯事，其作表乃以二王入《異姓諸侯王》，且注云：「皆高后所詐立孝惠子。」又于八年武、朝下皆注云：「以非子誅。」又以義、朝、武及太入《外戚恩澤侯表》，且注云：「皆呂氏子也。」此句今本脱，如淳《高后紀》注引之。又《五行志》云：「惠帝崩，嗣子立，有怨言。太后廢之，更立吕氏子弘爲少帝。」則諸子非劉氏甚明。何氏《讀書記》謂少帝非劉，乃大臣既誅諸吕，從而爲之辭，[二]誤也。《綱目》、《書法發明》皆云少帝非劉氏。

校讀記

[一]李慈銘曰：「此説非也。惠帝崩後，所立者固是惠帝子，特非張后所生耳。近時黟人俞正燮《癸巳類稿》中辯之極詳。」

[二]見《讀書記》卷十五。

武紀妄補

《武紀》，褚少孫全取《封禪書》爲之。觀《文紀》贊云：「孔子言：『必世[一]後仁，善人治國百年，可以勝殘去殺。』漢興，至孝文四十餘載，德至盛也。廩廩鄉改正服封禪矣，謙讓未成於今。嗚呼，豈不仁哉。」而《自序》則云：「漢興五世，隆在建元。封禪，改正朔，易服色。作《今上本紀》。」以不改正服封禪爲仁，則以改正服封禪爲不仁，還若作《武紀》，封禪固所必書，然必無專紀此事之理，且亦何取重見。其有録無書，豈誠未暇作乎，抑諱而有待也。而少孫率意補之，真妄人耳。

校讀記

［二］《史記》「世」下有「然」字。

十七史商榷卷三

史記三

共和庚申以前無甲子紀年

《三代世表》云：「孔子序《尚書》，略無年月，或頗有，然多闕，不可録。疑則傳疑，蓋其慎也。余讀牒記，黃帝以來皆有年數。稽其譜牒、終始五德之傳，古文咸不同，乖異。夫子之弗論次其年月，豈虛哉。」《太史公自序》云：「維三代尚矣，年紀不可考，蓋取之譜牒舊聞，本于兹，于是略推，作《三代世表》。」子長之言如此，故《十二諸侯年表》斷自共和庚申始，以前三代但作《世表》，無甲子紀年也。鄭康成《詩譜序》亦云：「夷、厲已上歲數不明，太史《年表》自共和始，歷宣、幽、平王而得春秋。」乃張守節於裴氏《集解》序注云：「《史記》五十二萬六千五百言，叙二千四百一十三年事。」又《論例》云：「《史記》起黃帝，訖漢武帝天漢四年，合二千四百一十三年。」此説誕妄已極，大約本之皇甫謐《帝王世紀》。謐恣意妄造以欺世，所説世系紀年亦皆以意爲之，幾於無一可信，幸其書已亡，而裴駰、張守節皆無識，濫采入《史記》注，孔穎達作諸經疏間亦引之，皆非也。今亦未暇詳考，即如《五帝本紀》《索隱》引其文云：「炎帝神農氏至黄帝，中間凡隔八帝，五百餘年。」《集解》引其文云：「黄帝在位百年而崩，年百一十一歲。顓頊在位七十八年，年九十八歲。帝嚳在位七十年，年百五歲。帝堯以甲申歲生，甲辰即帝位，辛巳崩，年百十八歲，在位九十八年。」至荒遠事，豈得鑿鑿言之，况甲子，古人但用以紀日，本不以紀年乎？至如宣三年《左傳》云：「商載祀六百，周卜年七百。」《周易乾鑿度》卷上云：「太任順季，享國七百。」《孟子》云：「由堯舜至湯，由湯至文王，由文王至孔子，皆五百餘歲。」此俱約略之詞，若欲實指某年爲某君元年，某年爲某君崩年則不能。張守節楷定若干年，非得之謚而何，皆非是。

《竹書紀年》云是晉太康二年汲郡人不準盜發魏襄王冢所得，見《晉書·束皙傳》。今觀其書，起自黄帝軒轅氏，於五帝三王紀事皆有年月日，立年崩年，歷歷言之，可謂妄矣。必是束皙僞譔也。司馬子長見黄帝以來牒記，又見《世本》，而不敢著其年，安得此書若是之歷歷明審？又《晉書》云：「凡十三篇，記夏以來至周幽王。」今起黄帝，則今本恐并非元本，必又遭後世妄人增益。又有沈約注，《約傳》並不言有此注，亦出流俗附會。胡三省《通鑑注》自序乃言「《紀年》是魏國史記，脱秦火之厄而晉得之，子長不及見」，又可謂愚矣。《北史》第四十三卷《張彝傳》彝在北魏宣武帝時，上《曆帝圖》五卷，起元庖犧，終于晉末，凡十六代，一百二十八帝，歷三千二百七十年。此等妄談，正是《竹書紀年》之類，其穿鑿附會，不但不足信，亦不足辨也。大約妄人何代蔑有，全賴有識者屏黜之。有疑則闕，方爲善讀書。

劉歆《三統曆》載於《漢書·律曆志》者惟云堯即位七十載，舜即位五十載，皆《尚書》正文，而皇甫謐乃故與違異，云堯在位九十八年，且《律曆志》於黄帝、顓頊、帝嚳皆無年，而謐又追言之，此其妄也。司馬光《稽古録》、劉恕《通鑑外紀·外紀目録》、邵雍《皇極經世書》、金履祥《通鑑前編》、陳桱《通鑑續編》、薛應旂《甲子會紀》、南軒《通鑑綱目前編》、顧錫疇《綱鑒正史約》、鐘淵映《歷代建元考》雖各互異，而皆有三皇五帝下至周初歷年久近之數，列其甲子，此皆皇甫謐爲之作俑也。愚謂直當槩闕其疑，略而不道。《通鑑》之作，劉氏譔述，司馬氏總領，兩家史學精矣，然所當考者周、秦以下，若共和前則可勿論。劉雖作《外紀》，仍題疑年，尚爲有識，宋南渡後，承誤踵謬，降而愈下，自鄶無譏矣。

王應麟《困學紀聞》卷九《曆數》篇云："自帝堯元年甲辰至宋德祐丙子，凡三千六百三十三年。"王氏知諸家説開闢之年爲茫誕，豈知堯元年甲辰以下亦茫誕，如王氏，未敢許其有學識。近儒史學惟萬斯同季野善于稽覈，識見獨精，所譔《紀元彙考》，斷自共和庚申始，今本亦從此逆溯至唐堯元年甲辰者，乃後人所附益也。

《漢・諸侯王表》云：「周過其曆。」應劭注云：「武王克商，卜世三十，卜年七百。今乃三十六世，八百六十七歲，此謂過其曆也。」《漢・律曆志》上卷云：「太史令張壽王治黃帝曆，言黃帝至元鳳三年六千餘歲，丞相屬寶、長安單安國、安陵桮育，言黃帝以來三千六百二十九歲，不與壽王合。」此皆荒誕之言，姑勿論。下卷載劉歆之説云：「夏后氏繼世十七王，四百三十二歲。《三統》上元至伐桀之歲，十四萬一千四百八十歲。殷世三十一王，六百二十九歲。《三統》上元至伐紂之歲十四萬二千一百九歲。春秋魯桓公元年，上距伐紂四百歲，春秋盡哀十四年，二百四十二年。秦昭王五十一年，秦始滅周，周凡三十六王，八百六十七歲。」應劭之説蓋本于此，但劉歆《三統曆》不言堯、舜以前年固佳，而言三代年亦不的。彼於置閏不在歲終及二日爲旁死霸、十七日爲旁生霸皆不合古曆法，况曆法但能推年月日，不能推古帝王在位年數，《史記》既起共和，其前皆不可知，歆亦何據而知三代年數，此皆不足信。至於《稽古》、《外紀》之類，不但三皇五帝之年爲荒誕，而所列三代之年亦當概置勿論，不待言矣。凡此諸書，予插架皆有之，然未暇徧觀矣。荀悦《漢紀》首卷言夏四百四十二年，周七百六十七年。「四十二」當作「三十二」，「七百」當作「八百」，此傳寫誤，實皆與劉歆同。其餘唐、虞及殷並同。

商年數諸書互異

《史記》本紀、《竹書紀年》商皆三十王，《晉語》及《漢書·律曆志》則三十一王，此「一」字似衍。至其年數，《史記》既不具，而諸書又復互異。《左傳》云：「商載祀六百。」《律曆志》云：「六百二十九年。」《左傳正義》引以證六百之説。若《竹書紀年》則起癸亥，終戊寅，四百九十六年，與《左傳》、《律曆志》已絶異。《紀年》固不足信矣。而邵氏《經世》、金氏《通鑑前編》又改爲六百四十四年，更不知其何據。胡渭《洪範正論》又於六百四十四年之外欲更進一年，蓋因紂死于建丑月之初五日，依夏正言之雖爲十二月，若依商正則已是正月。胡因有此五日，故欲爲紂更延一年位號，争其體面，此其用心良苦，但未知確否。萬氏《紀元彙考》亦與胡説同，則後人所益也。

世表末妄補

《三代世表》末褚先生忽綴一段，稱大將軍霍光爲黄帝後。案光父中孺，以縣吏給事平陽侯家，與侍者衛少兒私通，生去病。中孺吏畢歸家，娶婦生光。少兒女弟子夫得幸武帝爲后，去病以后姊子貴，任光爲郎。可謂瑣瑣膴仕，不足道也。少孫因光擅權，爲此言以貢諛，遥遥華胄，至推爲黄帝苗裔，抑何妄且陋哉。

餘祭年表誤

《十二諸侯年表》吴餘祭四年，是年爲魯襄公二十九年，歲在丁巳，守門閽殺餘祭，以下仍以餘祭紀年，直至十七年以下始爲餘眛元年，殊不可解。《吴世家》：「餘祭在位十七年卒，弟餘眛立。」則似餘祭並無被殺之事矣。其實餘祭在位僅四年，餘眛則在位十七年，倒錯二王之年數耳。《索隱》於《世家》辨之。

周敬王以下世次

《史記·十二諸侯》及《六國表》紀年歷然分明，然自敬王以下，年代世次諸説互異。竊謂《史記》爲得其實。《年表》敬王元壬午，崩甲子，凡四十三年。其三十九年爲魯哀公十四年，則獲麟之年也。四十一年爲魯哀公十六年，則孔子卒之年也。敬王實崩於哀公十八年，敬王子元王，元乙丑，崩壬申，凡八年。元王子定王，元癸酉，崩庚子，凡二十八年，其元年爲魯哀公二十七年，《左傳》盡此，明年哀公卒，其説如此。《左傳》哀十九年：「叔青如京師，敬王崩故也。」案其事，似敬王有四十四年，與《史記》異，又《汲郡紀年》敬王元壬午，崩乙丑，凡四十四年，元王元丙寅，崩壬申，凡七年，較之《史記》，敬王多一年，元王少一年，是敬王以哀公十九年崩矣。然《正義》云：「叔青如京師，自爲敬王崩，未知敬王何年崩也。」考之魯事，隱公三年三月平王崩，至秋來求賻，以魯不會葬，又不共奉王喪也。文公八年八月襄王崩，明年二月，叔孫得臣如京師，其怠緩也若是，況哀公之季乎？逾年始往，固無足怪，不得執此以疑《史記》也。《世本》則以定王爲貞王，且以敬王崩，貞王介立，貞王崩，元王赤立。其元王之名與《史記》名仁互異，及以敬王亦爲崩於哀十九年，皆姑置勿論，惟《史記》元王爲定王父，《世本》元王爲貞王子，則迥不相合矣。宋忠爲《世本注》，亦疑而不能定。夫年代既遠，世次顛倒，理固有之，但《本紀》定王有三子争立事，長子去疾立，是爲哀王，立三月，弟叔殺哀王自立，是爲思王，立五月，弟嵬殺思王自立，是爲考王。此三王皆定王之子。元王既無此事，則馬遷於此不應亦誤，《世本》未足信也。杜預《世族譜》又以爲敬王四十二年崩，敬王子元王十年，《春秋》之傳終矣，如此則敬王崩於癸亥，元王元甲子，崩癸酉，其説與《史記》及《左傳》、《紀年》、《世本》諸書皆不同，不知所據云何，恐未足信，且如此則敬王之崩，叔青逾三年而會葬，殊覺遠於情事矣。最後皇甫謐作《帝王世紀》，又謂敬王元己卯，崩壬戌，凡四十四年，貞定王元癸亥，崩壬申，凡十年，元王元癸酉，崩庚子，凡二十八年。公子争立，立嵬爲考王，《年表》己卯爲景王之二十三年，景王崩於辛巳，凡二十五年。如謐說，則景王當削去三年，以二十二年戊寅崩矣。《國語》：「景王二十三年，將鑄無射，單穆公諫，不聽。二十四年，鐘成。二十五年，王崩。」則謐之言妄矣。且如此，則敬王之崩，叔青逾四年而往，此尤必無之理也。其以定王爲元王父亦襲《世本》，而遂以三子爭立皆移爲元王以就其說，但以十一年癸未三晉滅知伯，則滅知伯乃十六年戊子事，是年爲晉哀公四年，魯悼公十四年，在春秋後二十七年。杜預引《世家》及《年表》以解《左傳》，其事甚明，吴師道校鮑彪《戰國策注》亦同，安得以爲癸未事乎？又《索隱》亦從《世本》，以「定」當爲「貞」字之誤，而曰：「豈周家有兩定王，代數又非遠乎？」皇甫謐見此疑而不決，遂通於《史記》、《世本》之錯謬，因謂爲「貞定王」，未爲得其實。案《國語》：「景王崩，王室大亂，及定王，王室遂卑。」又：「敬王十年，劉文公、萇弘欲城成周，衛彪傒曰：『萇、劉其不没乎。』二十八年，殺萇弘。及定王，劉氏亡。」是《國語》與《史記》合，周有兩定王明矣。韋昭强改爲「貞」，抑思《國語》所紀，何容兩處並誤耶？若所謂貞定王者，據《索隱》，係謐妄造，今《紀年》亦作「貞定」，而海寧周廣業云：班氏《古今人表》亦作「貞定」，則非謐妄造，年代悠遠，紀載錯互，但當闕疑，不可强說。

八書所本

《史記》八書，采《禮記》、《大戴禮》、《荀子》、賈誼《新書》等書而成，至《天官書》一篇，錢少詹大昕以爲當是取《甘石星經》爲之。[一] 愚考此書，《漢·藝文志》已不載，而前明俗刻有之，疑唐宋人僞託也。

校讀記

[一] 説見《潛研堂文集》卷三十《跋星經》。

十七史商榷卷四

史記四

魯世家與年表相違

《魯世家》徐廣注曰：「自悼公以下，盡與劉歆《曆譜》合，而反違《年表》，未詳何故。」今考之，平公，《世家》二十二年卒，若依《年表》，當十九年，其餘俱合，無違反者，惟《年表》悼公元年三桓勝，魯如小侯，此當在定王三年乙亥，今誤入四年丙子。魯共公元年，此當在烈王二年丁未，今誤入元年丙午，則與《世家》遂多牴牾。然哀公既卒于定王二年甲戌，則悼公元年自當在三年乙亥，由此數之，方與十四年知伯滅合，豈徐廣于劉宋時所見之本已不免傳寫之誤邪？又知伯滅之年爲晉哀公四年，各書所載皆同，但晉出公以十七年奔齊，其年爲定王十一年癸未，魯悼公九年也。明年甲申，晉國無君，《史記》不詳其事，蓋知伯專晉如季孫意如事，而出公之卒當即在此一年中，若今本《史記》于《世家》知伯滅又誤十四年爲「十三」，賴有《左傳正義》所引正之。甚矣刊誤之難也。

滅楚名爲楚郡

《楚世家》：「秦將王翦破楚，虜楚王負芻，滅楚名爲楚郡云。」孫檢注云：「滅去楚名，以楚地爲秦郡。」「秦郡」，震澤王氏刻本作「三郡」，疑是，當從之。秦莊襄王名楚，本諱「楚」字，故于破楚虜王後，除去楚名而爲郡也。「楚郡」之「楚」字疑衍。三郡當謂南郡、九江、會稽，如黔中固是後來所置，非初滅六國時所有，南海、桂林、象郡亦然，且于楚亦僅羈縻，非其疆域，然如長沙郡則實楚地建爲郡者，而孫檢但言三郡，特約略之詞耳。其實當言四郡，抑古人「四」字亦積畫作「亖」，故易混邪？

孔子世家

以孔子入《世家》，推崇已極，亦復斟酌盡善。王介甫妄譏之，[一]全不考三代制度時勢，不識古人貴貴尚爵之意，《困學紀聞·史記正誤》篇又載王文公及潏水李氏說，[二]皆非也。

校讀記

[一]王安石有《孔子世家議》，見《臨川文集》卷七十一。

[二]王安石卒後謚文，見《宋史》卷三百二十七本傳，《困學紀聞》所引王文公説，即其《孔子世家議》之文，西莊著一「又」字，轉似别有一王文公矣。

外戚世家附

《外戚世家》末褚先生附三段：一段記武帝同母異父之姊修成君及衛子夫事，又述衛青尚平陽主事；一段記武帝所幸尹婕妤、邢夫人事；一段記鉤弋夫人事。每段各系以論斷，皆鄙瑣，惟衛青尚主事甚詳，此事《史記》于《青傳》只一句，而《漢書·青傳》則采用褚所補語，惟此稍可取。

校讀記

[一]余嘉錫《太史公書亡篇考》引西莊此條，又曰：「王氏云云，則其好爲詆訶之習氣也。褚先生叙修成君事，曲折如在目前，班固删取以入《外戚傳》，雖較簡浄，然不如元文之生動有致。由是觀之，褚先生亦未可輕。王氏不肯細考，遽謂《漢書》惟取衛青尚主一事，可謂犻疏矣。」

三 召平

《項羽本紀》内廣陵人召平矯陳涉命，封項梁；《吕后本紀》内齊王相召平舉兵欲圍王；亦見《高五王傳》。《蕭何世家》内有故秦東陵侯召平，種瓜城東。三人皆同姓名，非一人，《通鑑》十三卷胡三省注已言之。

四皓

四皓、留侯輔立惠帝以致趙王如意母子冤死，成吕氏之亂。唐五王既殺二張，奪武氏位，當迎立太宗他子之子，不但不當使中宗復辟，並高宗之子皆不當立。此二事者吾皆恨之。

張負

《史記·高祖紀》：「從王媪、武負貰酒。」武負，諸家皆不注。《漢書》如淳注則云：「武，姓也。俗謂老大母爲阿負。」師古曰：「劉向《列女傳》云：『魏曲沃負者，魏大夫如耳之母也。』此則古語謂老母爲負耳。王媪，王家之媪；武負，武家之母也。」《絳侯周勃世家》：「勃子亞夫，爲河内守，許負相之曰：『君後三歲而侯。』」《索隱》引應劭《漢書注》云：「負，河内温人，老嫗也。」又云：「按《楚漢春秋》高祖封負爲鳴雌亭侯，是知婦人亦有封邑。」[一]然則負爲婦人之稱明矣。若《陳丞相平世家》「户牖富人張負有女孫，平欲得之」，此張負則的係男子，觀下文負既見陳平於邑中人家喪所，又隨平至其家，語甚明白，而《索隱》乃云「負是婦人老宿之稱，或恐是丈夫」，一何淺謬。

校讀記

［一］此爲《索隱》引姚氏按語，即姚察《漢書訓纂》也。

陳平邪説

陳平，小人也。漢得天下皆韓信功，一旦有告反者，間左輩語，略無證據，平不以此時彌縫其隙，乃倡僞遊雲夢之邪説，使信無故見黜，其後爲吕后所殺，直平殺之耳。迨高祖命即軍中斬樊噲，而平械之歸。噲，吕氏黨也，故平活之，其揣時附勢如此。且平六出奇計，而其解白登之圍，特圖畫美人以遺閼氏，計甚庸鄙，又何奇焉？

梁孝王世家附

《梁孝王世家》末附一段，記梁孝王欲爲太子事，又記梁孝王殺袁盎，景帝使田叔案梁事，已見《田叔傳》，此重出可厭。

五宗世家

《五宗世家》凡十三人，皆景帝子，以其母五人所生，號爲「五宗」，殊屬無理。《漢書》改爲《景十三王傳》，是也。但其中臨江哀王閼于，《漢書》作「閼」，去「于」字，《景紀》亦然，則未詳。

三王世家

《三王世家》武帝之子，所載直取請封三王之疏及三封策録之，與他王叙述迥異，則遷特漫爾鈔録，猶待潤色，未成之筆也。[一]據《漢書·武五子傳》，武帝六男，衛皇后生戾太子，趙倢伃生昭帝，王夫人生齊懷王閎，李姬生燕剌王旦、廣陵厲王胥，李夫人生昌邑哀王髆。遷但取閎、旦、胥，不及戾太子及髆者，閎、旦、胥之封在元狩六年，遷書訖太初，則三王自應入世家，髆封于天漢四年，既有所不及書，而戾太子之敗在征和二年，遷固目擊其事，前則因其爲太子，不當入世家，後則既敗不復補書，且有所諱也。

校讀記

［一］劉咸炘《太史公書知意》卷五引西莊此條云：「按此則不但不讀褚先生語，並不讀自序，不足辨

也。」咸炘以爲不足辨，而亦有辨之者，余嘉錫《太史公書亡篇考》曰：「案：王氏既知此篇之叙述與他處迥異，而乃不信褚先生之自言，必欲歸之太史公，不知何意。夫以史公發憤著書，成一家之言，將以藏之名山，傳之其人，書成後久之而後卒，顧猶有漫爾鈔録，留待潤色者乎？且何爲不加潤色，使成完書，而便亟亟焉作自序也。此其爲説，殆不可通矣。」

十七史商榷卷五

史記五

正義改列傳之次

常熟毛氏刻《集解》及《索隱》，皆《伯夷列傳》第一，《老子韓非列傳》第三，此元本也。而震澤王氏刻以老子、莊子居《伯夷傳》之前，同爲一卷，居第一，申不害、韓非爲一卷，居第三，蓋《正義》本也。開元二十三年奉勅升老子，莊子因老而類升，張守節從之。若監本老子、伯夷同傳第一，莊子、韓非同傳第三，則又是後人所定。

刑名

《老子韓非列傳》云：「申不害者，京人也。學本於黄、老而主刑名。韓非者，韓之諸公子也。喜刑名法術之學。」「刑」非「刑罰」之「刑」，與「形」同，古字通用。「刑名」猶言名實，故其論云：「申子卑卑，施之于名實。」《商君列傳》「少好刑名之學」，義同。陳氏瑚曰：「申、韓之學，其法在審合形名，故曰：『不知其名，復修其形。形名參同，用其所生。』又曰：『君操其名，臣效其形。形名參同，上下和調。』蓋循名責實之謂也。」愚謂《禮記・王制》篇云：「刑者，侀也。侀者，成也。一成而不可變。」《墨子・經上》篇云：「力，刑之所以奮也。生，刑與知處也。」皆以「刑」爲「形」。《吕氏春秋・君守覽》云：「皋陶作形。」高誘注引《虞書》「五刑有服」，則知「刑」與「形」通矣。《漢・張歐傳》：「孝文時以治刑名傳太子。」師古引劉向《别録》云：「申子學號曰刑名。刑名者，循名以責實，其尊君卑臣，崇上抑下，合於《六經》。」

弟子籍

《仲尼弟子列傳》裴駰注引鄭玄注，如「冉季字子産」鄭玄曰「魯人」、「秦祖字子南」鄭玄曰「秦人」之類，既非《論語》注，鄭又不注《史記》。《家語》王肅私定，鄭亦不見，竟不知此爲鄭何書之注。太史公曰：「《弟子籍》出孔氏古文」，然則亦是孔安國所得魯共王壞宅壁中取出書也。蓋康成曾注之，壁中書如逸《書》、逸《禮》，康成皆不注，而《弟子籍》則有注。《弟子籍》出孔氏古文，所云「少孔子若干歲」云云，的確可信。

范雎傾白起殺之

白起破趙長平，詐坑其卒四十萬，自謂建不世之功，孰知范雎已伺其後，傾而殺之。天道惡殺而好還，豈不可懼哉？若雎亦小人之尤也。夫起在秦，則可謂勞臣矣，雎惡其偪己，必置之死地而後快，蓋自古權臣欲竊人主之威柄，雖有良將在外，務掣其肘，使不得成功，甚且從而誅翦之。其但爲一身富貴計而不爲人主計有如此者。

張耳弑故主

張耳與陳餘共立趙王歇，臣事之。耳初無德於餘，及耳與趙王歇保鉅鹿城，爲王離、章邯所困，責陳餘出死力以救之，陳餘救之不力，其後項羽來救，破秦於鉅鹿，圍得解，而耳遂紿奪陳餘兵，此耳負餘也。項羽立耳爲常山王，餘襲攻耳，耳亡走，乃遂忘羽救鉅鹿及立己爲王之大恩，而背楚歸漢，此又耳之負羽也。餘既定趙，迎歇復爲趙王，其後耳遂與韓信破趙，擊斬餘泜水上，亦已甚矣，乃并趙王歇追殺之，較羽之弑義帝，殆有甚焉。義帝奪羽兵柄而歇則無怨于耳，特以憾餘，并其故主殺之，尚得爲有人心者乎？耳真小人，惟利是視，身既善終，子孫封侯，五世乃絶，不可解也。《漢功臣表》師古注云：「張耳及子敖並無大功，蓋以魯元之故，吕后曲升之也。」此言甚確。

耳之後傳至漢末，而儉且入黨錮之魁，遂爲清流所推重，刊章捕之，不自詣吏慷慨對簿，徒亡命自全，坐藏匿而糜爛者且數千百人，在黨人中亦爲下品。

諸傳互見

六國之後惟魏豹、韓信、田儋三人有傳，若魏王咎、韓王成與夫趙王歇、楚懷王孫心，則其事已互見于他處，故皆不爲列傳，不欲贅出耳。至諸田之稱王者多矣，皆見《儋傳》中，以儋實首事，聊用爲標目耳。辟陽侯審食其當入《佞幸》，亦因事已他見，故不贅出。此隨事立文，非有成例也。六國獨燕無後，所立韓廣、臧荼皆非燕之子孫，蓋燕遣荆軻刺秦王不中，秦恨之刺骨，燕亡後遂盡滅其族，此史傳所不載而可以意揣者。《漢書》皆因《史記》之舊，惟有魏豹、田儋、韓王信三傳。

韓信兵法

韓信既破趙軍，斬成安君，與諸將論所以勝趙之術，因引兵法曰：「陷之死地而後生，置之亡地而後存。」此二句當在《武經七書》某篇，失記俟考。[二]《六韜》六卷，《尉繚子》五卷，《司馬法》三卷，《吴子》六篇，《黄石公三略》一篇，《唐李衛公問對》一篇，《孫武子》十三篇。以上七書，宋元豐間頒行武學，至今仍之。《太史公自序》云：「漢興，蕭何次律令，韓信申軍法。」《漢書・藝文志》分兵書爲四種：一權謀，二形勢，三陰陽，四技巧。權謀内有《韓信》三篇，班氏論之云：「權謀者，先計後戰，兼形勢，包陰陽，用技巧者也。」又總論云：「自春秋至戰國，出奇設伏，變詐之兵作。漢興，張良、韓信序次兵法，凡百八十二家，删取要用，定著三十五家。」觀信引兵法以自證其用兵之妙，且又著書三篇，序次諸家爲三十五家，可見信平日學問本原。寄食受辱時揣摩已久，其連百萬之衆，戰必勝，攻必取，皆本于平日學問，非以危事嘗試者。信書雖不傳，就本傳所載戰事考之，可見其純用權謀，所謂「出奇設伏，變詐之兵」也。形勢内有《項王》一篇，項王嘗學兵法，故良與信亦取而存之，以項之形勢當信之權謀則敗矣。

校讀記

［一］按《孫子・九地》：「投之亡地然後存，陷之死地然後生。」

信自立爲假王

信定齊後，若不自請立爲假王以鎮之，高帝之忌而必欲殺之，猶未必如此之甚也。然張耳定趙，自請立爲趙王以鎮之，而高帝殊不介意，耳庸材，因人成事，不足忌耳。

信反面攻故主

信本項氏臣，雖無異遇，非有深嫌，去而事劉可也，反面而攻故主，親斬殺之，可乎？故友鐘離昧爲漢所深怨，窮而歸信，即斬其首歸漢，其傾危至此。范雎怨魏齊，欲殺之，魏齊亡匿平原君所，秦紿平原君入關而謂曰：「願使人歸取魏齊頭來，不然，吾不出君於關。」平原君曰：「魏齊者，勝之友也。在固不出也。」其意錚錚，讀之令人氣壯。信欲斬窮交以自贖，仍不免被擒，亦可羞矣。陳平稱昧爲項王骨鯁之臣，信固嘗與昧比肩事項王，信親誅故主，何有于故友，昧欲依之，固爲不智，而信之惟利是視，誠反覆小人，鍾室之禍，要非不幸也。然千載而下，有可爲信解嘲者，初爲漢連敖，坐法當斬，同輩十三人皆斬訖，信以滕公救得生，死于鍾室，較死于連敖差勝矣。但薦信爲大將，蕭何也；紿信而斬之，亦蕭何也。曾不少憐焉，何也？何之傾危，殆與信等。

田榮擊殺田市

田儋定齊自立，與其從弟榮、榮弟横俱起，爲章邯破殺。榮收餘兵走東阿，邯追圍之，賴項梁救之，擊邯，邯走而西，榮乃得免。齊人因儋死，國無主，乃立故齊王建之弟假，未爲大謬也。而榮甫脱大阨，旋擊逐假，假亡走楚，乃立田儋子市爲王，榮相之，亦可已矣。及項梁以東阿之役追章邯，而邯兵益盛，乞兵於榮，榮乃邀之，使殺田假乃出兵。楚以義不忍殺，則遂坐視章邯敗殺項梁而不救其後，項羽滅秦，分立諸侯王，乃徙田市王即墨，更封田都于臨淄、田安于濟北，而以田榮負項梁，不肯出兵助楚，不得王。羽之主約，人皆稱其不平，而此事則未可非。榮逐田都，殺田安，且擊殺田市於即墨，而并有三齊以自王，何其戾也。夫儋與榮、横三人爲從昆弟，實齊之疎族，而假爲故齊王建之弟，假之當立甚於儋，其立也又非取之儋手，榮必欲殺之，悖暴已極，乃因此讐項氏，以德爲怨，又并儋子市而殺之，何哉？誠喪心害理之尤者。項氏之敗，半爲田氏牽綴，不西憂漢而北擊齊，以此致亡，漢宜心德田氏。然其後田横亡居海島，高帝召之，則恐其爲亂，非真欲赦之。横自知不免來而自殺，高帝爲流涕，葬以王禮，高帝慣有此一副急淚，藉以欺人屢矣，不獨于田横爲然，心實幸其死，非真惜而哀之也。

灌嬰於平諸吕爲有功

諸吕之平，灌嬰有力焉。方高后病甚，令吕禄爲上將軍，軍北軍，吕産居南軍，其計可謂密矣。卒使酈寄紿説吕禄歸將印，以兵屬太尉，而誅諸吕者，陳平、周勃之功也。然其始惠帝崩，高后哭泣不下，此時高后奸謀甫兆，使平、勃能逆折其邪心，安見不可撲滅者？乃聽張辟疆狂豎之言，請拜産、禄爲將，將兵居南北軍，高后欲王諸吕，王陵守白馬之約，而平、勃以爲無所不可，然則成吕氏之亂者平、勃也。幸而産、禄本庸才，又得朱虚侯之忠勇，平、勃周旋其間而亂卒平，功盡歸此兩人，而孰知當留屯滎陽與齊連和之時，嬰之遠慮有過人者。齊王之殺其相而發兵奪琅琊王兵，并將而西也，此時吕禄獨使嬰擊之，嬰，高帝宿將，諸吕方忌故大臣，而危急之際，一旦假以重兵，此必嬰平日僞自結於吕氏，若樂爲之用者，而始得此於禄。既得兵柄，遂留屯滎陽，待其變而共誅之。其時吕氏亂謀急矣，顧未敢猝發者，彼見大將握重兵在外而與敵連和以觀變，恐猝發而嬰倍之，反率諸侯西向，故猶豫未忍決，於是平、勃乃得從容定計，奪其兵權而誅之，然則平、勃之成功，嬰有以助之也。然嬰不以此時亟與齊合，引兵而歸，共誅諸吕，乃案兵無動者，蓋太尉入北軍，吕禄歸將印，此其誅諸吕如振槁葉耳。若嬰合齊兵而歸，遽以討吕氏爲名，則吕氏亂謀發之必驟，將印必不肯解而太尉不得入北軍矣，彼必將脅平、勃而拒嬰與齊之兵，幸而勝之，喋血京師，不戕千萬之命不止，此又嬰計之得也。

十七史商榷卷六

史記六

酈陸傳附

《史記·酈生陸賈傳》末提行起附平原君朱建事，此傳寫者誤提行，當連寫。觀論贊則附建事，當亦是子長筆，惟其中建勸黥布勿反，云「語在《布傳》」，而裴駰云：「《布傳》無此語」。此爲可疑。但太史公贊言「平原君子與余善，是以得具論之」，則知此段仍子長筆也。至此下又重述酈生初見沛公及説下陳留事，語皆重見，何用贅出，悉褚先生妄附益耳。其中誤以籍孺、閎孺爲一人，此道聽塗説，《索隱》已譏之，而今皆與元文相亂，何也？

張恢先

《史記·鼂錯傳》：「學申商刑名于軹張恢先所。」徐廣曰：「先即先生。」《漢書》則「先」

直作「生」，師古曰：「軹縣之儒生，姓張名恢。」而此傳末有鄧公，則《漢書》作「鄧先」，師古曰：「鄧先猶云鄧先生也。」又《匈奴傳》：「匈奴見漢使非中貴人，其儒先。」裴駰曰：「先，先生也。」《漢書》「先」亦作「生」。以先生爲先，古有此語，班氏改「先」爲「生」，以其亦可單稱「生」也。《貢禹傳》：「天子報禹曰：『朕以生有伯夷之廉，史魚之直。』」師古曰：「生謂先生也。」《梅福傳》：「叔孫先非不忠。」師古曰：「先，先生也。」《晉書・郭璞傳》：「璞好卜筮，才高位卑，著《客傲》，曰：『無沈冥之韻，而希風乎嚴先。』」嚴先者，嚴先生遵也。

聶翁壹

《史記・韓長孺傳》《匈奴傳》俱有聶翁壹，《漢書》于《韓傳》作「聶壹」，于《匈奴傳》則仍作「聶翁壹」。蓋壹者其名，翁者老稱。《方言》：「周晉秦隴謂父爲翁。」故可省。

匈奴大宛

《匈奴》贊但言《春秋》定哀多微詞，又泛論宜擇將帥。《大宛》贊只辨昆侖虛妄，餘置不論。傳中言「案古圖書，名河所出山曰昆侖」，而贊則云「惡睹所謂昆侖」，有味可想。

《大宛傳》始之以張騫，終之以李廣利。叙騫事作結束之筆則云「於是西北始通漢矣，然張騫鑿空」，著其首倡邪謀也。敘廣利事，作提唱之筆則云「欲侯寵姬李氏，拜廣利爲貳師將軍，以往伐宛」，見此舉志荒矣。班氏以二人截分兩傳，體例明整，馬不如班；文筆離奇，班不如馬。

往伐宛者數萬人，入玉門者僅萬餘人，死亡十之九矣。《衛將軍傳》云：「兩軍出塞官私馬十四萬匹，復入塞者不滿三萬匹。」言馬以見人也。

衛將軍驃騎

《衛將軍驃騎列傳》敘述戰功雖詳，而指摘其短特甚。其論贊又補敘蘇建責大將軍至尊重，而天下賢士大夫無稱，宜招選賢者，大將軍謝以奉法，不敢招士，與傳中「和柔自媚」等語相應。其下則云「驃騎亦放此意」，而末束以一句云「其爲將如此」。論體應加褒貶，此則敘述而止，無所可否，乃論之變例，隱以見其人本庸猥，用兵制勝皆竭民力以成功，豈真有謀略。「敵未滅，無以家爲」亦是自媚之詞，非其本心。上益重之者，與信燕齊怪迂士搤掔談神仙同一受欺耳。此遷意也。

《李廣傳》贊美其死：「天下知與不知皆盡哀，忠心誠信于士大夫。」《衛青傳》贊則著其不肯招士，位尊而天下賢士大夫無稱，兩兩相形，優劣自見。乃青名爲不薦士，而傾危如主父偃，《漢書·偃傳》云：「立衛皇后，偃有功焉。」此偃所以報青。殘賊如減宣，皆其所薦，又爲郭解請免徙關内，然則青特不薦賢耳，於不肖者未嘗不交通援引也。《佞幸傳》末忽贅二語云：「衛青、霍去病亦以外戚貴幸，然頗用材能自進。」一若以此二人本可入《佞幸》者，子長措詞如此。[一]

校讀記

[一]劉咸炘《太史公書知意》卷六云：「王鳴盛曰：『末忽贅二語，若二人本可入《佞幸》者，子長措詞如此。』按此謂二人雖幸，而非如諸人之以色與伎，乃别白之詞，如王説，反成巧詆矣。」

公孫弘等

公孫弘及主父偃、徐樂、嚴安皆傾險浮薄之徒耳，而其上書言事皆能諫止用兵，蓋是時如若輩者，猶倚正論以行其説，武帝亦喜而恨相見晚。武帝好文，故愛其辭而不責其怍己。偃既任用，遂請城朔方以爲滅匈奴之本，與初進議論大相矛盾矣。

公孫弘以儒者致位宰相，封侯，乃與主父偃同傳，張湯、杜周皆三公也，乃入之《酷吏傳》，子長惡此三人特甚，故其位置如此。至班氏欲體裁整齊，故遂提公孫弘與卜式、兒寬同傳，而主父偃自與嚴助、朱買臣輩同傳，搭配停匀，殊覺合宜，不似子長之不倫不類矣。

至于張、杜兩人，在子長輕薄之則可，豈料其子孫名臣相繼，富貴烜赫，自不便復入《酷吏》，故班氏不得已而升入列傳。夫兩人皆殘刻小人，致位三公亦過矣，乃其後復大昌，誠不可解。班氏求其故而不得，故于《湯傳》贊則以湯雖酷烈，及身蒙咎爲解，見其餘殃不當又及子孫。若杜周則善終者，班氏幾無以爲解，故於傳贊深致其疑訝而終解之曰：「自謂唐杜苗裔，豈其然乎？」見得除非因此，或當流慶。此等措詞之妙，班直不讓馬矣。吁，自有馬、班，而二人之惡，孝子慈孫百世不改，若非良史，則爲善者懼，爲惡者勸，史權不亦重哉。蘇氏洵譏班以畏張純之徒，故升湯等于列傳，殊未諒班之苦心。

湯之後有安世，有放，至東京則張純爲議禮名臣，與鄭康成同傳。周之後有延年，至東京則杜篤在《文苑傳》，而杜畿又魏之名臣，杜預又晉之名臣，直至唐之杜子美，乃爲詩人弁冕，自子美以下始無聞。遺澤之遠，至千餘年代有名人。

司馬相如

《戰國策》叙蘇秦貧賤時困阨之狀，及佩趙國相印歸，而父母郊迎三十里，妻側目而視，側耳而聽。《史記》司馬相如竊妻，買酒舍酤酒，令妻當爐，身著犢鼻褌，滌器市中。及拜中郎將，建節馳傳，使蜀太守郊迎，縣令負弩矢前驅。卓王孫喟然歎，自以使女得尚長卿晚。《漢書》朱買臣貧，爲妻所棄，後拜會稽太守，衣故衣，懷印綬，步歸郡邸。守邸與上計掾吏驚駭，遂乘傳去，見故妻，載之後車，妻自經死。三者正是一副筆墨，史傳中寫小人得志情形亦多矣，而《國策》、《史》、《漢》尤善描摹，窮秀才誦之，不覺眉飛色舞。作《四書》八股文者每拈《孟子》舜發畎畝一章題，便將此段興會闌入毫端，真堪一噱。然如蘇秦及買臣終得慘禍，稍有識者猶知戒之。若相如之事，輕薄文人自許風流，千載下猶艷羨不已，自知道者觀之，則深醜其行而不屑挂齒牙間也。韋昭注相如事云：「言其無恥也。」昭本通經，此言甚有識，若司馬遷雖有識，究屬文士，頗有取于相如之文而載之。[一]譏之之意半，取之之意亦半。

校讀記

[一]劉咸炘《太史公書知意》卷六引西莊此條云：「按昭所言誠得史公瑣叙當鑪著褌之意，然與載文何關。劉知幾詆史公載詞賦爲無裨勸奬，有長奸詐，本偏謬之言，中略。王氏襲其説耳。」

司馬相如傳贊後人所亂

《司馬相如傳》贊：「太史公曰：《春秋》推見至隱，《易》本隱以之顯，《大雅》言王公大人而德逮黎庶，《小雅》譏小己之得失，其流及上。所以言雖外殊，其合德一也。相如雖多虛辭濫説，然其要歸引之節儉，此與《詩》之風諫何異。楊雄以爲靡麗之賦，勸百風一，猶馳騁鄭衛之聲，曲終而奏雅，不已虧乎？余采其語可論者著於篇。」《漢書》贊全用其文，但於首加「司馬遷稱」四字，末尾删「余采其語」云云，大約《史記》一書爲後世妄人附益甚多，「楊雄」云云乃班氏之言，「余采其語」云云仍是司馬氏之元本，不知何人妄取班以益司馬，遂成此惑。

儒林傳

子長於《封禪》《平準》等書、《匈奴》《大宛》等傳，直筆無隱，至《儒林傳》則力表武帝之能尊儒。又田蚡、公孫弘，本傳及他傳惡之殊甚，而《儒林傳》則言「蚡爲相，始絀黄老刑名百家之言，而延儒者，弘以《春秋》，白衣爲三公，而天下學士靡然鄉風」，皆是深許之，且又詳載弘請置博士弟子等奏，制曰可，而結之曰：「自此以來，則公卿大夫士吏斌斌多文學之士矣。」其歸功於武帝君臣如此。此篇多是頌揚，可謂不以人廢言，惡而知其美也。班氏所云「不虚美，不隱惡」，良信。而先黄老，後《六經》，非子長本意明矣。

公孫弘疾汲黯，則請徙爲右内史；疾董仲舒，則請使相膠西王。《五宗世家》言膠西于王端爲人賊戾，所殺二千石甚衆，弘之請使爲相，欲殺之也，與盧杞陷顔真卿正同，其後膠西王卒善待仲舒，娼嫉者爲徒勞矣。

酷吏傳

《酷吏傳》論稱十人，蓋郅都、甯成、周陽由、趙禹、張湯、義縱、王温舒、尹齊、減宣、杜周也，而其叙首中又帶叙侯封、鼂錯二人，共十二人。鼂錯雖刻深，究以文學進，子長不忍抑之，與刀筆吏及攻剽爲羣盜、椎埋爲姦者伍，故只用帶叙。侯封則於叙首中已明目之爲酷吏矣，而不數者，子長意以酷吏惟郅都當景帝時，餘皆盛於武帝之世。侯封，高后時人，故略而不數。於《都傳》中特提云：「是時民朴，畏罪自重，而都獨先嚴酷，致行法」，民朴畏罪，則固無所事重法矣，「而都獨先嚴酷」云云者，深著都實首惡，以爲世戒也。次叙甯成、周陽由，皆從景帝入武帝者，而又特提云「武帝即位，吏治尚循謹甚，然由居二千石中，最爲暴酷」，末又結之云「自成、由後，事益多，民巧法，大抵吏之治類成、由等矣」，見酷吏多而吏治壞在武帝世也。又次趙禹，而言禹晚節，吏愈嚴，而禹治反名爲平。其用意如此。後又詳述盜賊滋起，官事耗廢，皆由酷吏所致，乃又云：「慘酷斯稱其位」，一似自相矛盾者，紆其詞耳。

十二人中得免禍良死者僅趙禹、尹齊、杜周三人而已，棄市者五人，自殺者三人，髡鉗者一人。楊僕不應提行另起，必是後世陋儒所改，非子長元本。班氏因此遂以楊僕列酷吏數中，子長不數也，詳翫

《史記》原文自明，且僕爲將軍，班以征伐事皆入《酷吏傳》，尤不類。班氏於十二人之後增益昭、宣以下四人：田廣明、田延年、嚴延年、尹賞也。良死者僅尹賞而已，餘三人，其二皆棄市，其一自殺。

通飲食

《史記·酷吏傳》：「盜賊滋起，乃使范昆等發兵興擊，斬首大部或至萬餘級，及以法誅通飲食坐連，諸郡甚者數千人。」[一]「通飲食坐連」，《漢》作「通行飲食坐相連」，彼《尹賞傳》云：「守長安令，捕長安中輕薄少年惡子數百人，皆劾以爲通行飲食羣盜。」又《元后傳》：「繡衣御史暴勝之等奏殺二千石，誅千石以下，及通行飲食坐連及者。」「通飲食」之義如此。

《後書·陳寵傳》：「寵子忠上疏曰：『穿窬不禁則致彊盜，彊盜不斷則爲攻盜。故亡逃之科，憲令所急。通行飲食，罪致大辟。』」注：「通行飲食，猶今《律》云過致資給，與同罪也。飲音蔭，食音寺。」

校讀記

[一]此從西莊讀。今中華書局標點本作「及以法誅通飲食，坐連諸郡，甚者數千人」，西莊讀爲是。

滑稽傳附

《滑稽傳》末褚先生附甚多，若王夫人請封其子於齊事，重出可厭，鄴令西門豹事又不當附《滑稽》。

史通駁史記

《史通》曰：「太史公述《儒林》則不取游、夏之文學，著《循吏》則不言冉、季之政事，至於《貨殖》爲傳，獨以子貢居先，成人之美，不其缺如。」〔一〕愚謂游、夏、冉、季、子貢已載《仲尼弟子列傳》，《史通》妄也。《困學紀聞》有《史記正誤》篇。愚謂子長與經傳牴牾處誠多，至如《史通》此條，《紀聞》亦取之，〔二〕則無識。

校讀記

〔一〕見外篇《雜説》上。

〔二〕見卷十一。按「獨以子貢居先」下，《史通》尚有「掩惡揚善，既忘此義」兩句，「不其闕如」，《紀聞》引作「不其缺如」。據此，西莊引《史通》即從《困學紀聞》轉録也。

太史公

《自序》篇内自「談爲太史公」以下一段，叙其父談事，凡六稱太史公，皆指談也。自「太史公曰先人有言」云云以下，既述父談之言，又與上大夫壺遂相往復，又自述遭李陵之禍、作《史記》事，凡四稱太史公，皆自謂。至其下文云：「漢興，文學彬彬稍進，百年之間，天下遺文古事靡不畢集太史公」，此則又屬其父。其下又云「太史公仍父子相續纂其職」，則標明其父子相繼爲太史令，故皆得稱太史公之旨，其下又序作紀、表、書、世家、列傳凡百三十篇，爲《太史公書》序略，此稱父子共之。末又總結之曰「太史公曰：余述黄帝以來至太初而訖」，此太史公則又屬自稱。若本紀、列傳等篇之贊所云「太史公曰」者，則亦皆自稱。班氏誤以談言爲遷言，蓋因名稱參錯炫目致溷。

司馬氏父子異尚〔一〕

《太史公自序》述其父談論六家要指，謂陰陽、儒、墨、名、法、道德也。其意以五家各有所長，亦各有所短，並致其不滿之詞，而獨推崇老氏道德，謂其能兼有五家之長而去其所短，且又特舉道家之指約易操，事少功多，與儒之博而寡要、勞而少功兩兩相校，以明孔不如老。此談之學也。而遷意則尊儒，父子異尚，猶劉向好《穀梁》而子歆明《左氏》也。觀其下文稱引董仲舒之言，隱隱以己上承孔子，其意可見。

漢初黃老之學極盛，君如文景，宮闈如竇太后，宗室如劉德，將相如曹參、陳平，名臣如張良、汲黯、鄭當時、直不疑、班嗣《漢·叙傳》，處士如蓋公《曹參傳》、鄧章《袁盎傳》、王生《張釋之傳》。《蓋寬饒傳》亦有王生，其議論絶類老氏，但爲太子庶子，且與文帝時代隔遠，與《釋之傳》中王生非一人。黃子《司馬遷傳》、楊王孫自有傳、安丘望之見《後書·耿弇傳》。等皆宗之。東方朔戒子以首陽爲拙，柱下爲工，應劭曰：「老子爲周柱下史，朝隱，故終身無患，是爲工也。」是亦宗黃老者，而遷獨不然。《漢》本傳贊謂「遷論大道，先黃老而後《六經》」，此本班彪之言，見《後漢》本傳，而固述之。桓譚謂大司空王邑、納言嚴尤曰：「老聃著虛無之言兩篇，薄仁義，非禮樂，然好之者以爲過於《五經》，自漢文景之君及司馬遷皆有是言。」班彪、桓譚皆誤以談之言即遷之意。《漢·叙傳》述其從父嗣好黃老，父彪則尊儒，遷意與班同，但不便斥老，斥老則形父之短耳。

膠西蓋公善治黃老言，曹參爲齊相，厚幣請之，蓋公爲言治道，貴清靜而民自定，參於是避正堂，舍蓋公，其治要用黃老術。及入爲相國，壹遵蕭何約束，日夜飲酒，不事事，民歌之曰：「蕭何爲法，較若畫一。曹參代之，守而勿失。載其清靜，民以寧壹。」蓋蕭、曹皆學黄老者，張良、陳平同傳，《平傳》稱少好讀書，治黄帝、老子之術，而良愛《黄石公書》，是良、平二人皆黄老也。

校讀記

[一]錢鍾書《管錐編》頁二四九引《朱文公集》卷七二《雜學辨》、陳祖范《陳司業文集》卷一《史述》，謂其持馬遷父子異尚之説，蓋遠在王鳴盛《十七史商榷》之前。

裴注引衛宏非是

裴駰於《自序》末引衛宏《漢舊儀注》云：「司馬遷作《景帝本紀》，極言其短及武帝過，武帝怒而削去之。後坐舉李陵，陵降匈奴，故下遷蠶室，有怨言，下獄死。」今觀《景紀》絕不言其短，又遷下蠶室在天漢三年，後爲中書令，尊寵任職，其卒在昭帝初，距獲罪被刑蓋已十餘年矣，何得謂「下蠶室，有怨言，下獄死」乎？與情事全不合，皆非是。

十七史商榷卷七

漢書一

漢書叙例

今人家《漢書》多常熟毛氏汲古閣刻本，字密行多，篇帙縮減，誠簡便可喜，予亦用之，但前明南監板有顔師古《叙例》，此削去不存，則來歷不明。凡讀書最切要者目録之學，目録明方可讀書，不明終是亂讀。據《叙例》，注《漢書》者，師古以前凡五種：一服虔，二應劭，各爲音義，自别施行。三晉灼，西晉人，集服、應爲一部，又以意增益，辨前人當否，號《漢書集注》，凡十四卷。永嘉喪亂，此書不至江左，自東晉迄梁、陳，江左學者皆弗見。四臣瓚，不知其姓，亦晉初人，總集諸家，續厠己見，名《集解音義》，凡二十四卷。又《史記集解》序：「《漢書音義》稱臣瓚者，莫知氏姓。」《索隱》曰：「即傅瓚，劉孝標以爲于瓚，非也。據何法盛《書》，于瓚以穆帝時爲大將軍，誅死，不言注《漢書》。又其注有引《禄秩令》及《茂陵書》，然彼二書亡于西晉，非于所見也。必知是傅瓚者，《穆天子傳》目録云傅瓚爲校書郎，與荀勗同校《穆天子傳》。即當西晉之朝，在于之前，尚見《茂陵》等書，稱臣者，以其職典秘書也。」《索隱》此説是，師古不信，太拘。又李賡芸云：「臣瓚，《水經注》多作薛瓚，并有逸文存參。」［二］五蔡謨。《晉書》七十七卷本傳：「謨，東晉元帝時始入仕，卒于穆帝永和末，年七十六。謨總應劭以來注班固《漢書》者爲之《集解》。」師古則云：「謨全取臣瓚一部散入《漢書》」，然則謨但襲取瓚書，初不知取應劭以來衆家，《晉書》非也。師古又云：「自此以來，始有注本。」蓋漢人注經與經別行，服、應、灼、瓚亦用此體，不載《漢書》正文，并合爲一自謨始。師古據此五種，折衷而潤色之，又《叙例》臚列諸家姓名爵里出處凡二十三人，大約晉灼于服、應外添入伏儼、劉德、鄭氏、李斐、李奇、鄧展、文穎、張揖、揖所著今傳者有《廣雅》，卷首題魏張揖譔，隋曹憲音解，憲避煬帝諱，改名《博雅》，上書表自稱博士臣揖，當是曹魏人。蘇林、張晏、如淳、《廣韻》引晉《中經部》云：「魏有陳郡丞馮翊如淳，注《漢書》。」孟康、項昭、韋昭《三國志·昭傳》不言注《漢書》，然昭注《國語》今存，而傳亦無，則傳不備也。十四家，臣瓚于晉所采外，添入劉寶一家，師古則于五種外，又添荀悦《漢紀》並崔浩《漢紀音義》及郭璞注《司馬相如傳》三家。《叙例》云：「儲君上哲之姿，守器之重，以孟堅述作宏贍，服、應、蘇、晉尚多疎紊，蔡氏纂集尤爲牴牾，顧召幽仄，俾竭芻蕘。」考《舊唐書》七十三卷本傳：「顔籀字師古，齊黄門侍郎之推孫也。其先本居瑯邪，世仕江左，之推歷事周、齊，齊滅，始居關中。師古貞觀十一年爲秘書少監，時承乾在東宫，命師古注《漢書》，解釋詳明，承乾表上之，太宗令編之秘閣。」［三］語與《叙例》合。《叙例》又云：「歲在重光，律中大吕，是謂涂月，其書始就。」重光是辛年，當爲貞觀十五年辛丑，《舊唐》七十六卷《承乾傳》言承乾以十七年被廢爲庶人，徙黔州，則此書之成必十五年矣。師古十九年卒，年六十五，則書成時年六十一也。其述服、應、蘇、晉、蔡氏，不及臣瓚，以蔡氏書即全取臣瓚耳，但本傳又言師古叔父游秦撰《漢書決疑》十二卷，爲學者所稱，師古注《漢書》多取其義。今《敘例》竟不及游秦，全書中亦從未一見。[三]本傳載師古典刊正，引後進爲讎校，抑素流，先貴勢，富商大賈亦引進之，物論稱其納賄。太宗謂曰：「卿學識可觀，但事親、居官未爲清論所許。」師古之爲人如此，攘叔父之善而没其名，殆亦其一蔽乎？《新書》一百九十八卷《儒學·師古傳》與《舊書》略同。《史記》裴駰注引《漢書音義》，考之《漢書》，往往爲孟康等家之言，間亦有無諸家名而直爲師古之言者，若果爲師古之言，則裴駰是宋人，安得引之？可見師古勦襲舊注，不著其名者亦時時有之。張守節于《集解》序注云：「《漢書音義》中有全無姓名者，裴氏直云《漢書音義》。大顔以爲無名義，今有六卷，題云孟康，或云服虔，蓋後所加，皆非其實，未詳指歸也。」大顔即遊秦，即如是師古，亦宜如《九經疏》引《爾雅》某氏之例，稱某氏，不當攘爲己説，况如《地理志》末總論一段内「雒邑與宗周通封畿」句下顔注一段，今《毛詩·王風譜疏》引之，以爲臣瓚注，孔穎達與師古同時，目睹舊注，知其爲臣瓚而引之，師古公然攘取以爲己有，此類非一。

校讀記

[一]檢李氏《炳燭編》，未見此條。

〔二〕按據《舊唐書》本傳，師古貞觀七年已拜祕書少監，云十一年者誤。西莊剪裁史文，每有此失。

〔三〕楊明照《漢書顔注發覆》論顔師古之注《漢書》云：「注中於前修成文，往往將爲己説，括囊不言，有若自出機杼焉者。」楊氏此文將書傳注疏及經典音義中凡引及《漢書》舊注有與顔氏同者，别爲迻録，其論師古剽竊顔游秦之事云：「按史稱游秦撰《漢書决疑》十二卷，爲學者所稱，《唐志》、《通志》亦著於録。師古衹事剽竊，從未揄揚，《新》《舊唐書》謂多資取其義，洵非誣言。」

許慎注漢書

許慎嘗注《漢書》，今不傳，引見顔注中者尚多，不知五種中是何種中所采，《叙例》不列其名，不知何故。慎所著全部惟《説文》存，餘《五經異義》、《淮南子注》皆不存，但引見他書。

劉之遴所校漢書

《南史》五十卷《劉之遴傳》：「梁鄱陽嗣王範得班固《漢書》真本，之遴參校異同。録狀云：『古本《漢書》稱永平十六年五月二十一日己酉郎班固上，今本無上書年月日。古本今本紀、表、志、傳不相合爲次，古本相合爲次，總成三十八卷。今本《外戚》在《西域》後，古本《外戚》次《帝紀》下，今本《高五子》、《文三王》、《景十三王》、《武五子》、《宣元六王》雜在諸傳中，古本諸王悉次《外戚》下，在《陳項傳》上。今本《叙傳》載班彪事，古本云彪自有傳。今本《叙傳》號爲「中篇」，今本稱爲「叙傳」。今本《韓彭英盧吴》述云：「信惟餓隸，布實黥徒，越亦狗盜，芮尹江湖。雲起龍驤，化爲侯王。」古本述云：「淮陰毅毅，仗劍周章。邦之傑子，實惟彭、英。仕爲侯王，雲起龍驤。」古本第三十七卷解音釋義，以助雅詁，今本無此卷。』」考其所云「今本」者，則梁世所行之本，與今刻不異，既編次體例若是之參錯，則字句異者亦必甚多，乃僅舉《韓彭》叙述數句，恐之遴等亦未能全校耳。云「《外戚》次《帝紀》下，諸王次《外戚》下，在《陳項傳》上」云云，一似古本無表、志者，其實則《外戚》在表、志後，諸王在《外戚》後、《陳項》上耳。不以文害詞可也。今《漢書》一百二十卷，而古本只三十八，中又有音義一卷，則古本卷甚大，其併合如何已無考，而音義在三十七，則《叙傳》仍當居末而無音義也。

監板用劉之同本

前明嘉靖初，南京國子監祭酒甬川張邦奇修補監中《十七史》舊板，并添入《宋》、

《遼》、《金》、《元》，十一年七月成。其《漢書》所據建安書坊劉之同版也。蓋自師古注後，傳本不一，宋仁宗景祐二年，秘書丞余靖爲刊誤，備列先儒姓名二十五人，師古所列二十三人外添師古及張佖也。佖，江南人，歸宋太祖時收僞國圖籍，召京朝官校對，皆題名卷末，今《藝文志》末附校一段，不稱臣佖，張良、司馬相如、東方朔、揚雄四傳末各附校一段，則稱臣佖，似佖等語皆附各卷末矣。而《賈誼傳》中臣佖語則又插入顔注，不別附卷末，蓋傳寫參錯。《宋史》三百二十卷《余靖傳》云：「字安道，韶州曲江人。爲秘書丞，建言班固《漢書》舛謬，命與王洙并校司馬遷、范蔚宗二史。書奏，擢集賢校理。」與校例合。余靖之後，又有宋景文祁校本，凡用十六本參對而成，建安板即用景文本爲正，又別采入諸家辨論凡十四家，刻于寧宗慶元中，既冠師古《叙例》于前，又附余靖、宋祁原校所采先儒姓名書目。之同又稱景文所據爲十五家，按其目實十六，殆因江南本原係宋平江南所得，而舍人院本即江南本之藏舍人院者，一本二目，故併稱之。之同所采三劉《刊誤》，出劉敞與其弟攽、其子奉世撰，《宋史》三百十九卷《敞傳》云：「字原父，臨江新喻人。」不言有此書，惟《攽傳》云：「字貢父，邃史學，作《東漢刊誤》，爲人所稱。司馬光修《資治通鑑》，專職漢史。」《奉世傳》云「字仲馮，精《漢書》學」而已。其實《兩漢》皆有三劉評論，雖與宋祁同時而祁却未采，今書已亡，賴之同采之得存，毛氏汲古閣板于顔注外僅存臣佖等五條，其餘盡去之，不如監板所據之建安板爲該備。

史漢煩簡

《晉書·張輔傳》：「輔著論云：『司馬遷叙三千年事唯五十萬言，班固叙二百年事乃八十萬言，煩省不同，此固不如遷。』」愚謂此强作解事，史體至《史記》而定，班踵馬體，則才似遜，然論古正不必爾。若以煩簡定高下，此何説乎？馬意主行文，不主載事，故簡，[一]班主紀事詳贍，何必以此爲劣。

校讀記

[一]李慈銘曰：「《史記》敘五帝至周事，紀載缺如，故文甚簡。其敘漢興至太初，僅百二年事，而文居其全書十之七，較《漢書》煩幾倍之。蓋遠近詳略，各有攸宜。若張輔者，真所謂盲人道黑白也。」

刊誤補遺

三劉氏作《刊誤》，而崑山吴仁傑斗南又作《刊誤補遺》，是當爲「刊刊誤」矣。今予於吴氏再爲饒舌，則又當爲「刊誤補補遺」矣。展轉駁難，紙墨益多，豈不無謂而可笑。人生世上，何苦喫飽閑飯作閑嗑牙，但《曝書亭集》於此書盛相矜許，[一]人或因此遂奉爲枕中鴻寶，而不察其爲醇疵互見之作，則恐貽誤後學。[二] 斗南辨析漢事，掊擊小顔甚有功，稍嫌援引多，裁斷少耳。至糾纏諸經詁訓，於史學中攙入經學，横加掎摭，剔嬲不休，則非也，宜分别觀之。即如京兆注，以京爲絶高，又訓爲大，兆爲衆，此甚可通，而斗南以爲不然，謂古人稱京師者，京是地名，不必定天子所居，師則都邑之稱，而非衆也，援「洛師」爲證，殊不知《洛誥》「洛師」鄭康成注正以師爲衆，然則師之所以得爲都邑之稱者，正取衆義也，而兆本衆義，其取衆明矣。又據《詩·公劉》篇「于京斯依」、「京師之野」，以爲京是放土别名，公劉時已稱京師，不必天子，此則更妄。《公劉》篇乃召康公作，豈公劉時語？況毛、鄭以京爲絶高，師爲衆，吴反據以駁《漢書》注，可乎？因論《人表》所列八元八愷，遂以己意盡改《舜典》鄭注及孔傳，殳斨、伯與、朱虎、熊羆本四人耳，今分殳斨爲二，朱虎、熊羆爲四，憑臆而談，不顧人笑來。尤可駭者，《胤征》篇胤所征之羲、和與斟灌、斟尋風馬牛不相及，忽然攪和，打成一團，因羲、和是重黎之後，而《國語》黎後有斟姓，遂謂斟灌、斟尋即羲、和，謂《人表》分列爲誤。又東坡蘇氏，文士也，恃其才高，遂爾攘臂説經，要爲强作解事。《書序》云：「羲、和湎淫，廢時亂日。」序，孔子所作，的確可信，東坡忽然翻案，謂羲、和乃夏之忠臣，黨於太康與相者，胤則羿之黨，而《胤征》一篇乃羿之史臣所作。斗南承蘇之説而演之，謂羿假王命以行，如司馬氏討諸葛誕而假魏主命。天下有忠臣而湎淫者乎？此事予别有辨。又以奡非即寒浞之子名澆者，《益稷》篇云：「毋若丹朱傲。」「傲」一作「奡」，即此人，是罔水行舟即謂其盪舟，朋淫于家即謂其與丹朱朋比爲淫，此人在唐世不與夏羿同時。又謂周之太顛即師尚父太公望，任意造言，紕繆斯極。《武成》篇是僞本，以丁未至庚戌爲越三日非是，當爲越四日，孔穎達回護僞經，而以爲「四」字積畫誤爲「三」，此遁辭也。《處士嚴發碑》雖係漢碑，而書日之法與僞《武成》同，洪适《隸續》曲爲解，皆非是。斗南謂《召誥》是，《武成》非，并譏《嚴發碑》之非，其説善矣，然終不能辨《武成》爲僞，則何也？又謂鄭康成知方明爲會盟之儀，而不知其爲明堂，爲知二五而不識十，亦妄。大約一涉經典，便鑿空杜撰，此趙宋人之恒態，凡大儒皆然，於斗南何誅。

校讀記

[一]見朱彝尊《曝書亭集》卷四十五《吴氏兩漢刊誤補遺跋》。

[二]李慈銘曰：「王氏此等語最可厭，蓋王氏本生寒家，又早歲歸田，故尚不脱措大氣，如此等皆所謂自累其書者也。」

十七史商榷卷八

漢書二

夢與神遇

《高紀》：「高祖母媼嘗息大澤之陂，夢與神遇。是時雷電晦冥，父太公往視，則見交龍于上。已而有娠，遂産高祖。」顔師古注：「遇，會也。不期而會曰遇。」考《毛詩·草蟲》云：「亦既覯止。」《傳》云：「覯，遇也。」鄭《箋》引《易》「男女覯精。」「夢與神遇」謂此也。顔注非。

見怪

「高祖醉卧，武負、王媼見其上常有怪。高祖每酤留飲，酒讎數倍，及見怪，兩家折券棄責」，《史記》則作「常有龍，怪之」，然後繼以「高祖每酤」云云。考《國語》「水之怪曰龍、罔象」，[二]是龍固可稱怪也。下文云「季所居，其上常有雲氣」，即所謂「其上常有怪」也。《史記》上言龍，下言怪，中又插入「怪之」二字，殊嫌錯雜，不如《漢書》删「怪之」二字而以二怪爲一，較明悉。

校讀記

[一]卷五《魯語》下。

左司馬得

「秦泗川守壯與沛公戰，敗走至戚，沛公左司馬得殺之」，師古曰：「得者，司馬名。」《史記》「得」下有「泗川守壯」四字，則「得」者，得其人殺之，非名。此注《史記索隱》已言其非。[一]

校讀記

[一]按《索隱》云：「顔師古云：『得，司馬之名。』非也。按：後云『左司馬曹無傷』，自此已下更不見替易處，蓋是左司馬無傷得泗川守壯而殺之耳。」

不言姓

「秦泗川守壯」不言姓，似守不當言姓矣，然下文「沛公與項羽西略地至雍丘，與秦軍戰，敗之，斬三川守李由」，應劭曰：「由，李斯子。」則言姓。又其下言「沛公與南陽守齮戰犨東」，《漢紀》作「吕齮」，則又不言姓。又其下言「高武侯鰓、襄侯王陵降」，鰓不言姓，王陵則言姓，皆是隨便言之，並無義例。又如《項籍傳》中「會稽守通」，注引《楚漢春秋》知是殷通。如此之類，不言姓者甚多，亦皆隨便言之，若云史失其傳，亦非也。

《高后紀》：「七年，南越侵盜長沙，遣隆慮侯竈將兵擊之。」應劭曰：「竈姓周。」不言姓也。《文紀》「濟北王興居反，以棘蒲侯柴武爲大將軍擊之」，則又言姓。而「文帝崩，中尉亞夫爲車騎將軍，屬國悍爲將屯將軍，郎中令張武爲復土將軍」一節之中，或言姓，或不言姓。《景紀》「四年，御史大夫綰奏，禁馬高五尺九寸以上不得出關」，衛綰也，而《武紀》「建元二年，御史大夫趙綰坐請毋奏事太皇太后，下獄自殺」，二人官同也，一不言姓，一言姓。且《景紀》「三年，吴王濞反，遣太尉亞夫將兵擊之」，周亞夫也，「後元年，條侯周亞夫下獄死」。一人也，忽不言姓，忽言姓，皆無義例。

《霍光傳》廢昌邑王，羣臣連名奏上太后，自丞相、大司馬、大將軍以下直至諸吏文學三十六人，惟夏侯勝以有同姓名者，故特變例著其姓，而其餘皆無姓。即以趙宋人勒石鏤板者考之，若《説文》末附進狀及中書門下牒守散騎常侍徐鉉、秘書省著作郎句中正、翰林書學王惟恭葛湍、中書侍郎平章事李昉、參知政事吕蒙正辛仲甫諸人，尊卑懸絶，皆有姓，而吾吴《林屋洞神景觀中書門下牒碑》所列羣臣，上自宰執，下至通判，或有姓，或無姓，或且但列其官，而姓名皆無，義例都不可曉。今日奏疏公移姓名皆具，當以此爲定。

《高紀》五年，諸侯上疏尊帝爲皇帝，曰「楚王韓信、韓王信、淮南王英布、梁王彭越、故衡山王吴芮、趙王張敖、燕王臧荼昧死再拜言」，凡諸侯王皆言姓，至《高后紀》二年詔差次列侯功，定朝位，「丞相臣平言，謹與絳侯臣勃、曲周侯臣商、潁陰侯臣嬰、安國侯臣陵等議」，陳平、周勃、酈商、灌嬰、王陵皆不言姓。《文紀》羣臣迎代王至邸，上議曰：「丞相臣平、太尉臣勃、大將軍臣武、御史大夫臣蒼、宗正臣郢、朱虚侯臣章、東牟侯臣興居、典客臣揭再拜言」，亦皆不言姓。或以郢等皆劉氏，不便歧出，故并平、勃及柴武、張蒼姓亦不見，則《高后紀》所載五人皆異姓，而皆不言姓，又何説也？《宣紀》：「本始元年，詔曰：『故丞相安平侯敞楊敞等與大將軍光霍光、車騎將軍安世張安世建議定策，功賞未加而薨，其益封敞子忠及丞相陽平侯義蔡義、度遼將軍平陵侯明友范明友、前將軍龍雒侯增韓增、太僕建平侯延年杜延年、太常蒲侯昌蘇昌、諫大夫宜春侯譚王譚、當塗侯平魏平、杜侯屠耆堂姓復陸、長信少府關内侯勝夏侯勝邑户各有差。封御史大夫廣明爲昌水侯田廣明，後將軍充國爲營平侯趙充國，大司農延年爲陽城侯田延年，少府樂成爲爰氏侯史樂成，光禄大夫遷爲平丘侯王遷，賜右扶風德周德、典屬國武蘇武、廷尉光李光、宗正德楚元王之曾孫，劉辟彊子、大鴻臚賢韋賢、詹事畸宋畸、光禄大夫吉丙吉、京輔都尉廣漢趙廣漢爵皆關内侯。』」亦皆不言姓，皆無義例。

《宣紀》「五鳳二年夏四月己丑，大司馬車騎將軍增薨」，韓增也。「甘露元年二月，大司馬車騎將軍延壽薨」，許延壽也。《成紀》「永始二年春正月己丑，大司馬車騎將軍王音薨」。或言姓，或不言姓，皆無義例。

《惠紀》「二年秋七月辛未，相國何薨」，蕭何也。「五年秋八月己丑，相國參薨」，曹參也。《文紀》「二年冬十月，丞相陳平薨。四年冬十二月，丞相灌嬰薨」。《景紀》「二年六月，丞相嘉薨」，申屠嘉也。《武紀》「元光四年春三月乙卯，丞相蚡薨」，田蚡也。「元狩二年春三月戊寅，丞相弘薨」，公孫弘也。或有日，或無日，或言姓，或不言姓，皆無義例。

《後書·鮑永傳》：「永子昱，中元元年拜司隸校尉，詔昱詣尚書，使封胡降檄。光武遣小黄門問昱有所怪不，對曰：『臣聞故事，通官文書不著姓，又當司徒露布，怪使司隸下書而著姓也。』帝報曰：『吾欲令天下知忠臣之子復爲司隸也。』」注：「檄，軍書，若今露布也。《漢官儀》曰：『羣臣上書，公卿校尉諸將不言姓。凡制書皆璽封，尚書令重封，唯赦贖令司徒印,露布州郡也。』[二]今以予所摘《前書》等句考之,殊不盡然。

兩增句

《史記·高祖紀》:「秦二世元年秋,陳勝等起蘄,至陳而王,號張楚」,下即緊接「諸郡縣多殺長吏以應涉」,然後繼以「沛令欲以沛應涉」,以便入高祖事,《漢書》則于涉爲王下,添入「遣武臣、張耳、陳餘略趙地,武臣自立爲趙王」二句,横亘其間,文勢隔閡,後再補「趙王武臣爲其將所殺」,與上相應,實皆冗句。又《史記》叙雍齒與豐子弟叛高祖,高祖怨之,下即云「聞東陽甯君、秦嘉立景駒爲楚王,[一]乃往從之」,亦緊相承接,《漢書》乃于怨之下删去「聞」字,增入「張耳立趙後趙歇爲趙王」一句,横亘其中,使上下語脉隔斷,而上文「怨雍齒與豐子弟叛之」之語亦爲贅疣無著,兩處增句皆非是,亦正相類。

校讀記

[一]楚王,當從《史記》作「假王」。

高祖得天下不改元

吳興淩稚隆《漢書評林》所采明人議論少佳者,如許氏應元謂高祖既得天下,正帝號而不改元，于禮爲缺。愚謂武王承父業，猶仍文王年數，不改稱元年，詳拙著《尚書後案》第三十卷。漢初質樸近古，其不改元，蓋因于前事。彼許應元也者，何足以知之。

高起

高祖置酒雒陽南宫，問通侯諸將所以有天下者，高起、王陵對云云。臣瓚曰：「《漢帝年紀》高帝時有信平侯臣陵、都武侯臣起。魏相、邴吉奏高帝時奏事有將軍臣陵、臣起。」錢大昭云：「《魏相傳》述高帝時受詔長樂宫者但有將軍臣陵，無臣起，《漢紀》亦無『高起』二字，疑衍。」[一]

校讀記

[一]見《漢書辨疑》卷一。

長安

「車駕西都長安」，師古曰：「長安本秦鄉名。」按《地理志》長安，高帝五年置。當是自取美名，非必因秦鄉名也。《史記》作「關中」，班氏以關中地廣，都在長安，故追改之耳。

田肯

田肯，《史記》同，而《索隱》曰：「《漢書》及《漢紀》作『宵』。」按郭忠恕《佩觿》曰：「《漢書》田肯，『肯』本作『肎』，故誤爲『宵』耳。」[一]

校讀記

[一]見卷上。

高祖非堯後

高祖母與神遇而生高祖，高祖自知非其父太公所生，故項羽置太公高俎上，欲烹之，高祖曰：「必欲烹吾翁，幸分我一杯羹。」即位後朝太公，家令說太公擁彗迎門，心善家令言，賜黄金五百斤，足見帝之不以太公爲父矣。師古謂善家令發悟己心，因得尊崇父號，非善其令父敬己。[一]非也。《後書·蔡邕傳》李賢注以司馬遷書此事爲著其不善，是也。班氏作贊，乃遠引蔡墨、范宣子之言劉氏出自陶唐，遂謂「漢帝系本唐帝，承堯運，得天統」，是何言邪？司馬遷贊則言三代異尚，周末文敝，漢救以忠爲得統，絶不及堯後之説，此班改馬而遠失之者。夫三代同祖黄帝，其説荒遠，然猶有因劉太公閭左細民，乃以爲晉士會之族處于秦而爲劉氏，其後又由魏徙豐，不亦誣乎？《後漢·賈逵傳》：「逵奏：『《五經》家皆無以證圖讖明劉氏爲堯後者，而《左氏》獨有明文。』」此亦未免阿諛。《新唐書》一百三十二卷《劉知幾傳》：「知幾撰《劉氏家史》及《譜考》，上推漢爲陸終苗裔，非堯後。」非堯後固然矣，而爲陸終後亦何據乎？此亦可笑。

《後書·杜林傳》：「光武令羣臣議郊祀，多以爲周郊后稷，漢當祀堯。林獨以爲周室之興，祚由后稷，漢業特起，功不緣堯。故事宜因。定從林議。」

校讀記

[一]按此爲師古引晉太子庶子劉寶説。

十七史商榷卷九

漢書三

天子冠期

《惠紀》:「四年冬十月壬寅,立皇后張氏。三月甲子,皇帝冠,赦天下。」考惠帝此時年已二十矣。《景紀》:「後三年正月,皇太子冠。」皇太子即武帝,時年十六。《昭紀》:「始元四年春三月甲寅,立皇后上官氏。」此時昭帝年十二。「元鳳四年春正月丁亥,帝加元服。」師古曰:「元,首也。冠,首之所著,故曰元服。」此時昭帝年十八矣。《哀紀》:「成帝欲以爲嗣,爲加元服,時年十七。」《平紀》帝崩,年十四,始加元服以斂。按古者天子、諸侯皆年十二而冠,冠而生子。漢初經典殘闕,天子冠禮已無明文,故無定期。

公卿除授立皇后

諸帝紀中所書公卿百官，但有薨、自殺、棄市、要斬而無除授年月，惟其大有關繫如《文紀》拜宋昌爲衛將軍之類則書之，其餘則雖相國丞相亦不見有除授年月也，而封王侯則必書之，即猥冗如封欒大爲樂通侯之類亦書之，是不可解。讀帝紀者每患突見某官某薨，某官某有罪自殺，而竟不知其于何年爲此官，賴《百官公卿表》見之，然愚以爲三公九卿政治之本，帝紀全史之眉目，除授、遷徙、薨卒、刑殺皆當見于紀也。至若立皇后一事，書法參差不一，則尤有不可知者。《惠帝紀》書「四年冬十月壬寅，立皇后張氏」，《景帝紀》「六年秋九月，皇后薄氏廢」，而其前絶不見立皇后薄氏之文，其下則書「七年夏四月乙巳，立皇后王氏」，《武帝紀》「元光五年秋七月乙巳，皇后陳氏廢」，而其前絶不見立皇后陳氏之文，其下則又書「元朔元年春三月甲子，立皇后衛氏」，《昭帝紀》書「始元四年春三月甲寅，立皇后上官氏」，《成帝紀》「建始二年三月丙午，立皇后許氏」，「鴻嘉三年冬十一月甲寅，皇后許氏廢」，《哀帝紀》初即位，即書「五月丙戌，立皇后傅氏」，義例不一，殊不可解。

惠帝年

《惠紀》:「七年秋八月戊寅,帝崩于未央宫。」臣瓚曰:「帝年十七即位,即位七年,壽二十四。」按帝年五歲,高祖爲漢王,二年立爲太子,年六歲,十二年高祖崩,帝即位,時年十六,又七年崩,年二十三,臣瓚誤。

嬃

《高后紀》:「吕禄過其姑吕嬃。」師古曰:「嬃,吕后妹。」按吕嬃,樊噲妻也。《説文》:「賈侍中説:楚人謂姊爲嬃。」[一]《離騷》:「女嬃之嬋媛。」王逸注:「女嬃,屈原姊也。」《陳平傳》:「高帝命平斬噲,道中計曰:『噲,吕后女弟吕須[二]夫。』」則其爲吕后妹甚明,蓋姊妹通稱。

校讀記

[一]十二篇下《女部》。

[二]「吕須」原作「女須」,據《漢書》卷四十《陳平傳》改。

盡殺諸呂

周勃、陳平、劉章既誅産、禄，悉捕諸吕，無少長男女皆殺之，并樊噲之妻吕嬃及其子伉皆殺之。除惡莫若盡，此之謂矣。惟其能斷，故能定亂，而唐敬暉、桓彦範、袁恕己、張柬之、崔元暐不誅諸武，僅斬二張，遂謂無事，謀疎若此，其及禍宜也。

劉郢

《文紀》羣臣上議有宗正臣郢，文穎曰：「劉郢也。」按《百官表》高后二年上邳侯劉郢客爲宗正，七年爲楚王。又《王子侯》《諸侯王表》並作「郢客」，而《史記》表與此紀文皆作「郢」，未知孰是。

連日食

「三年冬十月丁酉晦，日有食之。十一月丁卯晦，日有蝕之」。連日食，無此理，此與《春秋》連日食同，必有誤。其後七年正月辛未朔日食，見《五行志》及《漢紀》，而此紀不書，則又遺漏。《五行志》：「魯襄公二十四年七月甲子朔，日有食之，既。八月癸巳朔，日有食之。董仲舒以爲比食又既，象陽將絶。」仲舒之曲説邪，抑理固如此邪？

封悼惠王子

「四年秋九月，封齊悼惠王子七人爲列侯」，荀氏《紀》同。按《王子侯表》悼惠王子十人皆以五月封，此作七人九月封，表臚列而書之十人，不得爲七人，然則表是紀誤也。

令免

「以中大夫令免爲車騎將軍屯飛狐，故楚相蘇意爲將軍屯句注」，師古曰：「中大夫，官名，其人姓令名免耳。此諸將軍皆書姓，而徐廣以爲中大夫令是官名，非也。」按荀氏《漢紀》「令免」作「李勉」，徐、顔皆誤，且據《百官公卿表》，景帝初始更名衛尉爲中大夫令，文帝時本無此官名，則徐説尤爲妄矣。「蘇意」，荀《紀》作「蘇隱」。《百官[一]公卿表》：「惠帝七年奉常免。」師古曰：「名免也。」存疑。

校讀記

[一]「官」原誤作「言」，今改正。

青翟

《景紀》：「元年，遣御史大夫青翟與匈奴和親。」文穎曰：「姓嚴，諱青翟。」臣瓚曰：「此陶青也。莊青翟武帝時人，此紀誤。」師古曰：「後人妄增『翟』字。」按《百官表》正作「陶青」。

奪爵免官

「吏受官屬送財物，奪爵爲士伍，免之」，師古曰：「謂奪其爵，令爲士伍，又免其官職，即今律所謂除名也。謂之士伍者，言從士卒之伍也。」愚謂《淮南厲王傳》有士伍開章等，如淳曰：「律，有罪失官爵稱士伍。」如淳以官爵連稱，特隨便言之，其實古人有官有爵，奪爵者不必免官，惟犯贓者則然，今有革職留任及革任。奪爵即革職，免官即革任。

出宮人

文帝崩，歸夫人以下至少使，景帝崩，亦出宮人歸其家，至武、昭乃有奉陵之制，平帝崩，王莽乃復出媵妾皆歸家。要之，文、景之制，信可以爲後世法。

徙民會稽

「元狩四年，徙關東貧民于隴西、北地、西河、上郡、會稽，凡七十二萬五千口」，會稽生齒之繁當始於此，約增十四萬五千口也。

通回中道

「元封四年，行幸雍，通回中道，遂北出蕭關」，應劭以爲自回中通道至長安者固非，師古以爲自回中通道出蕭關，亦於文義不順，蓋自雍通道至回中，遂自回中北出蕭關耳。

盛唐

「元封五年，南巡狩至于盛唐」，文穎云：「盛唐在廬江。」韋昭云：「在南郡。」師古是韋説。按《地理志》無盛唐縣，唐開元中改霍山縣爲盛唐，《寰宇記》謂即漢縣，[二]雖無的據，然下文即云「登灊天柱山」，灊縣屬廬江，天柱即南嶽霍山，即盛唐必近灊縣地，文穎謂在廬江者得之。

校讀記

[一]見卷一百二十五。

大搜

「天漢元年秋，閉城門，大搜」，臣瓚以爲搜踰侈者，李奇以爲搜巫蠱。師古是臣瓚。愚謂踰侈止須禁止，何用搜索？其明年秋即有禁巫祠道中、大搜事，而征和元年冬亦以巫蠱大搜、閉城門索，事皆相類，知是搜巫蠱姦人，非踰侈者。

天山

「天漢二年，貳師將軍與右賢王戰于天山」，顔氏以天山即祁連山，《史記索隱》已疑其非。今考《寰宇記》云：「天山一名白山，今名折羅漫山，自伊州北連亘而西，至蒲類海東北，東西千餘里。《西河舊事》云：天山最高，冬夏常雪，故曰白山。山中有好木及鐵。匈奴謂之天山，過之皆下馬拜。」[一]又云：「祁連山在張掖、酒泉二郡界上，東西二百餘里，南北百里，有松柏，美水草，冬温夏涼，宜畜牧。」[二]是天山在磧北，跨唐、伊、西庭三州境，祁連在張掖西南二百里，兩山相去二千餘里，顔氏混而爲一，後人地志因之，誤矣。

校讀記

［一］見卷一百五十三。

［二］見卷一百五十二。

口賦

《昭紀》：「元鳳四年，詔毋收四年、五年口賦。」如淳曰：「《漢儀注》民年七歲至十四出口賦錢，人二十三，二十錢以食天子，其三錢者，武帝加口錢以補車騎馬。」何氏云：「貢禹上書言古民無賦算口錢，起武帝征伐四夷，重賦于民，民産子三歲則出口錢，故民重困，至于生子輒殺，宜令兒七歲去齒乃出口錢，年二十乃算。如淳所引《漢儀注》乃元帝以後之制也。」［一］

校讀記

［一］見《義門讀書記》卷十五。

下杜

《宣紀》：「尤樂杜鄠之間，率常在下杜。」孟康曰：「下杜在長安南。」師古曰：「下杜即今之杜城。」案《水經注》長安南出東頭第一門名覆盎門，其南有下杜城，應劭曰：「故杜陵之下聚落也。」[二]其地在杜陵縣之西南，鄠縣東北，所謂杜鄠之間也。若唐之杜城即漢杜陵縣，後魏改名杜城者，非下杜也。

校讀記

[一]引《水經注》至此，見卷十九《渭水》下。

宣帝嗣昭帝

霍光立宣帝，成中興之業，可謂得人矣。其奏議曰：「禮，大宗無嗣，擇支子孫賢者爲嗣。孝武皇帝曾孫病已，可以嗣孝昭皇帝後。」見《本紀》，亦見《戾太子傳》。則非也。昭帝武帝子，宣帝武帝曾孫，以嗣昭帝，亂昭穆之叙，奚可哉？若平帝乃哀帝從昆弟，王莽立之，不但貪其幼小，漢家本傳子不傳弟，莽恨哀帝，竟以平帝爲成帝後，而哀帝不爲置後，見《宣元六王傳》。尤大變異事也。《後書·安帝紀》鄧太后詔以清河王子祜爲孝和皇帝嗣，是爲安帝。然則殤帝竟從殤禮，不爲立後，天子不當有殤禮，此亦非也。至明武宗在位十六年，立世宗以繼孝宗，而武宗竟無後，尤不可解。

宣帝年

「黄龍元年十二月甲戌，帝崩」，臣瓚曰：「帝年十八即位，即位二十五年，壽四十八。」按監本作「四十二」，汲古閣毛板「八」字誤。其實宣帝即位明年乃改元，壽四十三，監本亦誤。

哀紀贊矛盾

《哀帝紀》贊稱其「雅性不好聲色」，又云：「即位痿痺，末年寖劇。」而帝即位，説董賢貌，有斷褏之愛。令賢妻通籍殿中，又以其女弟爲昭儀，昭儀及賢與妻旦夕上下並侍左右，贊之言一何矛盾。[一]

校讀記

[一]劉咸炘《漢書知意》引西莊此條云：「按不好聲色，蓋言未即位以前。」

年時月日

諸紀中紀事書年書時書月書日，參差錯出。惟年與時無不書而月日多不具者，或四者全書之，或但書年時無月日，或但書年時月無日，皆無義例。史失其傳邪，抑隨便言之邪？再考。

十七史商榷卷十

漢書四

內言

《王子侯表》上：「襄嚵侯建。」晉灼曰：「音內言嚵菟。」或云「內言」当作「巧言」，《小雅・巧言》「躍躍毚兔」是也。但本卷又有猇節侯起，晉灼亦云「猇音內言鴞」，則內言當是讀法。既有內言，當必更有外言，如高誘注《戰國策》、《呂氏春秋》、《淮南子》諸書，有所謂急氣緩氣、閉口籠口之類，而劉熙《釋名》亦云：「天，豫司兖冀以舌腹言之。天，顯也，在上高顯也。青徐以舌頭言之。天，坦也，坦然高而遠也。風，兖豫司冀橫口合脣言之，風，氾也，其氣博氾而動物也。青徐言風踧口開脣推氣言之，風，放也，氣放散也。」[一]可見此等讀法，漢人已有之。平上去入四聲始於齊、梁，《梁書》第十三卷《沈約傳》：「約撰《四聲譜》，以爲在昔詞人，千載不寤。高祖問周捨曰：『何謂四聲？』捨曰：『天子聖哲是也。』」朱竹垞作《重刻廣韻序》，誤以爲周顒之言。[二]而《舊唐書·楊綰傳》：「綰生聰惠。嘗夜宴，親賓各舉坐中物以四聲呼之，諸賓未言，綰應聲指鐵燈樹曰：『燈盞柄曲。』衆咸異之。」此與「天子聖哲」同，皆于四聲中各指一聲言之，其實同一聲也。以舌頭言之爲平，以舌腹言之即爲上，急氣言之即爲去，閉口言之即爲入。愚於聲音之道無深解，性好務實，不喜係風捕影，於其所不知蓋闕如也，聊舉膚見如此。

校讀記

[一]見《釋天》。

[二]見《曝書亭集》卷三十四。

王子侯郡國名

《王子侯表》末格内書郡國名者，非是國除之後其地入此郡國，以其中間有亦書縣名者知之也。

臨薔

《高惠高后文功臣表》：「棘蒲剛侯陳武，以將軍前元年將卒二千五百人起薛，别救東阿，至霸上，一歲十月入漢，擊齊歷下軍臨菑，侯。」按監板作「臨菑」，此「菑」字誤。《淮陰侯傳》信襲歷下軍，定臨菑，未聞有所謂陳武者，疑是時武兵屬信，史家遂不別叙耳。若然，則「臨菑」之上恐脱「定」字也。

鄂秋

「安平敬侯鄂秋，以謁者漢王三年初從，定諸侯，有功。秋，舉蕭何功，因故侯，二千户」，案《蕭何傳》作「鄂千秋」，荀《紀》同，此脱一字，監板脱同。

紀通

「襄平侯紀通，父城以將軍從擊破秦，入漢，戰好畤，死事。子侯」，監板同。按此即《高后紀》中紀通，尚符節，持節矯納周勃北軍者，彼張晏注云：「紀通，紀信子也。」晉灼曰：「紀信焚死，不見其後。《功臣表》紀通，紀成子。」然則作「城」者誤。張晏説妄甚。信代高帝死，功莫大焉，而其後絶無所聞，意其人不但無子孫，并父母、兄弟、眷屬無一存者。

左王

《景武昭宣元成功臣表》：「昌武侯趙安稽，從驃騎將軍擊左王，益封。」「左王」，監板作「左右王」，疑非，《史記》作「左賢王」，是也。〔一〕

校讀記

〔一〕沈家本《諸史瑣言》卷五引西莊此條云：「按趙安稽從驃騎將軍擊匈奴，與左賢王接戰，爲元狩四年事，《匈奴傳》兩言左王可證，左賢王之稱左王，亦如右谷蠡王之稱右王也。各本皆衍『右』字，上注毛本不誤，右王見下合騎軹從平三侯表。」

襄城等四侯

《外戚恩澤侯表》襄城侯義、軹侯朝、壺關侯武、昌平侯大四人並見《高后紀》，彼如淳注引《外戚恩澤侯表》曰：「皆呂氏子也。」此句今表脱去，監板脱同，應補。又彼紀尚有淮陽王强、恒山王不疑，在《異姓諸侯王表》，注云：「高后所詐立孝惠子。」予前於《史記》論少帝諸王皆非劉氏，可與相發。

三公九卿

《百官公卿表》篇首總叙，讀之知孟堅乃通才，非經師也。何則？上溯虙羲神農至唐虞，不過以三十餘言蔽之，不詳述夏、殷，直云「亡聞焉」，惟周官稍詳，然亦不過舉其要耳，最爲簡凈合宜，故曰通才。至於經義則不合也。其以冢宰、司徒、宗伯、司馬、司寇、司空爲六卿，太師、太傅、太保爲三公，與六卿爲九，説周制似是，而其下則又云「或説司馬主天，司徒主人，司空主土，是爲三公」，其下則又云「四岳謂四方諸侯」。愚謂《考工記》「坐而論道謂之三公」，鄭康成注雖以公爲諸侯，其實是舉外以該内，《地官·序官》疏引《鄭志》，據《尚書·周官》篇云立太師、太傅、太保曰三公。此僞《周官》文，鄭所不見，而《鄭志》據之者，蓋出伏生《尚書大傳·夏傳》，知者，此《考工》疏謂鄭偏説諸侯，是因三公已有成文，不言可知，故注伏生《夏傳》即引「坐而論道」云云，可見《考工》注言諸侯是舉外見内，真《周官》篇雖已亡，而伏生《大傳》引之，《大傳》列於學官，博士所習，在兩漢家喻户曉，故不言可知，若然，伏生既引於《夏傳》，則三公之制，夏與周同，竊疑三公九卿唐虞三代所同，不同者乃在大夫以下耳。又《昏義》云：「天子立六官、三公、九卿、二十七大夫、八十一元士。」注云：「三公以下百二十人，似夏時也。」疏云：「三公分主六卿，三孤亦分主六官之職，總謂之九卿。」考《明堂位》云：「有虞氏官五十，夏后氏官百，殷二百，周三百。」此百二十人與夏相近，故云「似夏時」。要之，此雖説夏三公九卿，周亦同。《考工記》又云：「外有九室，九卿朝焉。」注云：「六卿三孤爲九卿。」三孤佐三公論道，六卿治六官之屬。疏云：「孤同卿數者，以命數同故也。」不言三公與六卿爲九卿，而言三孤，以其命數相同，故不害三公六卿爲九也。三孤，三公之副，舉副以見正耳。既如此，則班以三公六卿爲九，正合經義，而愚乃譏其不合者，伏生《大傳》云：「天子三公，一司徒公，二司馬公，三司空公。百姓不親，五品不訓，責之司徒；蠻夷滑夏，寇賊姦宄，責之司馬；溝瀆壅過，水爲民害，責之司空。」鄭注云：「周禮：天子六卿。與太宰、司徒同職者謂之司徒公，與宗伯、司馬同職者謂之司馬公，與司寇、司空同職者謂之司空公。一公兼二卿，舉下以爲稱。」然則三公無職，兼六卿乃有職，所以周禮不列三公，但有六卿，而公、孤之服位儀等旁見各職中，《大傳》是七十子相傳遺訓，正説三公六卿之制，班氏不知，疑其未協周制而另爲或説一條，瓜疇而芋區之，何也？四岳亦即三公之出領諸侯者，今以爲四方諸侯，亦非。

降及漢代，以丞相、太尉、御史大夫爲三公，奉常等爲九卿，與周大異矣。然丞相即大司徒，太尉即大司馬，御史大夫即大司空，猶有周之遺意，班氏不知，故以正制抽出爲或説，而近儒乃謂或説是諸侯執政之卿，大國三卿，自秦、漢皆沿諸侯之制。近儒心眼沈浸俗學中，故不知古義。

將軍

太尉本三公，而武帝元狩四年置爲大司馬，以冠將軍之號，又於三公及三師之下即次之以前後左右將軍者，蓋古者天子六軍，其將皆命卿，然則三公也，六卿也，將軍也一也，故將軍即系三公三師下，漢雖承秦亂，時猶近古，故與周制相出入。

司馬在司徒上

司馬本次司徒下，而哀帝元壽二年復以大司馬位在司徒上，故帝欲極董賢之位，命爲此官，帝崩而王莽即代賢爲之。

《後漢・竇憲傳》：「和帝永元元年，憲擊匈奴有功，拜大將軍。舊大將軍位在三公下，置官屬依太尉。憲威權震朝廷，公卿希旨，奏憲位次太傅下、三公上，長史、司馬秩中二千石，從事中郎二人六百石。」官職之高下繫乎時主之愛憎，此事與董賢事正相類。

事下丞相御史大夫廷尉

古三公在九卿中，漢三公在九卿外。古九卿，公、孤、與、冢宰、司徒、宗伯、司馬、司寇、司空；漢九卿，奉常、郎中令、衛尉、太僕、廷尉、典客、宗正、大司農、少府也。凡《漢書》中每有大事，輒曰：「事下丞相、御史」，丞相、御史爲政本故也。太尉多不與者，掌武事故也。有罪則曰下廷尉治，或連某郡言之者，以其爲是郡之人，或是郡之事，或罪人匿於是郡，當即訊之故也。三公九卿建置沿革詳見《朱博傳》。

長水校尉

「長水校尉掌長水宣曲胡騎」，師古曰：「長水，胡名。」顧氏曰：「長水非胡名也。《郊祀志》：『灞滻灃澇涇渭長水，以近咸陽，故盡得比山川祠。』《史記索隱》云：『《百官志》有長水校尉。』沈約《宋書》云：『營近長水，故名。』《水經》云：『長水出白鹿原。』今之荊溪水是也。』」[一]

校讀記

[一]見《日知録》卷二十七《漢書注》條。所引《史記索隱》，見卷二十八《封禪書》。

二千石印文曰章

「比二千石以上皆銀印」，師古曰：「《漢舊儀》云：『銀印皆龜紐，其文曰章，謂刻曰某官之章也。』」按二千石其文曰章，故《朱買臣傳》「視其印，會稽太守章也」。比六百石以上皆銅印，則但曰印，今有僞爲銅印作蟲獸形，其文又或稱章者，皆非真漢印也。

百官公卿闕文脱誤

《百官公卿表》下師古曰：「此表中記公卿姓名不具及但舉其官而無名或言若干年不載遷免死者，皆史之闕文，不可得知。」按有名無姓如高帝五年廷尉義渠之類，有姓無名如十一年衛尉王氏之類，顔以爲闕文是也。至但舉其官而無名，則如景帝中二年第十二格但書「中尉」二字，武帝太始元年第十一格但書「大司農」三字，元帝初元元年第十三格但書「水衡都尉」四字，建昭元年第十三格但書「右扶風」三字，據顔以爲史之闕文，但既無姓，又無名，空舉此官，甚屬無理，殊不可曉，顔説大可疑。而卷中如此者亦不爲多，只此四處，若武帝太初元年及二年第十二格兩處俱有「中尉」二字，而無姓名，考上卷篇首總叙云「武帝太初元年，更名中尉爲執金吾」，是以此表自此年以下第十二格俱但有執金吾，别無中尉，然則太初元年「中尉」之下脱「更爲執金吾」五字，其二年之「中尉」二字的是衍文。〔一〕由此觀之，其餘四處亦皆衍文也。〔二〕觀書者至此，欲有所考，恐忘此格爲何官，偶爾用筆記之，而傳寫者不覺，誤以爲正文，一并謄入耳。其但言若干年不載遷免死，則宣帝本始二年，「博士后倉爲少府，二〔三〕年」。執金吾辟兵，「三年」。辟兵有名無姓，三年以下皆闕文。又地節二年，「潁川太守廣爲右扶風，三年」。元帝初元元年，「大鴻臚顯，十一年」。永光二年，「右扶風强，五年」。建昭四年，「中郎將王禹爲水衡都尉，五年」。顔説似也。但宣帝以前絶無此等，而宣帝以下則有此五條，恐俱係謄寫脱落，非班氏之闕文。

《百官公卿表》班氏本多疎略，如表中所列本從高帝元年起，而列將軍一項，直至文帝元年方見，高帝、惠帝、高后三朝不見一人，明係漏去，其傳寫脱誤者，如高后四年平陽侯曹窋爲御史大夫，誤高一格，八年淮南丞相張蒼爲御史大夫，誤低一格，景帝三年第五格云「故吴相爰盎爲奉常殷」，綴一「殷」字，殊不可解。「殷」字之上當别有「奉常」二字，而另起爲一條，今脱去，故不可讀。又如武帝元狩三年「三月壬辰，廷尉張湯爲御史大夫六年，有罪自殺」，此謂湯爲御史大夫六年而有罪自殺也。六年者，合初任職及自殺之年計之也。他皆倣此。然則景後三年「栢至侯許昌爲太常，二年遷」，按昌至武建元二年遷爲丞相，當云三年，不當云二年。建元元年「郎中令王臧，一年有罪自殺」，按臧至明年建元二年自殺，當云二年，不當云一年。天漢元年，「濟南太守琅邪王卿爲御史大夫，二年有罪自殺」，按帝紀，卿以三年二月有罪自殺。當云三年，不當云二年。此類不可枚舉。以上自曹窋以下凡六條，予既以意改，校以南監，前五條彼皆不誤，惟毛板誤。王卿，監、毛並誤。文帝後元年第九格有廷尉信，按《景帝紀》「元年，詔：『吏受所監臨，財物，論輕。』[四]廷尉信與丞相議」云云，師古無注，然其爲即文後元年之廷尉信甚明，乃其後武帝征和二年又見廷尉信，距文後元年已七十三年，斷無此事，疑必有誤。南監誤同。

校讀記

[一]《殿本考證》曰：「臣照按『中尉』下脱一字，蓋中尉某也，古本亦脱。」其説與西莊以爲此二字爲衍文者不同。按沈家本《諸史瑣言》卷五云：「《商搉》疑此爲衍文。按上文郅都爲中尉，三年免，計都之免正在此年，則《考證》以爲奪一字者，其説是。」

[二]孝元初元元年十三格書「水衡都尉」四字，《考證》云：「監本脱『馮奉世』三字，從宋本補。」按《商搉》以此四字爲衍文。沈家本《諸史瑣言》卷五云：「《商搉》以此爲衍文，未免武斷，《考證》以爲奪『馮奉世』三字，亦非。奉世以元康四年爲水衡都尉，十四年遷，至黄龍元年已得十四年，是年爲執金吾矣，安得復書奉世之名？此水衡都尉乃代奉世者，失其名耳。」

[三]「二」原作「三」，誤，據《百官公卿表》改。

［四］詔曰：「吏受所監臨，以飲食免，重；受財物，賤買貴賣，論輕。」

泄秘書

《百官公卿表》：「昭帝元鳳四年，蘇昌爲太常，十一年，坐籍霍山書泄秘書免。」師古曰：「以秘書借霍山。」顧氏曰：「蘇昌蓋籍没霍山之書中有秘記，當密奏之而輒以示人，故以宣泄罪之耳。山本傳言：『山坐寫秘書，顯爲上書獻城西第，入馬千匹，以贖山罪。』若山之秘書從昌借之，昌之罪不止於免官，而元康四年，昌安得又爲太常邪？果如小顏説，則但當云坐借霍山秘書免足矣，何用文之重詞之複邪？」［一］顧氏説甚辨。案蘇昌以元鳳四年爲太常，而霍山之敗在宣帝地節四年，相距凡十二年，故云「十一年，坐籍霍山書」云云，昌爲太常凡十二年而免也，作「十一年」者傳寫誤。

校讀記

［一］見《日知録》卷二十七《漢書注》條。

壬辰辛丑

「地節三年六月壬辰，御史大夫魏相爲丞相。辛丑，太子太傅丙吉爲御史大夫」。案荀悦《漢紀》「壬辰」作「壬申」，而丙吉之拜則與魏相同日，非。辛丑、壬辰、壬申似皆可，未能考其孰是。而丞相與副相同日而拜，則恐無此事，疑《漢紀》非也。《百官表》間亦有丞相、御史大夫同日拜者，恐皆是誤書。

或謂史貴詳，或謂史貴簡，二者皆不盡然，必也詳其所當詳，簡其所當簡，乃可謂良史矣。班氏，史家之冠冕，然亦未能副此言，豈班氏猶不得爲良史與？曰：非也。班氏體例雖因《史記》，而斷代爲史，慎覈整齊其文，則雖因實剏。剏者難爲工，縱詳略偶未當盡美，未盡善，何害爲良史乎？三公之拜罷，本紀必宜書，《百官表》及本傳不待言，若規制稍異，則《百官志》中亦宜見一事，而分作四番叙述，不嫌太繁，乃魏相爲丞相，丙吉爲御史大夫，《宣紀》地節三年皆不書，疎矣。二府尚且如此，况九卿乎？

永始二年拜罷

班《書》本紀於三公之拜罷，或書或否，體例甚亂，摘之不可勝摘，而荀悦《漢紀》尤爲謬妄，即以成帝永始二年之事論之。考《百官公卿表》，是年正月乙巳，大司馬音薨，王音也。二月丁酉，特進成都侯王商爲大司馬、衛將軍。三月丁酉，京兆尹翟方進爲御史大夫，八月貶爲執金吾。所謂八月者，謂方進爲御史大夫凡八月耳。又云「御史大夫翟方進爲執金吾，一月遷」，方進爲御史大夫，八月而遷，爲執金吾，一月而遷，故又云：「十月己丑，丞相宣免，十一月壬子，執金吾翟方進爲丞相，諸吏散騎光禄勳孔光爲御史大夫。」宣者，薛宣也，而《成紀》但書音薨，其餘一槩不書，是三府之拜罷竟不見於紀，疏略太甚，然他紀書之者却甚多，則又自亂其例，此班之失也。而本紀於是年之末，又書「是歲，御史大夫王駿卒」，同一御史大夫，卒者書，拜者不書，何例？書是歲者，亡其月日也。而表又不書駿之卒，是又表之失矣。表所書無月日者甚多，而駿不書，何例？且音薨之日，紀以己丑，表以乙巳，是又紀、表互異，二月既有丁酉，三月安得又有丁酉？是又表之有誤也。至荀悦以王商之爲大司馬、王駿之卒、翟方進之爲御史大夫，皆在三月丁酉，承《漢書》疊書丁酉之誤，不能改正，而混以三事置於一月日之下，已爲亂道，其下乃云「秋八月，方進貶爲執金吾」，竟誤認表中所云八月者以爲是年之八月，殊不知以表數之，方進之貶執金吾乃十月中事耳。荀悦以漢人記漢事，乃於班史文義尚且茫然不曉若是，豈其假手子弟門客以成書，而已則曾不檢照，故舛謬至此乎？其下又書「冬，黑龍見東萊」，此永始元年九月事，見《谷永傳》甚明，而悦又溷載入二年，其妄不可勝言。

張晏所譏

《古今人表》，張晏譏其差違失謬凡八條，第一條老子不當在第四格。王侍御峻云：「《評林》及汪本老子在第一格，趙希弁《讀書附志》云：『徽宗詔《史記》老子升于列傳之首，自爲一帙。《前漢·古今人表》列于上聖。』汪本其據北宋本乎？」按汲古閣板老子在第四如張晏説，則汲古似班氏元本也。南監與汲古同。而《評林》及汪本所據之宋本則是後人所改。予從青浦邵玘借侍御評本，往往稱汪本，係明汪文盛刻，《評林》則萬曆間吴興凌稚隆輯也。又一條譏寺人孟子不當在第三，今乃在第四。南監與汲古同。又譏田單、魯連、藺相如不當在第五，今田單乃在第四，魯連、藺相如皆在第二。南監與汲古同。又譏嫪毐不當在第七，今脱。南監與汲古同。夫此表所載奚啻數千百人，張晏所譏不過八人，今不同者四人，脱者一人，則全卷中傳刻脱誤不知凡幾矣。異哉，豈此四人者亦如老子之例，後人因張説而升之乎？但所據乃汲古本，如老子汲古是元本，何得此四人又依改本，且嫪毐之脱又何説邪？至張晏又譏大姬巫怪，陳人化之，不當在第三。按表，大姬在武王之下，與邑姜並列，注云：「武王妃。」若好巫怪之大姬乃武王之女，陳胡公之夫人，今陳胡公亦在第三格，而别列大姬之後，相隔甚遠，則非一人，張晏誤也。

魯出公

魯悼公在第六格，注云：「出公子。」按悼公，哀公子也。疑出公即哀公，哀公卒于越，故以號之。

十七史商榷卷十一

漢書五

志次當改

志之次，一《律曆》，二《禮樂》，三《刑法》，四《食貨》，五《郊祀》，六《天文》，七《五行》，八《地理》，九《溝洫》，十《藝文》。竊謂先後顛倒，叙次錯雜，殊屬無理。愚見當改爲一《天文》，二《五行》，三《律曆》，四《地理》，五《溝洫》，六《食貨》，七《禮樂》，八《郊祀》，九《刑法》，十《藝文》，[一]如此方順。改「河渠」爲「溝洫」，名實不相應，亦非，故後世無從者。

校讀記

[一]《漢書知意》引西莊此條云：「按班書《律曆》居首，重授時也，黄鐘爲萬事根本。次之以《禮樂》、《刑法》、《食貨》、《郊祀》，皆制度也。禮不行而刑始生，貨財盛而淫祀始興，平準、均輸則酷刑所由起也，次《天文》而《五行》聯，次《地理》而《溝洫》聯，皆有源流，無定制者。《藝文》爲

學術總匯，而《天文》、《五行》、《地理》、《溝洫》皆專家之學，實統於《藝文》也。王未識班意，而欲以後世類書法行之，亦淺矣。」

律曆本劉歆

班氏自言《律曆志》本之劉歆，《續志》亦云然。

度權量等名

《律曆志》：「度者，分、寸、丈、尺、引也。」分本度之名，今人乃以爲權之名，不知起何時。又：「權者，銖、兩、斤、鈞、石也。」石本權之名，而今乃以爲量之名。《志》「十斗爲斛」，今改爲五斗爲斛，而十斗爲石，又以十忽爲一絲，十絲爲一毫，十毫爲一分，十分爲一錢，皆未詳所起，再考。[二]

「合龠爲合」，南監與汲古同。他本或作「十龠爲合」，《尚書·堯典》疏所引同，此誤也。説詳《尚書後案》。

古尺小於今尺，是以步數、畝數、里數皆古小今大，詳見《後案·臯陶謨》篇。古量亦小於今量，《後書·南蠻傳》云：「軍行日三十里爲程，人日稟五升。」李賢注云：「古升小，故曰五升也。」是後漢時量小於今甚遠。竊謂古今人腹則同，今雖極健啖之人，每日食至多亦不能至二升，而此乃言五升，是後漢量小於今且一二倍也。說亦詳《後案·堯典》篇。《魏志·管寧傳》末注：「扈累，嘉平中年八九十，縣官給廩日五升，不足食。」《晉書》第一卷《司馬懿紀》：「與諸葛亮相拒于五丈原，亮使至，帝問諸葛公食可幾米，對曰：『三四升。』帝曰：『孔明其能久乎？』」[一]《蜀志·亮傳》注作「食不至數升」，宋王楙《野客叢書》第十一卷歷引《周禮·廩人》注、魏李悝、漢趙充國、《匈奴傳》及《後漢·南蠻傳》與晉顧臻之言，證古量之小，其第十一卷又引《北史》庫伏連性吝，家口人食米二升，常有饑色。[二]南北朝量比漢、魏前已略大，然比今量則尚小。

校讀記

[一]趙翼《陔餘叢考》卷三十《忽絲毫釐分錢》條云：「王西莊謂：『分、寸、丈、尺，分本度之名，今人乃以爲權之名，不知起於何時？又十忽爲絲，十絲爲毫，十毫爲分，十分爲錢，皆未詳所起。』按此事見《宋史》，度量皆以十起數，唯權則以一龠容千二百黍，重十二銖，兩之爲兩，十六兩爲斤，三十斤爲鈞，四鈞爲石。後世乃改銖爲錢，十錢爲兩，自此而上，十兩、百兩、千兩、萬兩，而權之數亦以十起，蓋以便於用。其實『錢』字乃借用錢刀之錢，非數家正名也。唐開通元寶錢每文重二銖四，累積十錢恰重一兩，故後人即以錢爲兩中之十也。分與釐、毫、絲、忽

本亦度之名，《孫子算術》：『蠶吐絲爲忽，十忽爲秒，十秒爲毫，十毫爲釐，十釐爲分，十分爲寸。』宋太宗詔更定權衡之式，崇儀使劉蒙、劉承祐等乃取樂尺積黍之法移於權衡，於是權衡中有絲、忽、毫、釐、分、錢之數。此近代兩、錢、分、釐、毫、忽、絲之所由起也。今俗權貨物者曰稱，權金銀者曰等子，宋初皆謂之稱，劉承祐所定銖二十四遂成其稱是也，元豐以後乃有等子之名，李廌《師友談記》邢和叔謂：『秦少游文章銖兩不差，非秤上秤，乃等子上等來也。』宣和中又有玉等子。」

[二]按見該書卷十七《過與不及》條。

疇人

「疇人子弟」，李奇曰：「同類之人，俱明曆者也。」如淳曰：「家業世世相傳爲疇。」師古是如說。按《尚書·洪範》「九疇」鄭康成及《僞孔傳》皆訓疇爲類，《易·否》九四「疇離祉」，九家注云：「疇者，類也。」然則李奇是如淳非。程大昌《演繁露》乃云：「古字假借，疇人即籌人，以筭數而名。」[一]尤謬也。樂官亦曰疇人，則不必定屬治筭數者矣。

校讀記

[一]見卷十二。

太初三統曆

武帝太初元年，詔大中大夫公孫卿、壺遂、太史令司馬遷、方士唐都、落下閎造《太初曆》，定東西，立晷儀，下漏刻，以追二十八宿相距于四方，舉終以定朔晦分至，躔離弦望。數語造曆之要已盡，自《太初曆》出，古曆皆廢，至成帝時劉向作《五紀論》，平帝時王莽秉政，向子歆又作《三統曆》及《譜》。《三統曆》大抵皆祖述《太初曆》者。

驚蟄雨水穀雨清明

「諏訾，初危十六度，立春。中營室十四度，驚蟄。今曰雨水，於夏爲正月，商爲二月，周爲三月。終于奎四度。降婁，初奎五度，雨水。今曰驚蟄。中婁四度，春分。於夏爲二月，商爲三月，周爲四月。終於胃六度。大梁，初胃七度，穀雨。今曰清明。中昴八度，清明。今曰穀雨，於夏爲三月，商爲四月，周爲五月。[二]終于畢十一度」。按《大戴禮·夏小正》篇、《逸周書·時令解》俱先驚蟄後雨水，先穀雨後清明，與《漢志》同。《新》《舊唐書》先啓蟄後雨水，亦同，而改穀雨在清明之後，至《宋史》始先雨水後驚蟄，先清明後穀雨，則與唐同，《元史》亦然。明程榮者彙刻《漢魏叢書》，内有京房《易傳》，亦先雨水後驚蟄，先清明後穀雨，俗刻可疑。

校讀記

[一]小字均爲《漢書》原注。

五德相代

「顓頊高陽氏水德，水生木，故帝嚳高辛氏爲木德；木生火，故唐堯火德；火生土，故虞爲土德；土生金，禹爲金德；金生水，湯爲水德；水生木，周爲木德」云云。案《後漢書·郎顗傳》：「顗條便宜，對曰：『孔子曰：三百四歲爲一德，五德千五百二十歲。五行更用。』」注：「《易乾鑿度》孔子曰：『立德之數，先立木金水火土德各三百四歲，五德備，凡千五百二十歲，太終復初。』故曰五行更用。更猶變改也。」《乾鑿度》在緯書中最爲可信，據此則知五德相代，其説出于孔子，但孔子言三百四歲一德，《漢志》却言一代一德。歷代運數短長不定，假如夏、商、周傳世皆數百年，決無既定爲一德矣，三百四歲後忽又更易一德之事，則孔子亦言其理而已，不必泥。《漢志》是也。且此五德之運，王者循環相代，而所尚之色却不用五色者，以三正也。建子者，物初生，色赤，故尚赤；建丑者，物漸著，色白，故尚白；建寅者，物已成，形色黑，故尚黑。或作「青」，亦可。《禮記》「或素或青，夏造殷因」下鄭注有此一條。大凡物之成形有黑者亦有青者。《舜典》「三帛」鄭注甚明，詳《尚書後案》一卷。又此三正臨時酌用，不必一定挨次循環，所以夏建寅之後，商不必從子起却建丑，而周却建子，參錯不齊，然與五德無涉。又五運相代，取相生不取相尅，周木德也，宗靈威仰，木生火，秦人應以火德王，乃《秦始皇本紀》云「始皇推終始五德之傳，以爲周得火德，秦代周，從所不勝，而用水德，遂以十月爲正」，誤以周爲火，又誤以相生爲相尅，又誤以五德改正朔，一事而三誤，秦人不學如此。至漢則繼周不繼秦，故用火德，尚赤。王莽用土德代漢，又因漢稱堯後，亦自稱舜後，明正當受漢禪也。亦可笑矣。至魏始以土德繼漢，色尚黃。《張蒼傳》蒼推漢爲水德，是承秦而不改。公孫臣又上書謂漢當用土德，是亦承秦而言之，以秦人應火德故耳。無如秦已誤用水矣，奈何漢又用土乎，抑或又誤用相尅之説乎？皆非也。

伐紂年月日

「《三統》，上元至伐紂之歲，十四萬二千一百九歲」云云。案曆法逆推而上，可以追溯前世者，正《孟子》所謂「千歲之日至可坐而致」，至於古帝王歷年之多少，國運之長短，則非曆所能推。既無史編紀載，何從測驗？此《律曆志》所載得之劉歆，而歆説似未必可信，蓋《史記》共和以前無紀年也。至於「文王受命九年而崩」，「九年」當作「七年」，又言「歲在鶉火」云云，本之《國語》，則不誤，皆詳予《尚書後案·太誓》序。又引《武成》逸文「惟一月壬辰」云云，皆不誤，《逸周書·世俘解》與此紀日不同，是《逸周書》傳寫之誤，當晉孔晁爲注時已誤矣，詳見《後辨》。又劉歆以死魄爲朔、生魄爲望，亦非，亦見《後辨》。

律曆逸文

吴江沈彤冠雲云：《春秋左傳》襄二十四年疏引《漢書·律曆志》，載劉歆《三統》之術，以爲五月二十二分月之二十乃爲一交，交在望前，朔則日食，望則月食，交在望後，望則月食，後月朔則日食，交正在朔，則日食既，前後望不食，交正在望，則月食既，前後朔不食。其文如此，而今《律曆志》並無此文，不知何時逸去。

漢無禮樂

《禮樂志》本當禮詳樂略，今乃禮略樂詳。全篇共分兩大截，後一截論樂之文較之前論禮，其詳幾三倍之，而究之於樂亦不過詳載郊廟歌詩，無預樂事，蓋漢實無所爲禮樂，故兩截之首各用泛論義理，全掇《樂記》之文，入漢事則云「漢興，撥亂反正，日不暇給」，以下叙叔孫通制禮，絶未述禮儀若何，即述賈誼、董仲舒、王吉、劉向四人論奏而止，叙通事結之云：「通定儀法，未備而通終。」叙誼事結之云：「誼草具其儀，大臣絳、灌害之，其議遂寢。」其下又云：「武帝議立明堂，制禮服，竇太后不説其事，又廢。」叙仲舒畢，結之云：「上方鋭志武功，不暇留意禮文之事。」叙王吉畢，結之云：「上不納其言，吉以病去。」叙劉向畢，結之云：「帝下公卿議，會向病卒，營表未作。」以上無非反覆明漢之未嘗制禮，無可志而已，故其下又結之云：「今叔孫通所撰《禮儀》，與《律令》同録，臧於理官，法家又復不傳。漢典寢而不著，民臣莫有言者。又通没之後，河間獻王采禮樂古事，稍稍增輯，至五百餘篇。今學者不能昭見，但推士禮以及天子，説義又頗謬異，故君臣長幼交接之道寢以不章。」漢典不傳，河間所輯又與漢無涉，故無可志也。《樂志》既述高祖「風起」之詩，武帝所立樂府造詩歌，末段乃言：「河間獻王獻雅樂，樂官存之以備數，然常禦及郊廟皆非雅聲。」又言：「漢郊廟詩歌，未有祖宗之事，八音調均，又不協于鐘律，而内有掖庭材人，外有上林樂府，皆以鄭聲施於朝廷。」其下又叙成帝時王禹獻河間樂，平當議請修之，公卿以爲久遠難明，議復寢。又叙哀帝欲放鄭聲，然百姓漸漬日久，又不制雅樂有以相變，吏民湛沔自若。末復總結之云：「大漢繼周，久曠大儀，未有立禮成樂，此賈誼、仲舒、王吉、劉向之徒所爲發憤而增嘆也。」足明此志總見漢實無所爲禮樂，實無可志。

子長《禮》、《樂》二書亦空論其理，但子長述黄帝及太初，若欲實叙，實難櫽括，孟堅述

西漢二百年，何難實叙，祇因漢未嘗制禮，樂府俱是鄭聲，本無可志，不得已只可以空論了之。[一]

志中載賈誼語尚簡淨，至董仲舒對策凡四五百字皆見仲舒本傳，王吉上疏約二百字亦見吉本傳，于此何用重出，徒煩紙墨，實屬冗複，宜撮舉大意，數言已足。又載劉向議禮事約三百字，則《向傳》所無。

校讀記

［一］《漢書知意》引西莊此條云：「案王説得之矣。其載郊廟歌詩，而前人爲譏爲不倫，班意蓋以明禮樂不過如斯耳。」

濟隮通

王吉上疏：「驅一世之民，濟之仁壽之域。」「濟」字，本傳同。《詩》「朝隮于西」，又「南山朝隮」，「濟」與「隮」通也。監板志、傳並改爲「躋」，此俗儒所改。「躋」字《説文》無之。

有税有賦

《刑法志》：「因井田而制軍賦，有税有租。」案下文即云：「税以足食，賦以足兵。」師古曰：「税，田税。賦發斂財也。」則合作「有税有賦」。又《食貨志》前一段語意與此正同，亦云：「有賦有税」，若作「租」，租即税也，不可通矣。

刑法志三非

《刑法志》「大刑用甲兵，其次用斧鉞」云云，語出《魯語》，班氏據此，故以戰守之兵與墨劓等刑合爲一志，畢竟刑平時所用，兵征討所用，二者不可合，班氏雖有此作，後世諸史無從之者，一非也。[一]于次宜先刑後兵，今先兵後刑，二非也。漢家雖不制禮，而未嘗無兵法，一代之制，豈無足述？今先之以考古，繼之以議論，其下但云「高祖定天下，踵秦而置材官於郡國，京師有南北軍之屯，至武帝平百粤，内增七校，外有樓船，皆歲時講肄」，叙漢事只此數語，毋乃太簡，三非也。惟其撮舉《周禮》井田軍賦大略，最爲簡明，説《周禮》者罕能及。

校讀記

[一]朱一新《無邪堂答問》卷二：問：「大刑用甲兵，其次用鈇鉞。班《志》故先兵後刑。王西莊《商榷》云：『刑平時所用，兵征討所用，二者不可合。』又錢文子《補漢兵志》一卷，王氏不滿其掇拾於千載之後。案班史例舉其大，故合兵於刑，後世踵事日增，原不可以相律。錢氏之補，類蛇

足否？王氏糾班，於例允否？」答：「南北軍之制、都肄之制已散見各傳志中，錢氏掇拾，固亦不能他有所補也。刑罰得其平，則甲兵可以不用。民或翫法，或苦法，乃始鋌而走險，故兵與刑有相因之勢。班史合之，爲能窺得其本原。唐虞命官，兵刑不分，至周而始分之，此即所云踵事日增之説。然司馬與司寇所屬之事，猶多相出人者，可見勢本相因。王氏《商榷》云云，不足與辨也。」按胡玉縉《許廎經籍題跋》卷二《十七史商榷書後》謂王説不如朱説，詳見本書附録二《評論》。又《漢書知意》亦以王説爲非，並引朱一新《答問》。

肉刑

文帝除肉刑，當黥者髡鉗爲城旦舂，當劓者笞三百，當斬左止者笞五百，當斬右止者皆棄市，有輕刑名，實殺人。笞五百、三百，率多死。班氏論之云：「除肉刑，本欲全民，今去髡鉗一等，轉入大辟。以死罔民，死者歲萬數，刑重所致也。至穿窬之盜，忿怒傷人，男女淫佚，吏爲姦臧，若此之惡，髡鉗又不足以懲，刑者歲十萬數，民不畏，又不恥，刑輕所生也。宜思清原正本，删定律令，篹二百章，以應大辟。其餘罪次，於古當生，今觸死者，皆可募行肉刑。」《魏志》陳羣議云：「漢除肉刑而增加笞，本興仁惻而死更衆，所謂名輕實重也。名輕則易犯，實重則傷民。且殺人償死，合于古制。至于傷人，或殘毁其體而裁翦毛髮，非其理也。若用古制，使淫者下于蠶室，盜者刖其足，永無淫放穿窬之患矣。夫三千之屬雖未可卒復，若斯數者，時之所患，宜先施用。漢律所設殊死之罪，仁所不及也。其餘逮死者，可以刑殺，如此則所刑與所生足以相貿矣。今以笞死之法易不殺之刑，是重人肢體，輕人軀命也。」其旨本班氏。

賣弄

《漢·刑法志》：「廷平將招權。」蘇林曰：「招音翹，舉也。猶賣弄也。」《後漢·靈帝紀》注：「閔貢厲聲責張讓等賣弄國恩。」又《朱浮傳》：「浮爲大司空，坐賣弄國恩免。」又《楊震傳》：「震上疏言親近倖臣，賣弄威福。」皆一意。若歐陽永叔得請歸田，寄友云：「也賣弄得過裹。」〔一〕元人王實甫褉劇院本云：「賣弄你有家私。」此則指誇詡之義，今吴下里俗有此語，皆與宋、元人語同，與兩漢人語異。

校讀記

〔一〕按歐陽修《文忠集》卷五十七《寄韓子華》詩序引俗諺云：「也賣弄得過裹。」

補漢兵志

《補漢兵志》一卷，宋宗正少卿樂清錢文子文季譔，門人奉議郎、知江州瑞昌縣主管勸農營田公事陳元粹序。近日盛百二、李文藻刻之。班氏於《刑志》中帶叙兵事，草草數語，全不詳備。文子生千載之下，亦不過從《漢書》中紬繹而得，假令班氏欲志其詳，何難委曲如繪，惜乎略之。唐兵制之善與漢同，但其後内爲宦官所竊，外爲方鎮所據，初制固不然，惜史亦略也。宋廂軍、禁軍何嘗不仿漢、唐，惟養兵冗濫，漢、唐所無耳。文子考古以諷時，有心哉。

《通鑑目録》第三卷漢滅項羽，即帝位，定都雒陽，下云「兵皆罷歸家」，明季某公批云：「兵皆罷未妥，觀後事可見。」漢此時新造，而法制已定，所云「罷歸家」，非真廢兵不用，京師南北軍固在也，所罷惟郡國材官耳，然以虎符召之即立至。特以漢人平日不養兵，有事乃召，事已即罷。某公竟認作真廢兵不用，遂以其後反者數起事皆由罷兵所致，不亦誤乎？讀文子此編便自了然。

《宋史・藝文志》以此書編入類書一門，真可發笑。

十七史商榷卷十二

漢書六

米價

《食貨志》魏文侯臣李悝言一夫治田百畮，歲收畮一石半，石錢三十。沈彤謂一石當今二斗，又謂此錢乃景王大錢，其重半兩，當今制錢二枚。俱未詳是否。漢初，米石五千。沈謂此莢錢也，視李悝時價十六七倍。此志下卷又云：「漢興，米至石萬錢。」宣帝時，穀石五錢，農人少利。沈云：「『五』下當有『十』字，若石止五錢，則不得但云少利矣。」元帝二年，齊地饑，穀石三百餘。王莽時，穀價翔貴，雒陽以東米石二千。六國至莽米價略具此，但錢之制隨時而變，量又古今不同，且秦、漢時以百二十斤爲石，乃權之名，非量之名，未可據以考今日之價。《秦始皇本紀》：「三十一年，米石千六百。」存參。

今以十升爲一斗，五斗爲一斛，二斛爲一石，每升重一斤四兩，每斗十二斤八兩，每斛六十二斤八兩，每石一百二十五斤。

飢

「小飢收百石，中飢七十石，大飢三十石」，何校「飢」俱改「饑」。蔡虛齋云：「飢、饑不同。穀不熟曰饑，人無食曰飢，亦可通用，但有『飢饉』無『饑渴』。」

賈鼂董論食貨

《食貨志》載賈誼、鼂錯、董仲舒奏議，三人本傳俱不重出，足見《禮志》直因無可叙述，聊采論奏敷衍成篇。

常平倉

「宣帝時，大司農中丞耿壽昌白令邊郡皆築倉，以穀賤時增其賈而糴，以利農，穀貴時減賈而糶，名曰常平倉。民便之。上迺下詔，賜壽昌爵關内侯。元帝即位，天下大飢，在位諸儒多言常平倉可罷，毋與民争利。上從其議，罷之。」愚謂《蕭望之傳》望之當宣帝時已力言常平之非矣。《後書・劉般傳》永平十一年，帝欲置常平倉，公卿議者多以爲便，般對以常平倉外有利民之名，而內實侵刻百姓，豪右因緣爲姦，小民不能得其平，置之不便。廼止。夫常平初制，于民無不益，于官則損中藏益，蓋上下交利焉。惟商賈因上握其權，穀價常平無所益耳。然而法立弊生，漢人已以與民争利譏之，況人心日巧，姦僞萬端，猾吏貪胥上下其手乎？唐、宋變爲社倉，又名義倉，一切利病，詳見朱子《文集》、馬氏《通考》。休寧戴震東原作其師婺源江永慎修《行狀》曰：「先生家故貧，其居鄉，嘗援《春秋傳》豐年補敗之義語鄉之人，於是相與共輸穀若田，設立義倉，行之且三十年。一鄉之民不知有饑，自古積粟之法，莫善於在民，莫不善於在官。使民自相補救，卒無胥吏之擾，此先生之善於爲鄉之人謀者。」[一]戴説片言居要，附記於此。

校讀記

[一]見《東原文集》卷十二《江慎修先生事略狀》。

金錢布帛

《食貨志》上卷言食，下卷言貨。篇首云：「凡貨，金錢布帛，夏殷以前，其詳靡記。太公爲周立九府圜法。師古曰：「《周官》太府、玉府、內府、外府、泉府、天府、職內、職金、職幣皆掌財幣，故云九府。圜謂均而通也。」黄金方寸而重一斤；錢圜函方，孟康曰：「外圜而內孔方也。」輕重以銖；師古曰：「言黄金以斤爲名，錢則以銖爲重也。」布帛廣二尺二寸爲幅，長四丈爲匹。故貨實於金，利於刀，如淳曰：「名錢爲刀者，以其利於民也。」流於泉，流行如泉也。布於布，謂布於民間。[一]束于帛。」李奇曰：「束，聚也。」據此，則周人所用貨幣凡有四種。卓文君《白頭吟》云：「男兒重意氣，何用錢刀爲。」古人以錢刀連言者多矣，二者誠爲一類，但班氏既分言之，則爲二物，亦猶布帛相近，而布究非帛。如淳注直以刀、泉皆爲錢，本一物，以其利名刀，以其行名泉，非也。今古錢存者有作刀形，予猶曾見之，刀蓋錢中之別矣。或云：布亦名錢者，《天官》：「外府，掌邦布之入出。」鄭康成注：「布，泉也。其藏曰泉，其行曰布。」賈公彦疏：「一物兩名。」是也。而與此處所言布帛之布則不同，言豈一端而已，各有所當也。元帝時貢禹言：「鑄錢采銅，民心動摇，棄本逐末，宜罷鑄錢，毋復以爲幣。租税禄賜皆以布帛及穀，使百姓壹意農桑。」議者以交易待錢，布帛不可尺寸分裂，禹議亦寢。禹議雖不行，然即此可見古固有以布帛爲市者，而布固非錢也。[二]黄金方寸而重一斤者，《孫子筭經》卷上云「黄金方寸重一斤，白金方寸重一十四兩」是也。輕重以銖者，錢最輕者一銖，最重者十二銖也，《孫子筭經》卷上云「稱之所起，起於黍，十黍爲一絫，十絫爲一銖，二十四銖爲一兩」是也。

《管子·國畜》篇云：「先王以珠玉爲上幣，黄金爲中幣，刀布爲下幣。」所謂「先王」，蓋指虞夏以來，言黄金則似銀銅不數，而《史記·平準書》云：「虞夏之幣，金爲三品，或黄、或白、或赤，或錢、或布、或刀、或龜貝。至秦幣爲二等，黄金爲上幣，銅錢爲下幣，珠玉、龜貝、銀錫之屬爲器飾寶藏，不爲幣。」然則虞夏之制，金銀銅並用，《管子》言未可泥，言布不言帛亦從可知。如班氏言周惟用金錢布帛，則秦罷珠玉等不爲幣，似亦因周之舊，非秦所剏，但《平準書》省言布帛耳。自此以後遂爲定制，是也。《師丹傳》哀帝即位，有上書言古者以龜貝爲貨，今以錢易之。民以故貧，宜改幣。而黄金亦不爲幣，若專用銀錢，則直至明中葉始定，[三]蓋時勢古今異宜，幣之以銀錢爲定，固不可易矣。《新唐書》五十四《食貨志》：「天下有銀之山，必有銅，唯銀無益于人。」《宋史》一百七十四《食貨志》歲賦之物共二十七，銀但居一。此在唐、宋則然。

校讀記

[一]亦如淳曰。

[二]楊樹達《漢書窺管》卷三引西莊此條云：「樹達按：王説是也。《詩·衛風·氓》云：『抱布貿絲。』毛傳訓布爲幣。然《鹽鐵論·錯幣》篇云：『文學曰：古者市朝而無刀幣，各以其所有易無，抱布貿絲而已。』以布爲布帛，説與毛傳不同，蓋三家《詩》説。班《志》此文蓋亦用今文《詩》説也。」

[三]《陔餘叢考》卷三十《銀》條謂西莊專用銀錢爲幣至明中葉始定之説殊不然，文煩不録。

斂散即常平

《志》引管仲之言曰：「歲有凶穰，故穀有貴賤；令有緩急，故物有輕重。李奇曰：「上令急於求米則民重米，緩於求米則民輕米。」民有餘則輕之，故人君斂之；民不足則重之，故人君散之。」李奇曰：「民輕之時，爲斂糴之，重之時，官爲散也。」贊曰：「《易》稱『裒多益寡』，《書》云『楙遷有無』，周有泉府之官，師古曰：「司徒屬官也。掌市之征布，斂貨之不讐者以其價買之。」而孟子亦非狗彘食人食不知斂，應劭曰：「以法度衣之。」師古曰：「歲豐菽粟饒多，可斂之。」野有餓莩弗知發。鄭氏曰：「莩，落也。人餓死零落，不知發倉廩貸[二]之。」故管氏之輕重，李悝之平糴，弘羊均輸，壽昌常平，亦有從徠。」按輕重斂散之法實出《周禮》，古人作錢，原爲此設，以備荒耳，便民交易，猶其後也。若専爲便民，是先王驅民背本逐末，非作錢之本意也。「狗彘食人食不知斂」，趙岐改爲「檢」，解爲法度。檢、斂已非本義，朱子直云制也，古訓愈失矣。如班氏讀，乃知《孟子》所言與《周禮》、《管子》相出入，雖孟子未讀《周禮》，又鄙管仲，未必觀其書，然亦可知發斂之説遠有所承。前篇所述耿壽昌穀賤增賈而糴、穀貴減賈而糶，此正發斂之説也。若弘羊均輸，盡籠天下貨物，貴賣賤買，則真與民爭利矣。班氏乃與管氏輕重、壽昌常平並稱，謬矣。均輸以鹽鐵爲本，兼及百貨。常平之法，穀而已矣。姦僞日滋，至後世常平亦難行，而補救之術幾窮。

《後書·朱暉傳》：「肅宗時，尚書張林請復用武帝均輸法，暉以爲不可。」李賢注云：「武帝作均輸法，謂州郡所出租賦並雇運之直，官總取之，市其土地所出之物，官自轉輸於京，謂之均輸。」

校讀記

〔一〕「貸」原誤作「貣」，據廣雅本《商榷》改。

臧粟臧繦

「輕重斂散以時，則準平。使萬室之邑必有萬鍾之臧，臧繦千萬；千室之邑必有千鍾之臧，臧繦百萬。」按孟康曰：「六斛四斗爲鍾。繦，錢貫也。」下文「筭軺車賈人緡錢皆有差」，師古亦云：「緡，謂錢貫也。」《通典》注云：「緡者，絲也，以貫錢。一貫千錢，出二十爲筭也。《詩》云：『維絲伊緡。』」〔二〕宋人亦以千錢爲一貫，竊謂同一錢貫而異其名，當有大小之別，緡既是千錢，則一繦當爲百錢也。計萬室之邑，每室粟一鍾，以李悝之言度之，可備四五人一月之食，每室錢千繦爲錢一萬，可備糴穀種及買耒耜器械并餱饟之用。曰「必有」者，明其不可更少，實欲其浮於此數也。此萬鍾與臧繦皆人君所臧以贍民者，萬鍾以備散，臧繦以備斂也。

賈誼諫：「宜禁民盜鑄錢，上收銅勿令布，則采銅鑄作者反於耕田。銅畢歸於上，上挾銅積以御輕重，錢輕則以術斂之，重則以術散之。」與前減價糶增價糴及臧粟臧繦皆是一意。

《賈山傳》文帝除鑄錢令，山諫以爲錢亡用器而可以易富貴。富貴，人主之操柄也，令民爲之，是與人主共操柄也。其後復禁鑄錢。

校讀記

［一］見卷十一《算緡》。輝按：此實《史記集解》引李奇注語，見卷三十《平準書》。

錢制

古錢輕重以銖，而《國語》周景王時患錢輕，更鑄大錢。唐固注云：「徑一寸二分，重十二銖，文曰大泉五十。」按此乃王莽所造，據唐注則是莽錢皆如周景王制也。而秦錢輕重亦同，古者以二十四銖爲一兩，此大錢重十二銖，是爲半兩錢。古錢莫重於此，景王欲鑄此錢，單穆公諫不聽，卒鑄大錢，文曰寶貨。肉好皆有周郭，韋昭注云：「肉，錢形也。好，孔也。」據此則知景王以前錢皆無文，肉好亦無周郭矣。秦錢形質如周錢，惟文異，文曰半兩，重如其文。《平準書》索隱據顧氏引《古今注》云：「秦錢半兩，徑一寸二分，重十二銖。」與周景王同。漢興，以秦錢重難用，更鑄莢錢。如淳曰：「如榆莢。」據《平準書》裴注，「莢」上本有「榆」字，此傳寫脱。蓋復景王以前錢制矣。《通典》注云：「莢錢重銖半。索隱云：「重三銖。」徑五分，文曰漢興。」［二］又云：

「高后所行五分錢，即莢錢也。孝文五年，爲錢益多而輕，更鑄四銖錢，其文爲半兩。後四十餘年，武帝更鑄三銖錢，明年又鑄五銖錢，五銖得中道，天下便之，故王莽紛更錢制，天下大亂，而世祖受命，盪滌煩苛，復五銖錢。」亦見《後・馬援傳》。五銖之制，唐宋以下蓋悉用之矣。東吳顧氏云：「五銖錢十枚當今之一兩弱。」[二]竊謂今以十錢爲一兩，如顧氏説，則今錢即五銖錢也。[三]即有不同，大約輕重不甚相遠，但彼一面文、一面漫，今則兩面有字，式既周正，文又明析，自三代秦漢以下錢制莫善於此。

漢時錢稍重，姦民盜摩錢質取鋊。鋊，銅屑也。其下文「有司請周郭其質，令不得摩取鋊」，「鋊」誤作「鉛」，《文獻通考》引之又誤作「鎔」。人心日巧，姦僞愈滋，近年民間多翦取錢邊，錢日壞，嚴禁之始戢。至盜鑄之禁，犯者至死而猶不免。要之，有犯必懲，則自不能爲害，惟私銷之害，覺察最難，尤宜加意。大約銅賤錢貴則私鑄，銅貴錢賤則私銷，兩平則翦取錢邊。故即私鑄私銷之弊已絶，猶必嚴濫惡小錢之禁，俾其輕重一以五銖爲準。禁惡錢見《舊唐》九十六《宋璟傳》。

民間禁用銅器，以鉛錫鐵代之，凡銅器皆獻之官，償其價而以鑄錢，此法正賈誼所陳，行之則官銅日裕，而私鑄私銷之弊亦絶，乃法之最善者。

顧氏曰：「明初鑄錢猶不用紀年，自永樂以後專用紀年，始爲常制。」

校讀記

[一]見卷八《錢幣》上，下文所引亦出此卷。

[二]見《日知録》卷十一《權量》條。黄汝成《集釋》引沈彤曰：「依後《五銖錢》一條，此『一兩弱』當作『七錢弱』，傳寫誤也。」

[三]李慈銘曰：「王西莊《十七史商榷》云：『漢錢五銖之制，唐宋以下蓋采用之。東吴顧氏謂五銖錢十枚當今之一兩弱，今以十錢爲一兩。如顧氏説，則今錢即五銖錢也。』慈銘案：錢之名本起於唐之開元通寶，以十枚重一兩，遂分之爲十錢，而以錢爲權之數名。古人以二十四銖爲一兩。《舊唐書・食貨志》云：『開元通寶徑八分，重二銖四絫，積十錢重一兩。』然則今之一錢，於古爲二銖四絫，其算方合。如以一錢五銖計之，則未及五枚，已得二十四銖盈一兩之數矣。此以知今時之權，倍重於漢。顧氏《日知録》謂南北朝皆鑄五銖錢，齊文襄以錢文五銖，名須稱實，宜稱錢一文，重五銖者聽入市用，計百錢重一斤四兩二十銖。隋文帝更鑄新錢，文曰五銖，而重如之，每錢一千重四斤二兩，今之所傳五銖錢，大抵皆隋物，世云漢物，非也。案齊文襄之制，固以漢五銖計之，百錢當重五百銖，爲一斤四兩二十銖也。若隋錢一千止四斤二兩，則百錢止六兩十四銖二絫，何得謂『重如其文』？顧氏謂當時大小稱之差，小稱者古權，大稱者今權，然不應計錢則言小稱，計千則言大稱。予所見五銖錢亦大小不一，其小者與唐之開元錢、宋之淳化景祐等錢、明之洪武永樂錢無異，與《隋志》所言皆不合。《漢書・食貨

志》漢興鑄榆，今本無『榆』字，據《史記集解》引增。莢錢，《史記索隱》引《古今注》云：『榆莢錢，重三銖。』《通典》注云：『重銖半。』夫名曰榆莢，其小可知，如重三銖，則尚大於開元等錢，蓋名曰三銖，實止銖半也。又孝文五年更鑄四銖錢，其文曰半兩。夫半兩當得十二銖，而止四銖，猶隋之五銖錢實止得二銖二絫有餘也。以此推之，漢武所鑄之五銖錢，亦特文云五銖耳，實亦不過其半，故史謂其得輕重之中，言重於榆莢，輕於四銖。唐後之開元錢皆沿其制。高澄不知，必欲取盈其數，故不能施行耳。又後世錢之好者，實亦不止二銖四絫。顧氏棟高云：『嘗見南唐李氏唐國通寶重一錢一分，宋仁宗慶曆錢重一錢八分，神宗元豐錢重二錢，哲宗紹聖錢重二錢一分。』亭林亦謂明隆慶、萬曆錢重一錢三分。予見明之嘉靖錢重亦不止一錢，國朝順治、康熙錢重皆一錢二分，雍正、乾隆錢重至一錢四五分，輕亦一錢二分也。《日知録》言古今權量最詳，然所引《左傳正義》，謂魏齊斗稱於古二而爲一，周隋斗稱于古三而爲一，《隋志》謂開皇以古斗三升爲一升，古稱三斤爲一斤，《通典》謂六朝量三升當今一升，稱三兩當今一兩者，亦皆約略之辭，細覈其實，大率今倍于古耳，亦不至以三當一也。」輝按：此條録自《越縵堂讀書記》。

若干

凡數之不可知而約略舉之，或其文太繁而撮舉之者曰若干，今人猶然。《食貨志》下篇：「輕錢，百加若干。」應劭曰：「輕則以錢足之若干枚也。」師古曰：「若干，且設數之言也。干猶箇也，謂當如此箇數。」《百官公卿表》下篇卷首標題師古注亦用此二字。《曲禮下》篇：「問天子之年，對曰始服衣若干尺矣。」《疏》云：「古謂數爲若干。」《儀禮·鄉射》《大射》數射算云：「若干純，若干奇。」若，如也；干，求也。事本不定，當如此求之。

張湯孔僅桑弘羊

桑、孔牟利，微湯之深文巧法，其策不能行也。人知桑、孔小人，而不知湯之贊畫居多。告緡之比皆湯所定，《志》中尤罪湯，加桑、孔一等。

食貨志校誤

《食貨》下卷自武帝以前皆取《史記·平準》元文，但《史記》誤字、脱字、衍字甚多，皆當以《食貨》爲正，間亦有《平準》不誤而《食貨》誤者，如「更令民鑄莢錢」，當從《平準》裴注作「榆莢錢」，已見前。「公卿請令京師鑄官赤仄」，當從《平準》作「鍾官赤側」，「側」、「仄」字通，而鍾官者即下文「禁郡國無鑄錢，專令上林三官鑄」，裴駰注云：「《漢·百官表》：『水衡都尉，武帝元鼎二年置，掌上林苑，屬官有上林均輸、鍾官、辨銅令。』上林三官其是乎？」是也。「益廣開置左右輔」，當從《平準》作「廣關」。「不敢言輕賦法」，當從《平準》徐廣注作「經賦」。二條已見何氏《讀書記》。[一]

校讀記

[一]見卷十六。

十七史商榷卷十三

漢書七

最後

《郊祀志》：「自騶子論五德終始，而宋毋忌、正伯僑、元尚、羨門高最後。」師古曰：「自宋毋忌至最後，皆其人姓名，凡五人。」按服虔及司馬貞説，「最後」者自是謂其在騶子之後耳，非姓名，其實止四人，顔注謬妄至此。

木寓

「木寓龍一駟」，李奇曰：「寓，寄也。寄生龍形於木也。」顧氏云：「古文偶、寓通用。木寓，木偶也。《史記·武紀》作『木偶馬』，李奇注非。」[一]按《封禪書》此文之上叙秦事有木禺龍、木禺車馬，《索隱》亦以禺音偶，謂偶其形於木，此志之下文又有寓車一乘、寓馬四四，又有以木寓馬代駒，又有寓龍馬，顧説是。《後書·劉表傳》論言「表猶木禺之於人」，李賢注：「如刻木爲人，是與偶同矣。」而其下文又引李奇注，自岐其説。

校讀記

［一］見《日知録》卷二十七《漢書注》條。

文帝王制

《封禪書》：「文帝使博士諸生刺[一]《六經》作《王制》，謀議巡狩封禪事。」《漢·郊祀志》同。司馬貞《索隱》引劉向《七録》云：「文帝所造書有《本制》、《兵制》、《服制》篇。」《本制》、《兵制》、《服制》篇者，即《封禪書》所謂《王制》也，而非今《禮記》中所有《王制》，盧植妄以當之，彼疏引鄭《目録》云：「名曰王制者，以其記先王班爵授禄祭祀養老之法度，此於《别録》屬制度。」又鄭答臨碩云：「孟子當赧王之際，《王制》之作復在其後。」[二]然則康成之意不以《王制》爲文帝作明矣。《藝文志》：《禮記》百三十一篇，七十子後學者所記也。其後大小戴删取之，今存四十九篇，《王制》在此内，與文帝所作何涉。許慎《説文·自序》云：「壁中書者，魯恭王壞孔子宅而得《禮記》、《尚書》、《春秋》、《論語》、《孝經》。」《禮記》亦孔壁中所得，其非漢儒所作甚明。下文武帝得寶鼎，命羣儒采封禪《尚書》、《周官》、《王制》事，此《王制》則是文帝所作，蓋文帝原爲封禪作之，武帝亦以議封禪采之也。

校讀記

［一］「刺」原誤作「剌」，據廣雅本《商榷》及《封禪書》改。

［二］見《鄭志》卷中。

寬舒

「使黄錘史寬舒受其方」，孟康曰：「二人皆方士。」按《史記·封禪書》徐廣注云：「錘縣、黄縣皆在東萊。」此説得之。黄錘之史，其名寬舒，觀下文寬舒凡五見，而絶不見所爲黄錘者，孟康説謬甚。

泰一字衍

「祠泰一於忌泰一壇旁」，上「泰一」兩字衍，《史記·封禪書》及《武紀》並無。「忌泰一壇」者，亳人謬忌奏祠泰一方所作壇也。上文已言「後有人上書言祠三一，今祠於忌泰一壇上」，此則後人復有言祠黄帝等方，故又祠於壇旁也。［一］

校讀記

［二］楊樹達《漢書窺管》卷三引李慈銘説，亦以王説謂衍「泰一」二字爲是，又有詳辨。

益延壽

「甘泉則作益壽延壽館」，師古曰：「益壽、延壽，二館名。」按黄長睿云：「《史記》作『益延壽館』，而近歲雍耀間耕夫有得古瓦，其首作『益延壽』三字，瓦徑尺，字畫奇古，即此館當時瓦也。又《括地志》云：『延壽觀在雍州雲陽縣西北八十一里，通天臺西八十步。』正今耀州地也。然則當以《史記》爲正，《漢·郊祀志》誤衍一『壽』字耳。師古云二館，非也。」［一］

校讀記

［一］見黄伯思《東觀餘論》卷上《二館辨》。按伯思字長睿。又按：王先謙《漢書補注》卷二十五下引西莊此則，已爲補出出處。

泰山明堂

武帝封泰山，泰山東北阯古時有明堂處。按《孟子》：「齊宣王問曰：『人皆謂我毁明堂。』」趙岐注：「泰山下明堂，周天子東巡狩朝諸侯之處，齊侵地而得有之。」是也。

貢韋匡谷

漢人郊祀瀆亂無理，幾同兒戲。元帝好儒，貢禹、韋玄成、匡衡等相繼爲公卿，禹建言漢家宗廟祭祀多不應古禮，上是其言，後玄成爲丞相，議罷郡國廟，自太上皇、孝惠帝諸園寢廟皆罷。成帝即位，丞相匡衡、御史大夫張譚又奏言武帝所立郊祀，與古制殊，罷甘泉、泰畤、河東、后土祠，定南北郊於長安。衡又請罷紫壇僞飾、女樂、鸞路、騂駒、龍馬、石壇之屬，及雍鄜、密、上下時、北時陳寶祠，一切淫祀皆罷。成帝末年，谷永説上曰：「明於天地之性，不可或以神怪。知萬物之情，不可罔以非類」云云。班氏贊云：「究觀方士祠官之變，谷永之言不亦正乎？」愚謂韋、匡庸相也，貢、谷陋儒也，然郊祀賴其駁奏，古制獲存，是其所長。至鄭康成注《禮》皆據經典，而趙宋以後妄徒動輒詆其用漢制解經，有識者毋惑也。

《越絶書》卷二《吴地傳》：「高皇帝封兄子濞爲吴王，治廣陵，并有吴，立二十一年東渡之吴，十日還去。匠門外信士里東廣平地，吴王濞時宗廟也。太公、高祖在西，孝文在東，去縣五里。永光四年孝元帝時貢大夫請罷之。」郡國僭立之廟，爲貢禹所奏罷而見於傳記者，此其一也。然元帝時濞之滅百餘年矣，而廟始得罷，貢禹正禮之功偉矣。

三五

谷永論淫祀求僊之妄而曰：「周秦之末，三五之隆，已嘗專意求之，曠日經年，靡毫氂之驗。」師古云：「三謂三皇，五謂五帝。」劉仲馮駁之，以爲「三五」指三世、五世，謂文武。[一]劉説確甚。漢興，高帝一世，惠帝二世，文則三世，武則五世也。文帝雖令主，公孫臣、新垣平已爲文成、五利導夫先路，故約言之。

校讀記

[一]見劉奉世《刊誤》。按奉世字仲馮。

天文志無注

《天文志》，師古竟全卷無注，其中譌字及與他書不同者頗多，宜以《史記》及《吕氏春秋》、《淮南子》、《甘石星經》、諸史《天文志》參訂之。

星日月本在地

「經星常宿五星日月，皆陰陽之精，其本在地而上發於天」，語本《史記》，疑七十子以來相傳微言。《説文》卷七上《晶部》「曐」字注云：「萬物之精，上爲列星。」與《漢志》合。

二十八宿叙次

二十八宿叙次，以東西南北中五宫爲綱，而監板於「南宫權軒轅」一節提行另起，既以五宫爲綱，「權」字不當提行，毛板是。

啙

「天啙而見景星」，又：「天啙晏啙。」《説文》卷七上《夕部》以啙爲姓，「雨而夜除星見也」。徐鉉曰：「今俗别作『晴』，非是。」[一]

校讀記

[一]參見《困學紀聞》卷二十《漢天文志天啙而見景星》條及翁注。

九道九行

「日有九道，月有九行」，[二]案《洪範》：「日月之行則有冬有夏。」鄭注：「四時之間，合於黄道也。」詳《後案》。

校讀記

［一］日有九道，據《漢書》卷二十六《天文志》，「九」當作「中」。

天文志所引

《天文志》引甘氏、石氏經，又引夏氏《日月傳》、《星傳》，不知夏氏何人。又有但稱《星傳》不云某氏者。賈、孔諸經疏中每引武陵太守《星傳》，疑即其說。《五行志》亦引《星傳》，又引劉向所引《星傳》，然則《星傳》乃漢初已有。

五行志所引

《五行志》先引「經曰」一段，是《尚書·洪範》文，次引「傳曰」一段，是伏生《洪範五行傳》文，又次引「説曰」一段，是歐陽、大小夏侯等説，乃當時列於學官，博士所習者。以下則歷引《春秋》及漢事以證之，所采皆董仲舒、劉向、歆父子説也。而歆説與傳説或不同，志亦或舍傳説而從歆。又采京房《易傳》亦甚多，今所傳《京氏易傳》中皆無之，則今所傳《京氏易傳》已非足本。間亦采眭孟、谷永、李尋之説，眭、谷語略皆見其傳中，尋説則傳無之也。

「《史記》成公十六年，公會諸侯於周」云云，師古於「史記」下注云：「此志凡稱《史記》者，皆謂司馬遷所撰也。」愚謂師古注此書成，年已六十一，六十五而卒，學識本不甚高，又已老悖，故舛謬頗多，此注以左氏爲司馬遷，竟如不辨菽麥者。

王立

「成帝河平二年夏，帝舅五人封列侯」，師古曰：「譚、商、立、根、逢時，凡五人。」凌稚隆本「立」作「音」。沈炯云：《外戚恩澤侯表》紅陽荒侯立與譚、商、根、逢時俱以河平二年六月乙亥封。五人皆皇太后弟，安陽敬侯王音以皇太后從弟大司馬、車騎將軍侯，其封在鴻嘉元年六月乙巳。以「立」作「音」，乃凌本之誤。又《成紀》亦作「立」，與表同。而音之封不見於《紀》，史漏之也。

二志矛盾

《五行志》上卷末段以罷郡國廟及太上皇惠帝寢廟，徙甘泉、泰畤、河東、后土於長安南北郊，又罷雍五畤、郡國諸舊祀，皆致水災之應，而不言其説出於何人。觀《郊祀志》劉向之言，知其出於向也。夫毁廟徙郊等皆復古而得禮之正者，貢禹、匡衡、谷永説皆是也。

而向乃以爲能致水災，向之曲説如此。班《書》采輯諸書而成，有未加裁翦者，如《郊祀志》贊云：「究觀方士祠官之變，谷永之言不亦正乎？」是固以毁廟徙郊爲正也。而此志乃復云云，殊自相矛盾矣。

鼠妖證青祥

貌傳自成公七年以下一段，所引《春秋》三節、漢事二節，皆以鼠妖證青眚青祥，此不可解。後思心傳中又以鼠妖證黄祥一事複出，卷中如此甚多。又隱公三年日食而以爲其後鄭獲魯隱，注引狐壤之戰，此自是隱爲公子時事，洪邁譏之。[一]桓公三年日食而以爲楚嚴稱王，兼地千里，是其應。不知楚自武王稱王，歷文、成、穆，至嚴已四世，而嚴之霸，去桓公三年將百年矣。劉知幾譏之。[二]此等舛謬，不可枚舉。

校讀記

[一]見《容齋三筆》卷一《漢志之誤》條。
[二]見《史通》外篇《漢書五行志雜駁》。

吴二城門

「吴王濞二城門自傾，其一門名曰楚門，一門曰魚門。吴地以船爲家，以魚爲食」云云。范成大《吴郡志》第三卷《城郭》篇：「閶門亦名破楚門。」而無所謂楚門、魚門者，要之二門必當在今蘇州府治吴、長洲、元和三縣地，此志特因吴本屬吴國，而濞又嘗東渡之吴留十日去，故此下文遂以二門之傾爲濞亡之兆，其實濞都廣陵，不都吴，若據此文誤認濞之所都即今蘇州府治則非矣。詳《地理雜辨證》。

五行志引大傳

引《書序》及伏生《大傳》伊陟相太戊、桑穀共生事，其下又引劉向説，以桑穀爲高宗武丁時事，此向之誤而班氏聊存異説耳。師古乃疑伏生差謬，殊憒憒。

雨魚信都

「成帝鴻嘉四年秋，雨魚于信都，長五寸以下」，案荀悦《漢紀》作「雨魚於新都，長五尺」。[二]新都見《王莽傳》，乃謂新野之都鄉，《地理志》本無此縣，辨詳後，《漢紀》誤也。

校讀記

[一]見卷二十六。

七國秦無日食

《五行志》説春秋及漢興以來日食詳矣。七國及秦始皇二世之時，生民之禍甚烈，宜日食不勝書，而志無之，史失其官，不可考耳。《秦本紀》、《始皇本紀》所書災祥甚多，而獨無日食。

十七史商榷卷十四

漢書八

地理論古

《地理志》叙首論古太繁，劉知幾譏之云：「春秋賦《詩》見志，《左氏》惟録章名。《地理》論古至夏世，宜曰《禹貢》已詳，何必重述古文，益其辭費。」[一]劉氏之説頗當，而師古又從而勦襲僞《孔傳》以爲注，更覺饒舌可厭。《孔傳》所無者，又取本志注之，更爲可笑。況又强作解事，如「沂出泰山郡蓋縣臨樂山」，[二]今乃截取之云「沂出泰山」，此成何語？

校讀記

[一]見《史通·斷限》，「賦《詩》見志」，《史通》「志」作「意」。又《漢書知意》云：「王鳴盛譏此篇論古太繁，朱一新曰：『班書多補《史記》之闕，《史記》無《地理志》，故孟堅詳述古制以補之，非繁也。』」輝按：見一新《無邪堂答問》卷一。

〔二〕「臨樂山」，《漢書》作「臨樂于山」，「于」，景祐本、殿本又作「子」，西莊則謂「于」、「子」皆爲衍字，見本書卷十九，故徑引作「臨樂山」也。

十三部

冀兗青徐揚荆豫梁雍幽并營，此唐虞之十二州也。漢無營州，其十一州皆有之，但改梁名益，改雍名涼，而又南置交阯，北置朔方之州，凡十三部，部刺史員十三人，此見於《地理志》、《百官表》及師古所引胡廣記者也。據文，似十一州外添交州、朔方爲十三部矣。但河内、河南二郡注云「屬司隸」，而各郡國無屬朔方者，《百官表》：「司隸校尉，武帝征和四年置。察三輔、三河、弘農。」三輔是京兆、馮翊、扶風，三河是河内、河南、河東，《續・郡國志》此六郡與弘農正屬司隸，東漢如此，西漢可知。杜佑《通典》於西漢十三部亦不數朔方而數司隸，且《地理志》叙首雖云置朔方之州，而朔方刺史果亦在員數之内，則朔方郡宜專屬之矣。今乃注云屬并州，則知所謂十三部者，實是於舊十一州外添交州與司隸爲十三，朔方不數，《平當傳》「當以丞相司直，坐法左遷朔方刺史」，師古曰：「武帝初置朔方郡，别令刺史監之，不在十三州之限。」是也。惟《晉書・地理志》述漢制，數朔方爲十三。《晉書》此段謬誤甚多，不可據。

刺史察藩國

《百官表》：「部刺史奉詔條察州。」師古引《漢官儀》惟一條察强宗豪右，其五條皆察二千石。師古引《漢官儀》，亦見《續·百官志》劉昭注。而歷考諸傳中凡居此官者，大率皆以督察藩國爲事，如《高五王傳》青州刺史奏菑川王終古罪，《文三王傳》冀州刺史林奏代王年罪，《武五子傳》青州刺史雋不疑知齊孝王孫劉澤等反謀，收捕澤以聞。亦見《不疑傳》。又昌邑哀王之子賀既廢，爲宣帝所忌，後復徙封豫章爲海昏侯，揚州刺史柯奏其罪。《張敞傳》拜冀州刺史，既到部，而廣川王國羣輩不道，賊發不得，敞圍王宫搜得之，捕格斷頭，縣王宫門外，因劾奏廣川王削其户。蓋自賈誼在文帝時已慮諸國難制，吴楚反後防禁益嚴，部刺史總率一州，故以此爲要務。

《後書·郅惲傳》：「惲子壽爲冀州刺史，時冀部屬郡多封諸王，賓客放縱，壽案察之，無所容貸，廼使部從事專住王國，又徙督郵舍王宫外，動静失得，即時騎驛言上奏王罪及劾傅相。」袁宏《後漢紀》第十六卷：「永寧元年，立濟北王子萇爲樂城王，萇驕淫失度，冀州刺史舉奏萇罪至不道。」然則刺史以察藩國爲事，東京猶然。

刺史權重秩卑

刺史初不常置，武帝元封五年始常置。見《百官表》。其權甚重，而秩則卑，蓋所統轄者一州，其中郡國甚多，守相二千石皆其屬官，得舉劾，而秩僅六百石。治狀卓異，始得擢守相，如《魏相傳》：「相爲揚州刺史，考案郡國守相，多所貶退，居部二歲，徵爲諫大夫，復爲河南太守。」《何武傳》：「武爲刺史，所舉奏二千石長吏，必先露章，服罪者虧除免之，不服，極法奏之抵罪，或至死。」而《王嘉傳》云：「司隸、部刺史察過悉劾，二千石益輕，或持其微過，言於刺史、司隸衆庶知其易危，小失意則離畔，以守相威權素奪也。」《京房傳》：「房奏考功課吏法，時部刺史奏事京師，上召見諸刺史，令房曉以課事，刺史以爲不可行。房上弟子曉考功課吏事者中郎任良、姚平，願以爲刺史，試考功法。石顯疾房，欲遠之，建言宜試以房爲郡守。元帝於是以房爲魏郡太守，得以考功法治郡。房自請，願無屬刺史。」可見守相畏刺史如此，又《朱博傳》：「爲冀州刺史行部，吏民數百人遮道自言，博使從事敕告吏民：『欲言縣丞尉者，刺史不察黄綬，各自詣郡。欲言二千石墨綬長吏者，使者行部還，詣治所。』」師古曰：「丞尉職卑，皆黄綬。治所，刺史所止理事處。」所彈劾者如是，而所舉薦者則如《王褒傳》「王襄爲益州刺史，使褒作《中和》、《樂職》、《宣布》詩，奏褒有軼才」，《王莽傳》「莽風公卿奏言州部所舉茂才異等吏，率多不稱」，此雖莽欲攬威柄，故云爾，要刺史有舉揚人才之任亦可見。合而觀之，刺史之權可謂重矣。及其遷擢也，黄霸爲揚州刺史，以高第爲潁川大守，見《循吏傳》。陳咸由部刺史歷楚國、北海、東郡太守，見《翟方進傳》。張敞爲冀州刺史，盜賊禁止，守太原太守，滿歲爲真，見本傳。王尊爲徐州刺史，遷東郡太守，見本傳。馬宫由青州刺史爲汝南、九江太守，見本傳。知其秩卑也。

《馮奉世傳》：「子參，由渭陵寢中郎超遷代郡太守。」中郎出爲太守云超遷，而刺史則多有以卑秩得之者，故京房請以中郎補是職也。又如《孔光傳》云：「博士選高第爲尚書，次乃爲刺史。」而滿宣由謁者出爲冀州刺史，見《賈捐之傳》。張敞由太僕丞出爲豫州刺史，見本傳。皆以朝臣之卑者充之，其歲盡，輒奏事京師，見《翟方進傳》注。九歲稱職，方得爲守相。見《朱博傳》。其内遷則如翟方進、何武僅得爲丞相司直，特丞相之門下屬官耳。各見本傳。若王尊爲郿令，遷益州刺史。見本傳。令可以徑遷刺史，亦由秩卑故也。

刺史隸御史中丞

刺史權重矣，而又内隸於御史中丞，使内外相維。《陳萬年傳》：「子咸，爲御史中丞，總領州郡奏事，課第諸刺史。」《薛宣傳》：「爲御史中丞，執法殿中，外總部刺史。上疏曰：

『聖化不洽，吏多苛政。大率咎在部刺史。』宣數言政事便宜，舉奏部刺史郡國二千石，所貶退稱進，白黑分明。」是也。《續・百官志》云：「御史中丞一人。」劉昭注引蔡質《漢儀》云：「丞，故二千石爲之，或選侍御史高第執憲中司，朝會獨坐。內掌蘭臺，督諸州刺史。」又《後書・酷吏・周紆傳》注引《漢官儀》曰：「御史中丞，外督部刺史，內領侍御史，糾察百司。」

郡國官簡

十三部分爲郡國一百三，其屬縣有蠻夷者曰道，公主所食曰邑，侯所封爲侯國，每部有刺史，每郡有太守，守之下則都尉與丞。諸王初以內史治民，中尉掌武職，相統衆官，後省內史，令相治民，如郡太守，中尉如郡都尉，此成帝時制，見《百官表》，而何武於哀帝時奏中尉官罷，職并內史，見本傳。武與莽爲讎，大約元始仍復舊制。每縣有令，小縣稱長，令長之下有丞、尉。漢官員數，據《表》有十二萬二百八十五人，而郡國官其簡如此，至於令史掾屬，多有通經術至卿相者，而十里一亭，亭有長，十亭一鄉，鄉有三老，掌教化，嗇夫聽訟收賦稅，游徼循禁賊盜，其非長吏而代長吏治民者又未嘗槩從簡省也。蓋其時風氣猶樸，故能成治，若後世之吏員，其中固無人才，而所謂里長、保正、總甲、牌頭者，又烏可多設乎？郡國縣道下所注，若鐵官、鹽官、家馬官、工官、服官、發弩官、雲夢官、樓船官、陂官、湖官、均輸官、銅官、金官、木官、橘官、牧師官、圃羞官、洭浦官、羞官之類，皆微末下吏，蓋不足道，且多隨時隨地設立，事過輒罷，不常置者。其正官則部刺史、太守、縣令、都尉、丞尉外，別無他官，漢郡國官制可謂簡矣。

漢制依秦而變

《續·百官志》云：「漢之初興，法度草創，略依秦制。」雖依秦，亦遞變之，秦分天下爲三十六郡，以郡領縣，無冀、兗等州名，有監御史，有守，有尉，有令，有丞，見《史記·秦始皇本紀》，又《曹參傳》：「擊胡陵、方與，攻秦監公軍，破之。東下薛，擊泗水守軍薛郭西。」孟康曰：「監，御史監郡者。」晉灼曰：「秦一郡置守、尉、監三人。」《蕭何傳》注蘇林亦曰：「秦時無刺史，以御史監郡。」《高本紀》：「秦二年，沛公守豐，秦泗川監平將兵圍豐，與戰破之。」文穎曰：「泗川，今沛郡也。高祖更名沛，秦時御史監郡，若今刺史。」其下又云：「沛公引兵之薛，秦泗川守壯兵敗於薛。」如淳曰：「秦并天下爲三十六郡，置守、尉、監。」又李斯上書請天下有藏《詩》、《書》、百家語者，詣守尉燒之。合觀之，秦制可見。監既在守之上，則似漢之部刺史，但每郡皆有一監，則又非部刺史比矣。蓋秦懲周封建流弊，變爲郡縣，惟恐其權太重，故每郡但置一監、一守、一尉，而此上別無統治之者。

《夏侯嬰傳》亦云：「攻胡陵，嬰與蕭何降泗水監平。平以胡陵降。」《樊噲傳》亦云：「擊泗水監豐下，破泗水守薛西。」此與《曹參傳》、《高本紀》所述皆一事。《嚴助傳》：「秦時使尉屠睢擊越，使監禄鑿渠通道。」張晏曰：「郡都尉，姓屠名睢。監郡御史，名禄。」《陳涉傳》：「攻陳，陳守令皆不在，獨守丞與戰譙門中。」考秦三十六郡中無陳郡，陳是縣名，而爲太守治所，故云「守令皆不在」，每縣令之外有丞守，丞必陳縣之丞，代令守城者。又《張耳陳餘傳》：「耳説趙豪桀曰：『陳王奮臂，天下莫不應，縣殺其令丞，郡殺其守尉。』」《叔孫通傳》：「通對二世曰：『羣盜鼠竊狗盜，郡守尉令捕誅，何足憂。』」彙而考之，秦制已明，而漢制則仍秦而遞變者。

秦監郡御史亦名郡長，《灌嬰傳》云：「轉南，破薛郡長。」師古曰：「長，亦如郡守也，時每郡置長。」又云：「破吴郡長吴下，得吴守。」如淳曰：「長，雄長之長也。」師古曰：「此説非也。吴郡長，當時爲吴郡長，嬰破之於吴下。」愚謂此所謂郡長，必即監郡御史，師古兩注皆未明。

《南粤王趙佗傳》叙元鼎六年平南粤事有粤桂林監居翁。服虔曰：「桂林部監也。姓居名翁。」按每部設監，此秦制也。漢改部刺史，則監罷不設矣。佗本秦吏，故南粤尚用秦制，郡有監，此桂林即秦時所置郡也。服注非。

《三國・魏志・夏侯玄傳》：「玄議時事云：『秦不師聖道，姦以待下。懼宰官之不修，立監牧以董之；畏督監之容曲，設司察以糾之。宰牧相累，監察相司，人懷異心，上下殊務。漢承其緒，莫能匡改。』」觀此，知漢制因秦也。宰官即縣令，監牧即郡守，司察即監郡御史。玄又謂：「五等之典雖難卒復，可麤立儀準。今長吏皆君吏民，橫重以郡守，累以刺史。若郡所攝，唯在大較，則與州同，無爲再重。宜省郡守，但任刺史。」

刺史太守屢更[一]

刺史太守，漢制屢有改更，《朱博傳》：「翟方進奏：『古選諸侯賢者爲州伯，《書》曰「咨十有二牧」也。今部刺史居牧伯之位，秉一州之統，選第大吏，所薦位高至九卿，所惡立退，任重職大。《春秋》之義，用貴治賤，不以卑臨尊。刺史位下大夫而臨二千石，輕重不相準，失位次之序，請罷刺史，更置州牧。』博奏：『漢家置郡縣。部刺史奉使典州，督察郡國，吏民安寧。故事，居部九歲舉爲守相，其有異材功效著者輒登擢，秩卑而賞厚，咸勸功樂進。丞相方進奏罷刺史，更置州牧，秩真二千石，位次九卿。九卿缺，以高弟補，其中材則苟自守而已，恐功效陵夷，姦軌不禁。臣請罷州牧，置刺史如故。』奏可。」愚考因方進奏改刺史爲州牧，由六百石進二千石，事在成帝時，先時刺史擢太守，此時則太守擢乃得牧矣。所以方進之子義由弘農太守、河南太守乃得爲青州牧也。此制行未久，哀帝時爲朱博奏，仍復舊制，至元壽復改爲州牧。王莽變革，光武建武元年復置牧，十八年又改刺史。若漢末袁紹、曹操輩爲州牧，位尊權重，與西漢初制迥不相同。《魏志·劉馥等傳》評曰：「自漢季以來，刺史總統諸郡，賦政於外，非若曩時司察之而已。」至唐而刺史之名又移之太守矣。

校讀記

[一]李慈銘曰：「慈銘案：《後漢·靈帝紀》：『中平五年，改刺史，新置牧。』又《劉焉傳》：『靈帝時，四方兵寇，焉以爲刺史威輕，建議改置牧伯，清選重臣以居其任。乃出焉以太常領益州牧，太僕黄琬爲豫州牧，宗正劉虞爲幽州牧，皆以本秩居職，任始重。』《三國志·二牧傳》載焉爲益州事亦略同，此條俱失引。」

太守别稱

《鼂錯傳》稱郡守爲主郡吏，《嚴助傳》助爲會稽太守，帝賜書謂之郡吏，而《尹翁歸傳》拜東海太守，過辭廷尉于定國，定國家在東海，謂其邑子曰：「此賢將。」《孫寶傳》寶爲京兆尹，吏侯文亦稱寶爲將。又《酷吏傳》嚴延年爲涿郡太守，掾蠡吾趙繡，稱延年爲新將。注：「新爲郡將也。謂守爲將，以其兼領武事。」此皆太守之别稱也。至後漢亦有此稱，如

《後書·馬援傳》援戒兄子嚴敦書：「杜季良豪俠，郡將下車，輒切齒，吾常爲寒心。」又《魯恭傳》：「恭弟丕，爲郡督郵功曹，所事之將，無不師友待之。」《鄭均傳》：「不應州郡辟召，郡將欲必致之。」《第五倫傳》：「會稽俗多淫祀，前後郡將莫能禁。」此皆謂太守爲將也。又《循吏·童恢傳》：「恢弟翊，辟孝廉，除須昌長，聞舉將喪，棄官歸。」舉將當是郡守之曾舉翊者。

守尉改名

《百官表》：「郡守，秦官，掌治其郡。景帝中二年更名太守。郡尉，秦官，掌佐守典武職甲卒。景帝中二年更名都尉。」而史文間有追稱之者，如《樊噲傳》云：「攻圉都尉東郡守尉於成武。」劉攽云：「圉，縣名。有尉無都尉。又郡都尉，景帝方置，明此衍『都』字。」愚謂都尉在圉即可稱圉都尉，劉以爲縣尉太卑，未必能守城，恐劉亦誤，但秦本無都尉名，郡都尉與縣尉同稱尉，漢之改名，當亦爲其易溷，今此上言圉都尉必是追稱，而下言守尉則是都尉代守守郡者耳。知者，《高紀》「秦三年攻東郡尉於成武」，彼與《樊噲傳》同述一事，彼孟康曰：「尉，郡都尉也。」師古曰：「本謂之郡尉，至景帝時乃改曰都尉。」據此，知《樊噲傳》云守尉是都尉代守守。

《史記·南越尉佗傳》「二世時南海尉任囂病且死，召龍川令」云云，徐廣注云：「爾時未言都尉也。」《周勃傳》：「免相就國，每河東守尉行縣至絳，勃被甲持兵以見。」考此當文帝時，尚未改名。

十七史商榷卷十五

漢書九

侯王相有别

諸郡國下所屬縣有注侯國者，即所謂王子侯、恩澤侯等侯國也。《王子侯表》所載而《地理志》於其縣下不注者如丹楊郡之胡孰、秣陵、丹楊之類，此因元始時其國已除故也。《儒林傳》云：「郡國縣邑有好文學，敬長上，肅政教，順鄉里，出入不悖，所聞者令相長丞，上所屬二千石，二千石謹察可者，常與計偕，詣太常受業如弟子。」師古曰：「令，縣令；相，侯相；長，縣長；丞，縣丞也。二千石，謂郡守及諸王相也。」此注甚分明，大縣稱令，小縣稱長，侯國之相如令長，王之相如太守，同名而實異，《王莽傳》「莽出就新都侯國，南陽太守選掾宛孔休爲新都相」，此侯國相，故太守得選掾爲之，然亦必權攝，非真也。

令長守相有高下

《馮野王傳》：「補當陽長，遷爲櫟陽令，徙夏陽令。」《孔光傳》：「宣帝時，諸侯王相在郡守上。」然則令長守相雖相等，而其中又自有高下，長遷乃得令，守遷乃得相也。

郡國兵權

《百官表》雖言守治郡，尉典武職，而實守兼掌之，韓延壽爲潁川太守，傳中述其都試講武甚備，翟義爲東郡太守，以九月都試日，勒車騎材官士起事，如淳曰：「太守、都尉、令長、丞尉會都試，課殿最也。」《後書·耿弇傳》：「弇見郡尉試騎士，建旗鼓，隸馳射，由是好將帥之事。」注引《漢官儀》曰：「歲終郡試之時，講武勒兵，因以校獵，簡其材力也。」弇事雖當王莽時，其實沿漢舊制，故注引《漢官儀》以明之。又《後書·百官志》五李賢注引《漢官儀》云：「八月，太守、都尉、令、長、相、丞、尉會都試，課殿最。水家爲樓船，亦習戰射行船。邊郡太守各將萬騎，行鄣塞烽火追虜。」或言八月，或九月，或歲終，大約總在秋冬。《淮南王安傳》安欲發兵反，先令人作旁近郡太守、都尉印，可見守、尉互掌兵權也。又安與太子反謀聞，上遣廷尉監與淮南中尉逮捕太子，王與太子謀召相、二千石，欲殺而發兵，召相，相至，内史以出爲解，中尉曰：「臣受詔使，不得見王。」王念獨殺相而内史、中尉不來，無益也，即罷相。觀此知諸侯王國中兵權，相與内史、中尉兼掌之，互相牽制，三者有一不肯，即不能發兵。

王自除丞尉

《衡山王賜傳》如淳注引《漢儀注》：「吏四百石以下，諸侯王得自除國中。」《百官表》云：「縣丞尉，四百石至二百石。」《漢儀注》所言指丞尉也。《賈誼傳》言諸侯王不法事云「彼自丞尉以上遍置私人」，如此則非制矣。

監刺史從事

《蕭何傳》：「何，沛人，爲沛主吏掾。秦御史監郡者，與從事辨之。何乃給泗水卒史。」考沛郡注云「故秦泗水郡」，沛是泗水屬縣，何爲監郡御史從事能辨治，故進爲郡卒史。《王尊傳》「爲郡決曹史，舉幽州刺史從事」，如淳曰：「《漢儀注》：刺史得擇所部二千石卒史與從事。」監與刺史大略相似，故擇用所部卒史從事同。《朱博傳》敕告民爲吏所冤及言盜賊辭訟事，各使屬其部從事。刺史從事之權如此。

郡不言何屬

《地理志》郡國一百三，言所屬者凡七十九，不言所屬者凡二十四。詳考之，其不言者皆疏漏，非有義例也。即如臨淮郡不言何屬，而其上文琅邪、東海二郡皆云屬徐州，臨淮之屬徐州無疑，而獨不言。泗水國不言何屬，而其上文楚國、下文廣陵國皆云屬徐州，泗水之屬徐州無疑，而獨不言。九真郡不言何屬，而其上文南海、鬱林、蒼梧、交趾、合浦，其下文日南六郡皆云屬交州，九真之屬交州無疑，而獨不言。即此三處推之，則其餘郡國之不言者，皆疏漏可知。且其所屬有屬冀州、屬兗州、屬青州、屬徐州、屬揚州、屬荆州、屬豫州、屬幽州、屬并州、屬益州、屬交州、屬司隸，而獨無雍州改名之涼州，亦皆疏漏耳。《百官公卿表》明言部刺史奉詔察州員十三人，《地理志》明言漢兼《禹貢》、《職方》州名有徐、梁、幽并改涼、益，增交趾、朔方爲十三部，《平紀》元始元年置大司農部丞十三人，人部一州，勸農桑，若涼州不爲部，則僅十二人矣。足明郡國之無屬涼州者乃疏漏也。自武都以下至北地凡十郡皆不言何屬，據《續志》，内惟天水東漢改名漢陽，而皆屬涼州，東漢如此，西漢可知。班不言，非疏漏而何？又據《百官表》及《續志》，司隸所屬有七郡，今獨河内、河南言屬司隸，餘皆不言，亦疏漏也。《續·郡國》逐州分敘，界畫井然，似反勝于《前志》。

元始户口

每郡首列户口之數，而於京兆尹冠以元始二年。師古曰：「漢户口元始最盛，故舉之以爲數。」愚謂元始平帝號，是歲壬戌。王莽秉政，户口之盛必多增飾，班氏豈不知之，蓋取最後之籍以爲定，不必以其盛也。

但有合郡户口數，每縣下無之，而京兆尹長安縣、左馮翊長陵縣、右扶風茂陵縣、潁川郡陽翟縣傿陵縣並有户口，河南郡雒陽縣、南陽郡宛縣、蜀郡成都縣、魯國魯縣、楚國彭城縣有户無口，其詳略皆無義例，有則書之，無則闕。各縣户口皆注於其縣之下，獨雒陽注於郡名下，書法參差，亦無義例。

郡國屬縣之數

《周勃傳》：「勃東定楚地泗水、東海郡凡得二十二縣。」泗水郡即沛郡也，今《地志》沛、東海二郡共有七十五縣，蓋元始時漢新置之縣比秦已多再倍有餘。又云「降太原六城」，今《地志》太原凡二十一縣，亦比秦多再倍有餘。《高紀》六年以太原郡三十一縣爲韓國，徙韓王信都晉陽。高祖之六年在周勃降太原之後，而其數與《勃傳》及《地志》皆不同。又云「定雁門郡十七縣，雲中郡十二縣」，今《地志》雁門十四縣，比舊反少三縣，雲中十一縣，比舊反少一縣。又云「定代郡九縣」，今《地志》代郡十八縣，則比舊多其半。又云「定上谷十二縣，右北平十六縣，遼東二十九縣，漁陽二十二縣」，今《地志》上谷十五縣，比舊多三縣，右北平十六縣，數適相符，而遼東祇有十八縣，漁陽祇有十二縣，比舊反少甚多。《高紀》十年趙相周昌奏常山有二十五城，《地理志》常山屬縣僅十八，比舊反少七縣。《靳歙傳》「降邯鄲郡六縣」，今《地志》趙國即秦邯鄲郡，屬縣僅四，比舊反少二縣，其分割之詳不可考矣。

建置從略

地理建置沿革無常，以最後爲定，户口據元始，疆域當亦據元始也。考《文三王傳》梁孝王國四十餘城，孝王卒，景帝中六年分爲五國四人，別爲濟川、山陽、濟東、濟陰四國，而太子共王買仍封梁。共王子平王襄以罪削五縣，餘尚有八城，此武帝時事。當武帝未削之梁國，得初封五之一，屬縣有十三。今《志》於彼四國則有山陽郡、濟陰郡，皆即景帝故國，東平國即濟東國，獨不見濟川國，惟此一國疆域竟無所見，已屬缺漏。《史記・世家》梁孝王子明，孝景中六年爲濟川王，七歲坐罪廢地入漢爲郡。今志無濟川郡。又《志》濟陰屬縣九，東平屬縣七，皆與梁國略相等，獨山陽屬縣多至二十三，決不應〔二〕此國獨多如此，然則山陽郡下本注雖言景帝中六年爲國，武帝建元五年爲郡，其實郡界非國舊界，大約别割他地益之，或即將濟川一國併入未可知，且以四十餘城分爲五計之，十三也、九也、七也，三國已得二十九，加山陽二十三，四國已得五十二，尚有濟川不在内，數大不符，可見山陽郡界非國界。《文三王傳》山陽王景中六年立，立九年國除，適當建元五年，此《志》與傳合，獨屬縣非國之舊，而班略之，此皆分割大事，班氏槩略之。竊謂史法貴簡，獨建置沿革乃地理之至要，宜條析而詳書之，詞繁而不殺爲佳，無如《志》之一體，班氏所刱，風氣初開，義例疏闊，不能詳析也。凡如此類，不可枚舉，舉一以資隅反。

分割雖據元始，又有不拘者，《文三王傳》清河王年當地節中已國除，元始二年立年弟子如意爲廣宗王，亦見《諸侯王表》，廣宗是元始所建國，《志》中略不載，則是又不據元始矣。例俱不定。

傳言梁國削餘八城。《志》梁國所屬恰八縣，若據此則是梁孝王之孫平王襄當武帝時削五縣，餘尚有八縣，直傳至元始時尚是武帝時之故疆矣。而今考之則不然，襄立四十年薨，其下傳五世至名立者嗣立爲王，當成帝元延中，又坐罪削五縣，則餘只有三縣矣。至元始中，立又坐廢爲庶人，自殺，國除。後二歲，莽白太皇太后，立孝王玄孫之曾孫音爲梁王，奉孝王後，莽篡，國絶。《志》據元始，梁國當三縣，而列八縣，何也？足見班氏於建置從略。又如《志》列淮陽國而此國屢爲郡，屢爲縣，注絶不及，已詳後淮陽郡《汲黯傳》云云一條，而《梁平王襄傳》元朔中睢陽人犴反，人辱其父，而與睢陽太守客俱出同車，犴反殺其仇車上，亡去，睢陽太守怒，以讓梁二千石，求反急。睢陽是梁國屬縣，縣不當稱太守，《史記·世家》述此事作「淮陽太守」，彼是也。《漢書》誤作「睢陽太守」耳。然武帝時制，王國有内史，治民，中尉掌武，皆二千石，若太守則治郡者，王國無之，可知武帝時淮陽爲郡，不爲國，而《志》不及，建置之略如此。犴反，《史記》作類犴反，《索隱》云人姓名，恐當從《漢書》。

《武五子燕刺王旦傳》武帝末年坐罪，削良鄉、安次、文安三縣，其後昭帝時又益封萬三千户。其下文即云發民大獵文安縣，則昭帝時益封已還其所削縣矣。其後謀反發覺，自殺，國除，今《地志》大字無燕國，而安次、文安則屬勃海郡，良鄉則屬涿郡，可見燕國除後其縣入此二郡，而二郡注皆云高帝置，不知幾經分割後尚是高帝之舊乎？必不同矣。且燕地必更有入漁陽、右北平等郡者，不止二郡，今皆不可考。又《旦傳》宣帝又封旦太子建爲廣陽王，傳至莽不絶。志有廣陽國，注云：「高帝燕國，昭帝元鳳元年爲廣陽郡。宣帝本始元年更爲國。」屬縣只四縣，首縣薊下注云：「故燕國，召公所封。」旦令羣臣亦曰：「燕雖小，召公建國。」則薊必是旦所都，元鳳之廣陽郡即燕國除爲之，及更爲國，嫌太大，故又割入勃海等郡，僅存四縣也。班於建置沿革太略，然此等分割糾紛，若必逐縣詳注，又嫌繁瑣，則似亦有不得不如此從略者。

《志》山陽郡注云：「故梁。景帝中六年別爲山陽國。武帝建元五年別爲郡。」其屬首縣昌邑注云：「武帝天漢四年，更山陽爲昌邑國。」《武五子傳》云：「昌邑哀王髆，天漢四年立。薨，子賀嗣，昭帝崩，徵賀立之，淫亂，廢歸國，賜湯沐邑，國除爲山陽郡。」惟此一郡由國而郡，由郡而國，由國而復爲郡，最爲詳析，合志傳觀之，首末具見，他郡國皆不能如此。

校讀記

［一］「應」字據文義補。

十七史商榷卷十六

漢書十

刺史治所

《續漢·百官志》云：「刺史各主一州，常以八月巡行所部郡國，録囚徒，考殿最。」既以八月出巡，則平日必有治所，乃劉昭注則云：「孝武始制刺史監糺非法，傳車周流，匪有定鎮。」昭説未的，而閻氏若璩遂云：「《通鑑》齊孝王孫謀發兵臨淄，殺青州刺史，此刺史適在臨淄，非必治所。胡三省乃云：『臨淄，青州刺史治。』豈知西漢刺史稱傳車，居無常處者乎？」[一]閻雖云爾，而刺史治所明見《朱博傳》，又《武紀》「元封五年，初置刺史部十三州」，師古注引《漢舊儀》云：「初分十三州，假刺史印綬，有常治所。」閻似失考，但《地理志》於刺史所治之縣，竟未一及耳。

《三國·魏志·夏侯玄傳》玄議時事，司馬宣王報書云：「故刺史稱傳車，其吏言從事，居無常治。」又《唐六典》第三十卷云：「武帝元光三年，初置部刺史十三人，居無常所，後漢則皆有定所。」此閻説所本，然朱博非前漢乎？大約因其乘傳周行，故隨便言之。

校讀記

[一]見《潛邱劄記》卷二。

太守治所

太守、都尉皆當有治所，今都尉治所夾注中甚多，而太守治所竟絶不一及，何也？夫都尉治所大率不在首縣，且與太守不同治，是以注明，乃太守治所亦不盡在首縣，而竟絶不一及，則疎矣。

《續書·郡國志》劉昭注引潘岳《關中記》云：「三輔舊治長安城中，長吏各在其縣治民。光武東都之後，扶風出治槐里，馮翊出治高陵。」今《前志》於高陵注云左輔都尉治，蓋京城只長安一縣，三輔共治之，左馮翊亦治長安，故高陵得爲都尉治，都尉不與太守同治也。

閻若璩云：「《郡國志》凡縣名先書郡所治，此惟東漢則然，西漢不爾。歷考志傳以證之，爲治者二十有六：江陵也，平襄也，宛也，陽翟也，薊也，彭城也，邯鄲也，臨淄也，雒陽也，廣陵也，昌邑也，吴也，壽春也，郯也，相也，成都也，長子也，濮陽也，無鹽也，魯也，江州也，涿也，僰道也，故苴蘭也，邛都也，滇池也。不爲治者三：梁國首碭，却不爲治，治睢陽。王國以内史治民而《梁孝王武傳》梁内史韓安國從王於睢陽也。汝南郡首平輿，亦不爲治，治上蔡，以《翟方進傳》知之。左馮翊首高陵，亦不爲治，治長安，以《趙廣漢傳》、《景帝紀》注及《百官表》知之。而《韓延壽傳》云：「延壽爲左馮翊，出行縣，至高陵」，尤明證也。胡三省注《通鑑》地理號佳者，亦不知西漢第一縣非必郡治，如云班《志》襄平縣，遼東郡治所猶可，而云漢中郡治西城縣，豈可乎？又云漢五原郡治稒陽，不知稒陽都尉治，太守不與都尉同治也。」〔二〕愚謂閻説是矣，而有未盡者。據《高紀》下卷漢六年韋昭注推之，丹楊郡首宛陵，而其實不爲治，治丹楊，説詳後第十七卷，而閻遺漏未舉。南陽郡首宛縣，而《翟義傳》云以南陽都尉行太守事，行縣至宛，若南陽太守治宛，則不得言行縣至矣，知宛亦非太守治也，而閻亦遺漏未舉。西河郡首富昌，不爲治，治平定，見《東觀漢記》。唐《元和志》叙汾州沿革一段内言漢武帝置西河郡，理富昌。亡友休寧戴吉士震辨其誤，見《戴氏遺書》之二十三《文集》卷八，而閻亦不知也。

《水經》三十七卷《葉榆水》篇注：「麊泠縣，漢武帝元鼎六年開，都尉治。交阯郡及州本治於此。」然則交阯郡太守及交州刺史與都尉皆同治此縣也，此南蠻地新開者，不可以一例論，至後漢則交阯太守改治龍編，交州刺史改治廣信矣。

校讀記

［一］見《潛邱劄記》卷二。

都尉漏書

即以都尉論之，郡國一百三，有都尉者凡五十九，無都尉者四十四，此四十四郡國果無都尉乎，抑有而不書乎？京兆尹下當有都尉，闕漏不書，别見，其他如河東都尉趙護拜爲廣漢太守，見《成紀》及《薛宣傳》，張湯之玄孫放亦嘗爲河東都尉，見《湯傳》，周陽由亦嘗爲河東都尉，見《酷吏傳》，河東有都尉甚明，而今志河東無都尉。哀帝擢右師譚爲潁川都尉，見《息夫躬傳》，潁川有都尉甚明，而今志潁川無都尉。景帝召拜枚乘爲弘農都尉，見本傳，據志，武帝元鼎四年置弘農郡，則景帝無此郡，當係追書。又尹翁歸舉廉爲弘農都尉，見本傳，弘農有都尉甚明，而今志弘農無都尉。杜周之曾孫業嘗爲上黨都尉，見《周傳》，上黨有都尉甚明，而今志上黨無都尉。又義縱爲河内都尉，亦見《酷吏傳》，河内有都尉甚明，而今志河内無都尉。《趙充國傳》「充國至金城渡河，遂至西部都尉府」，孟康曰「在金城」，金城有都尉甚明，而今志金城無都尉，皆脱漏也。且即以《百官表》所列都尉名目論之，於平常都尉之外別列者僅有關都尉、農都尉、屬國都尉三種名目，而關都尉必司關津，天下關津多矣，乃僅巴郡魚復縣江關都尉一見，他如弘農郡弘農縣下注云：「故秦函谷關。」考杜周之曾孫業亦曾爲函谷關都尉，此事亦見《周傳》，而辛慶忌之子遵亦曾爲之，見《慶忌傳》，丞相車千秋之弟亦曾爲之，見《魏相傳》，張敞亦曾爲之，見本傳，此正《百官表》所謂關都尉也。志乃但注關名，不言有關都尉，明係脱漏，則其他脱漏者多矣。農都尉必司農事，《叙傳》云：「班况爲上河農都尉。」師古曰：「上河，地名。農都尉者，典農事。」是也。此亦必不止一處，乃僅張掖番和縣一見，何也？其必有脱漏明矣。屬國都尉，志五見，天水勇士縣、安定三水縣、上郡龜兹縣、西河美稷縣、五原蒲澤縣是矣，而張掖亦屬國都尉，《匈奴傳》「右賢王、犂汙王四千騎入日勒屋蘭番和。張掖太守、屬國都尉擊破之」，是也。今志張掖郡但云都尉，無「屬國」二字，此又脱文也。若乃左輔、右輔都尉以三輔故別之，各郡東部、西部、南部、北部、中部都尉，以一郡中不一都尉，故別之，亦非別立名，不必提出。至於騎都尉，天水豲道一見，宜禾都尉，敦煌廣至一見，主騎都尉，安定參䜌一見，渾懷都尉，北地富平一見，匈歸都尉，上郡一見，既別立名，自與平常都尉不同，宜於表中提明，此官制所關而表竟不言，是又表之疏漏也。

王温舒爲廣平都尉，尹齊爲淮陽都尉，皆見《酷吏傳》，而今志此二國無都尉，此則非漏書，蓋此是國非郡，國但有相、有內史、有中尉，不當有都尉，但二國曾罷爲郡，終爲國，觀年表及《汲黯傳》黯曾爲淮陽太守，即可見。《酷吏傳》據爲郡時耳。志所載二十國無一都尉，知二國亦不當有。

書法體例不一

以都尉書法論之，大約皆注於其所治縣下，而五原郡下注云「東部都尉，治稒陽」，屬縣稒陽下不注。朔方郡下注云「西部都尉，治窳渾」，屬縣窳渾下不注，而其他縣渠搜下則又注「中部都尉治」，廣牧下則又注「東部都尉治」，此其體例之不一者也。汝南郡下注云：「莽分爲賞都尉。」其屬縣汝陰下注云：「都尉治。」宜祿下注云：「莽曰賞都亭。」未詳。又以雜官書法論之，大約皆注於其所置之縣下，如京兆尹鄭縣下注「有鐵官」之類，至弘農郡下注「有鐵官，在黽池」，又於宜陽縣下注「在黽池有鐵官也」，而黽池縣下反不注。河南郡下注「有鐵官、工官」，其屬縣無之。泰山郡下注「有工官」，不言在何縣，其屬縣奉高下又注「有工官」。廣漢郡下注「有工官」，其屬縣雒下又注「有工官」。《貢禹傳》如淳注但言廣漢有工官，亦據文而説耳。太原郡下注「有鹽官，在晉陽」，其屬縣晉陽下又注「有鹽官」，此亦其體例之不一者也。以山之書法論之，大約皆注於其所在之縣下，而雁門郡下注「勾注山在陰館」，其屬縣陰館下不注，此亦其體例之不一者也。以水之書法論之，大約皆注於其所出之縣下，然有詳言其過幾郡、行幾里者，有不言過幾郡、行幾里，而但言其所出所入者，此亦其體例之不一者也。以各郡建置之書法論之，有但云某帝置者，有詳述某帝某年置者，又郡國皆注建置沿革，縣無之，而亦間或有之，此亦其體例之不一者也。蓋本無一定體例，有因其故籍之詳略而詳之略之者，有臨文麤疏失於檢照遂成疵纇者，有傳寫差誤未經校改者。魯地一條末云：「當考。」師古曰：「當考者，言當更考覈之，其事未審。」班書之當考者蓋亦多矣。

敦煌郡效穀縣下注：「本漁澤障也。」考《孫寶傳》「尚書僕射唐林坐朋黨比周，左遷敦煌漁澤障候」，則效穀縣下當注云有候官，今無者，亦脱漏，且其上敦煌縣下有步廣候官，而效穀無候官，脱漏顯然，想雜官脱漏者當不止此一處。

王都

凡縣之封侯者必注云侯國，仍屬郡，與他縣不爲國者同，而王國則改稱國，若縣之爲王都者，如江夏郡邾縣注云衡山王吴芮都，清河郡清陽縣注云王都，泰山郡盧縣注云濟北王都，桂陽郡郴縣注云項羽所立義帝都此，南海郡番禺縣注云尉佗都，信都國信都縣注云王都，廣陵國廣陵縣注云江都易王非、廣陵厲王胥皆都此。可見王都不必定在第一縣，其書法詳略參差，并以現在之王與已往之故王襍錯而書之，不必論，但王都多矣，獨見此七處，何也？其義例不可曉。

《文三王傳·代孝王參傳》代王都晉陽，今太原郡晉陽不注，此類甚多，不悉出。

梁國屬縣八，睢陽居末，此國自孝王武始封，而七國反，梁守睢陽，孝王又廣其城，大治宮室，睢陽爲梁都甚明。賈誼請徙代王都睢陽。代王即孝王，武後果徙王梁，當如誼策。乃居末，此國直傳至元始方除，蓋始終都睢陽，而志以居末，可見王國都不必定首縣，舉一可知其餘。

十七史商榷卷十七

漢書十一

故郡

秦以京師爲内史，京師之外分三十六郡，河東郡、太原郡、上黨郡、三川郡、東郡、潁川郡、南陽郡、南郡、九江郡、泗水郡、鉅鹿郡、齊郡、琅邪郡、會稽郡、漢中郡、蜀郡、巴郡、隴西郡、北地郡、上郡、九原郡、雲中郡、雁門郡、代郡、上谷郡、漁陽郡、右北平郡、遼西郡、遼東郡、南海郡、桂林郡、象郡、邯鄲郡、碭郡、薛郡、長沙郡，見班《地理志》，但《史記·秦始皇本紀》云：「秦初并天下，分以爲三十六郡」，裴駰注歷舉三十六郡之名，雖與班《志》約略相同，而無南海、桂林、象郡三郡，却以内史充數，又添入鄣郡、黔中，是爲三十六，《晉書·地理志》同。愚謂班《志》、裴注各有誤，何則？《始皇本紀》又云「三十三年，發諸嘗逋亡人贅婿賈人略取陸梁地爲桂林、象郡、南海」，《南越尉佗傳》亦云「秦時已并天下，略定揚越，置桂林、南海、象郡」，則三郡爲秦置無疑。《史記・南越傳》於叙畢武帝元鼎六年破南越事之下，乃云：「南越已平矣，遂爲九郡。」徐廣注九郡名有南海、鬱林、日南，鬱林即桂林，日南即象郡，此皆秦郡，非武帝始置也。然并天下係二十六年事，其時已定三十六郡，南海等三郡是三十三年所置，相去已八年，不應入三十六郡之數，班《志》疑誤。《後書・南蠻傳》：「秦并天下，威服蠻夷，始開領外，置南海、桂林、象郡。」詳蔚宗意，亦非謂一并天下即有領外，意亦是説後來所置。《漢・西南夷傳》：「楚威王時，使將軍莊蹻將兵循江上，略巴、黔中以西。蹻至滇池，方三百里，旁平地肥饒數千里，以兵威定屬楚。欲歸報，會秦擊奪楚巴、黔中郡，道塞不通，因以其衆王滇。秦時嘗破，略通五尺道，諸此國頗置吏焉。十餘歲，秦滅漢興，皆棄此國。」巴郡雖在三十六郡數内，而黔中更荒遠，略通置吏僅十餘歲而秦已滅，則黔中之屬秦已當始皇三十年以後，去二十六年初并天下亦已久矣，自不當在三十六郡數内，裴注亦誤。至《兩粵傳》云：「閩粵王無諸及粵東海王摇，其先皆粵王句踐之後。秦并天下，廢爲君長，以其地爲閩中郡。」此一郡則班《志》、裴注皆未之及，此置郡亦必在始皇三十年後，非初并天下事，且秦雖置郡，仍爲無諸與摇所據，秦不得而有之，所以漢擊楚，二人即率越兵來助，故不當在三十六郡數也。然則於班《志》去三外，應入内史，蓋班《志》郡國一百三，連三輔數，則秦三十六郡亦應連内史數，外尚少一，姑闕其疑，鄣郡亦似非，説見下。

《高紀》：「漢二年，章邯自殺。雍州定。八十餘縣，置河上、渭南、中地、隴西、上郡。」服虔曰：「河上，即左馮翊也。渭南，京兆也。中地，右扶風也。」師古曰：「凡新置五郡。」按隴西、上郡乃秦故郡，非新置，其餘三郡皆新置，見本志。蓋雍州地已爲雍、塞、翟三國，今滅其國，置五郡，三郡新置，二郡復故，非新置而不分析者，史約言之耳。又《高紀》：「漢二年，韓信虜魏豹，定魏地。置河東、太原、上黨郡。」《魏豹傳》略同。三郡皆秦故郡而此云云者，非謂漢始置此郡也。項羽王豹於河東，爲西魏王，則此三郡爲魏國不爲郡矣，今虜豹，以其地仍爲郡，復故非新置，史約言之。又《荆王劉賈傳》：「賈擊臨江王共尉，尉死，以臨江爲南郡。」南郡，秦故郡，此亦復故，非新置，據文當云復以臨江爲南郡，史約言之。又《高紀》：「漢三年，擊趙，獲趙王歇，置常山、代郡。」常山高帝新置，代郡秦故郡，復故非新置，不分析者，史約言之。惟《高紀》：「漢五年，以長沙、豫章、象郡、桂林、南海立番君芮爲長沙王」，劉攽辨豫章傳寫誤加此條，則劉説是，非豫章新置，餘四郡秦故郡，而史家約言之之謂。

《樊噲傳》「破河間守軍於杠里」，河間國，文帝二年置，此云河間守，亦必楚漢間權立其名。

河南郡，故秦三川郡，高帝更名。《高紀》：「秦二年，斬三川守李由。」應劭曰：「三川，今河南郡。」其下文叙項羽分割諸侯，以申陽爲河南王，都洛陽，其下文漢二年，河南王申陽降漢，置河南郡，郡名因項氏所立故國名。

《高紀》：「漢六年，以故東陽郡、鄣郡、吴郡五十三縣立劉賈爲荆王，以碭郡、薛郡、郯郡三十六縣立弟文信君交爲楚王，以雲中、雁門、代郡五十三縣立兄宜信侯喜爲代王，以膠東、膠西、臨淄、濟北、博陽、城陽郡七十三縣立子肥爲齊王，以太原郡三十一縣爲韓國，徙韓王信都晉陽。」此段乍觀之，以一「故」字貫下諸名，似有十六郡皆秦故郡矣。詳考之，則惟碭郡、薛郡、雲中、雁門、代郡、太原六郡爲秦故郡，其餘若吴郡則後漢所分，説詳後，非秦郡，至東陽，文穎以爲即下邳，乃東海屬縣，非秦郡。臨淮屬縣有東陽，名同地異。鄣郡，文穎以爲丹楊，文穎是説楚漢間鄣郡地即漢武帝丹楊郡地，非説郡治在丹楊縣，蓋武帝時丹楊郡所治自在丹楊，其前則爲鄣郡，治故鄣，故韋昭曰：「鄣郡，今故鄣縣也。」後郡徙丹楊，轉以爲縣，故謂之故鄣也。此即今廣德州，春秋以來名桐汭，當鄣郡治此之時不知何名，後武帝改郡名爲丹楊郡，其治亦徙丹楊縣，其後直至孫權方改秣陵爲建業，丹楊郡治徙於此。六朝都此，以丹楊尹比京兆尹，今江寧府上元、江寧二縣也。而太平、寧國二府交界處疑是西漢丹楊郡治。於是鄣郡所治之縣即謂之故鄣，而鄣郡實非秦郡。沈約《宋書·州郡志》云：「丹楊，秦鄣郡治，今吴興之故鄣縣。漢武帝元封二年爲丹楊郡，治今宣城之宛陵縣，晉武帝太康二年分丹楊爲宣城郡，治宛陵，而丹楊移治建業。」如約説，漢丹楊郡治宛陵，如韋昭說，則治丹楊。韋昭，三國吴人，通經大儒。沈約，齊梁人，輕薄文士，沈説自不如韋説可據，今定從韋。

郯郡，文穎以爲東海郡，《志》於東海下注「高帝置」，應劭則云秦郯郡，而郯郡實非秦郡，疑此皆楚漢間權立其名。其膠東、膠西、臨淄、濟北、博陽、城陽除膠東、城陽漢國外，餘以本紀及《諸侯王表》并《史記·齊悼惠王世家》等篇考之，或爲文景以後所建國，或爲縣名，不但非秦故郡，并有非漢郡者，此在秦皆齊郡、琅邪郡二郡地耳。作史者立文取便，隨意言之，假借後名以紀前事，故其文參錯如此。其縣數雲中、雁門、代郡志凡四十三縣，此云五十三，太原志凡二十一縣，此云三十一，「四」誤爲「五」，「二」誤爲「三」耳。餘姑勿深考。

丹楊郡注：「故鄣郡。」劉敞原父《刊誤》云：「秦分三十六郡，無鄣郡。此但當云故鄣，不當益『郡』字。」此劉之誤，非班之謬。劉固未喻班意也。凡秦所置故郡，漢因之者，則如河東郡，但注云「秦置」是也。秦所置，其後有所改易而復故者，則如潁川郡注云「秦置，高帝五年爲韓國，六年復故」是也。秦所置漢直改之者，則如河南郡注云「故秦三川郡，高帝更名」是也。不因秦名屢經改易卒從後定者，則如京兆尹注云「故秦内史，高帝元年屬塞國，二年更爲渭南郡，九年罷，復爲内史。武帝建元六年分爲右内史，太初元年更爲京兆尹」是也。若廬江郡注云「故淮南，文帝十六年别爲國」，所謂「故淮南」者，即《高帝紀》四年立黥布爲淮南王是也；所謂「文帝十六年别爲國」者，即《淮南王傳》文帝立厲王子賜爲廬江王是也。然則高帝即稱故，不必秦；《高紀》六年已有鄣郡，故云「故鄣郡」，何必以秦無鄣郡，欲去「郡」字邪？《吴王濞傳》：「荆王劉賈爲黥布所殺，高祖破布，立濞爲吴王，王三郡。」吴即荆，《諸侯王表》：「東帶江湖，薄會稽爲荆吴。」文穎曰：「即今吴也。高帝六年爲荆國，十年更名吴。」師古曰：「荆吴同是一國。」三郡即東陽郡、鄣郡、吴郡。其下又云「孝惠高后時，吴有豫章郡銅山」，韋昭注云：「此有『豫』字，誤，但當云章郡，今故章也。」其下又云「及削吴會稽豫章郡書至」，「豫」字亦衍，然則漢初已有鄣郡甚明，但不知其所始。

《灌嬰傳》「既斬項籍，度江定吴豫章會稽郡」，此《史記》文班用之者，會稽，秦故郡，豫章新置，至於分吴、會稽爲二，則據《續志》後漢順帝始，然班固卒於和帝永元四年，分二郡之事固所未及見，況司馬遷乎？《吴王濞傳》云：「上患吴會稽輕悍」，亦以吴會稽並言，若謂漢初已有吴郡，恐未必然，蓋會稽郡屬山陰縣注：「會稽山在南，揚州山。越王句踐本國。」此實今紹興府治，若蘇州府治吴縣則吴本國也。秦人無端忽移越國都之山名以名吴國都，名實不相應，當時人稱謂之間，必有不順於口而嫌於舉此遺彼者，故往往以吴會稽連言之，由今揣之，當必爲是范成大《吴郡志》第四十八卷《考證》門歷引三國六朝人言吴會皆指兩郡而言，非謂吴門爲東南一都會，此雖在既分兩郡後，而西漢人之稱吴會稽意亦如此，讀者皆勿泥。《莊子釋文》云浙江今在餘杭郡。後漢以爲吴會分界，吴會稽猶言吴越。

縣名相同

郡國縣邑名同者，則加東西南北上下或新字以别之。京兆尹有新豐，沛郡有豐，故此加新。有下邽，隴西郡有上邽，故此云下。河南郡有新鄭，京兆尹有鄭，故此加新。東郡有東武陽，犍爲郡有武陽，故此加東，而泰山郡又有南武陽。陳留郡有外黄，魏郡有内黄，故此云外。潁川郡有新汲，河内郡有汲，故此加新。南陽郡有西鄂，江夏郡有鄂，故此加西。江夏郡有下雉，南陽郡有雉，故此加下。山陽郡有南平陽，河東郡有平陽，故此加南，而泰山郡又有東平陽。鉅鹿郡有下曲陽，常山郡有上曲陽，故此云下，而九江郡亦有曲陽，《續志》作西曲陽。清河郡有東武城，左馮翊有武城，故此加東，而定襄郡亦有武城。涿郡有南深澤，中山國有深澤，故此加南。勃海郡有東平舒，代郡有平舒，故此加東。千乘郡有東鄒，濟南郡有鄒，故此加東。濟南郡有東平陵，右扶風有平陵，故此加東。五原郡有西安陽，代郡有東安陽，故此云西。遼西郡有新安平，涿郡、豫章郡俱有安平，故此加新。甾川國又有東安平，闞駰云：「博陵有安平，故云東。」而遼東又有西安平，闞説詳後。中山國有北新成，河南郡有新成，故此加北，而北海郡亦有新成。東平國有東平陸，西河郡有平陸，故此加東。惟常山郡有南行唐，而他郡别無行唐，則不可考。

其無東西等字爲別者，據錢大昭考得相同者亦甚多，有一縣三見者，如曲陽一屬九江郡，一屬東海郡，一屬交趾郡。交趾作「曷」，師古曰：「古陽字。」建成一屬勃海郡，一屬沛郡，一屬豫章郡。安定一屬鉅鹿郡，一屬安定郡，一屬交趾郡。有一縣兩見者，如劇一屬北海郡，一屬甾川國。定陶一屬濟陰郡，一屬定襄郡。西平一屬汝南郡，一屬臨淮郡。陽城一屬潁川郡，一屬汝南郡。平昌一屬平原郡，一屬琅邪郡。成陽一屬汝南郡，一屬濟陰郡。東安一屬東海郡，一屬城陽國。新陽一屬汝南郡，一屬東海郡。鍾武一屬江夏郡，一屬零陵郡。成一屬涿郡，一屬泰山郡。新市一屬鉅鹿郡，一屬中山國。建陽一屬九江郡，一屬東海郡。平安一屬千乘郡，一屬廣陵國。平城一屬北海郡，一屬鴈門郡。臨朐一屬東萊郡，一屬齊郡。新都一屬南陽郡，一屬廣漢郡。昌陽一屬東萊郡，一屬臨淮郡。定陵一屬潁川郡，一屬汝南郡。高平一屬臨淮郡，一屬安定郡。饒一屬北海郡，一屬西河郡。高陽一屬涿郡，一屬琅邪郡。武城一屬左馮翊，一屬定襄郡。廣平一屬臨淮郡，一屬廣平國。陰山一屬西河郡，一屬桂陽郡。樂成一屬南陽郡，一屬河閒國。富平一屬平原郡，一屬北地郡。成安一屬陳留郡，一屬潁川郡。復陽一屬南陽郡，師古音房目反。一屬清河國。應劭音腹。酇一屬南陽郡，孟康音讚。一屬沛郡。應劭音嵯。武陽一屬東海郡，一屬犍爲郡。鄭一屬京兆尹，一屬山陽郡。成鄉一屬北海郡，一屬高密國。安陽一屬汝南郡，一屬漢中郡。陽樂一屬東萊郡，一屬遼西郡。武都一屬武都郡，一屬五原郡。歸德一屬汝南郡，一屬北地郡。東陽一屬臨淮郡，一屬清河郡。黄一屬山陽郡，一屬東萊郡。安丘一屬琅邪郡，一屬北海郡。開陽一屬東海郡，一屬臨淮郡。樂陵一屬平原郡，一屬臨淮郡。安成一屬汝南郡，一屬長沙國。西陽一屬江夏郡，一屬山陽郡。安平一屬涿郡，一屬豫章郡。高成一屬南郡，一屬勃海郡。新昌一屬涿郡，一屬遼東郡。新成一屬河南郡，一屬北海郡。

三輔

分一内史爲左右，又改右内史爲京兆尹，左内史爲左馮翊，又改主爵都尉爲右扶風，亦治右内史，是爲三輔。武帝太初元年所定，此《地理志》文而亦見《百官表》，彼下文云：「元鼎四年，更置三輔都尉。」元鼎在太初之前，然則三輔分治，其制當元鼎已定，特其名尚未改耳。讀者不以文害辭可也。

《東方朔傳》「建元三年，詔中尉、左右内史」云云，師古曰：「時未爲京兆、馮翊、扶風，故云中尉及左右内史。」其下又云「三輔之地盡可以爲苑」云云，師古曰：「中尉及左右内史則爲三輔矣，非必謂京兆、馮翊、扶風也。學者疑此言爲後人所增，斯未達也。」再追溯之，則前引《高紀》河上、渭南、中地，高帝時已分爲三。

據《百官表》，三輔各有一都尉，而《地理志》左馮翊高陵縣左輔都尉治，右扶風郿縣右輔都尉治，京兆尹獨無都尉，此係疏漏。汲古閣刻《百官表》作二輔都尉，何義門改「三」，南監本亦作「三」。《趙廣漢傳》云：「爲陽翟令，以治行尤異，遷京輔都尉。」京輔即京兆，其治華陰，見《宣紀》本始元年注。三輔俱有都尉甚明。《張敞傳》云：「京兆典京師，長安中浩穰，於三輔尤爲劇。」左右輔有都尉，無京兆獨無之理。

《循吏傳》：「黄霸，淮陽陽夏人，補左馮翊二百石卒史。」如淳曰：「三輔郡得任用它郡人，而卒史獨二百石，所謂尤異者也。」凡卒史皆用本郡人，禄百石，三輔不然，故如淳云云。

宗室不宜典三河

《劉歆傳》「歆忤執政大臣，求出補吏，爲河内太守，以宗室不宜典三河，徙守五原」云云，宗室不宜典三河，不曉其何故，他無所見，獨見於此，俟考。

十七史商榷卷十八

漢書十二

地理襍辨證一

「京兆尹鄭縣，周宣王弟鄭桓公邑」，其説甚明白，而臣瓚乃謂：「周自穆王都西鄭，不得以封桓公。桓公爲周司徒，寄帑於虢、會。幽王既敗，滅會、滅虢，居鄭父之丘，是以爲鄭桓公，無封京兆之文。」師古駁之，謂「穆王無都西鄭事，桓公死幽王之難，其子武公始東遷新鄭」，是矣。按《説文》：「鄭，周厲王子友所封。宗周之滅，鄭徙潧洧之上，今新鄭是也。」河南郡屬縣有新鄭，特加「新」字，所以别於京兆之鄭爲桓公始封邑也。兖州山陽郡之鄭，則與此無涉。

「湖，故曰胡，武帝建元年更名湖」，按《郡國志》注：「《前志》有鼎湖。」此大字「湖」字之上脱「鼎」字，小字「胡」應加水傍，「建元」之下脱一字，「更名」之下又脱「鼎」字，南監本脱誤並同。

「南陵沂水出藍田谷，北至霸陵入霸水。霸水亦出藍田谷，北入渭」，師古曰：「兹水，秦穆公更名以章霸功，視子孫。沂音先歷反，視讀曰示。」京兆安得有沂水？嘉定錢坫獻之云：「據《水經注》第十六卷《滻水》篇、《説文》卷十一上《水部》，『沂水』當作『滻水』。」錢説是。顔乃讀「沂」爲「先歷反」，則以此爲音「析」，謬甚。唐初本已誤矣。又「北入渭」之下衍一「師」字，「視子孫」之下脱「師古曰」三字，南監脱誤並同。

「左馮翊夏陽，《禹貢》梁山在西北，龍門山在北」，按《禹貢》山水班載之者分三等，但稱《禹貢》者，蓋博士所習今文家説，云古文以爲云云者，此孔壁中所得孔安國説，有不稱古文并不著《禹貢》而直言在某處者，蓋以目驗著之。此梁山即冀州治梁之梁，龍門即導河至於龍門者也，詳《尚書後案》。司馬遷《自序》云：「遷生龍門。」徐廣曰：「龍門在馮翊夏陽縣。」張守節曰：「遷即夏陽縣人，至唐改韓城縣。」

「懷德《禹貢》北條荆山在南，下有彊梁原。洛水東南入渭，雍州寖」，按北條荆山即所謂「導岍及岐，至於荆山」者，馬融三條之説本此，詳見《後案》。《職方》：「雍州，其浸渭洛。」鄭注：「洛出懷德。」非導熊耳之洛。

「徵」，注云：「《左傳》所云『取北徵』。」「取」上南監有「王」字。

「右扶風鄠，古國。有扈谷亭。扈，夏啟所伐」，詳《後案·甘誓》。又云：「酆水出東南，北過上林苑入渭。」即雍州「豐水攸同」，亦見《後案》。

「蘩」注云：「音貽。」「貽」，南監作「貽」，是。

「郁夷，《詩》：『周道郁夷。』」師古曰：「周道倭遲，《韓詩》作『郁夷』。」《書·盤庚》「遲任」，陸德明音「直疑反」，又引徐邈音「持夷反」。《匡謬正俗》云：「遲任音夷，亦音遲。陵遲或言陵夷，遲即夷也。」

「美陽，《禹貢》岐山在西北」，詳《後案·禹貢》冀州。

「漆，水在縣西」，即雍州「漆、沮既從」，詳《後案》。

「汧，吴山在西，古文以爲汧山。雍州山」，即《禹貢》「導岍」，詳《後案》。《職方》「雍州，其山鎮曰嶽山」，是。

「武功，大壹山，古文以爲終南；垂山，古文以爲敦物，皆在縣東」，俱見《禹貢》雍州，詳《後案》。

「弘農郡弘農，衙山領下谷，爗水所出，北入河」，「衙」，南監同，《水經注》作「衡」，傳寫誤。

「盧氏，熊耳山在東。伊水出，東北入雒」，熊耳山見《禹貢》「導洛」，伊水見豫州，俱詳

《後案》。

「新安，《禹貢》澗水在東，南入雒」，見豫州，詳《後案》。

「上雒，《禹貢》雒水出冢領山，東北至鞏入河，過郡二，豫州川」，過郡二，弘農、河南也；豫州川，《職方》「豫州，其川滎、雒」是也。鞏縣入河，漢時水道，後世洛口東移矣。詳《後案》。

河東郡屬縣二十四，而《尹翁歸傳》云：「田延年爲河東太守，重翁歸，署督郵河東二十八縣，分爲兩部，使閎孺部汾北，翁歸部汾南。」彼「八」字必是「四」字之誤。

「垣，《禹貢》王屋山在東北，沇水所出，東南至武德入河，軼出滎陽北地中，又東至琅槐入海，過郡九，行千八百四十里」，此即所謂「導沇水，東流爲濟」云云者，此志但云垣，而鄭康成彼注稱東垣，《職方》注及《説文·水部》同，未詳。武德入河爲禹迹，其後改從温縣入河，而河北濟源日短，説詳《後案》。何氏《讀書記》於河内郡温縣下評云：「《續書·郡國志》温下注濟水所出，王莽時大旱，遂枯絶。孟堅不載，豈爲此邪？」濟，四瀆之一，孟堅豈有不載？河内、河東相隔一繙紙，讀《漢書》太善忘矣。此書誤者不悉出，聊一見之。過郡九，謂河東、河内、河南、濟陰、山陽、東郡、平原、勃海、千乘也。

「彘，霍太山在東，冀州山」，即《禹貢》冀州「至於岳陽」，《職方》「冀州，其山鎮曰霍山」

是，詳《後案》。

「北屈，《禹貢》壺口山在東南」，即冀州壺口，詳《後案》。注云：「翟章救鄭，至於南屈。」「至」，南監作「次」。

「太原郡榆次梗陽鄉，魏戊邑」，「戊」，南監作「成」。

「鄔，九澤在北，是爲昭餘祁，并州藪」，見《職方》。

「汾陽，北山，汾水出，西南至汾陰入河，過郡二。冀州寖」，按過郡二，太原、河東也。

《職方》：「冀州，其浸汾潞。」

「上黨郡長子，濁漳水入青漳」，「青」，南監作「清」，是。

「沾，大黽谷，清漳水所出，東北至邑成入大河，過郡五，冀州川」，休寧戴震東原云：「黽本『要』字，篆文要似黽，故誤。」戴説是。「邑成」當作「昌成」，後漢改「阜成」，故鄭注《禹貢》作「阜成」，《詩·邶》《鄘》《衛》譜疏引此志作「皐成」者非。元文「清漳」即《禹貢》「冀州至於衡漳」。過郡五，上黨郡、魏郡、廣平國、鉅鹿郡、信都國也。冀州川見《職方》，俱詳《後案》。

「壺關」，注云：「有羊腸版。」「版」，南監作「阪」，是。

「泫氏」，注云：「絶水所出。」「絶」字疑，南監同。《後書·萬修傳》：「子普，封泫氏侯。」注：「泫氏，縣名，屬上黨郡，西有泫谷水，故以爲名，今澤州高平縣也。」「河内郡州，共」，「州」下，南監空一格，是，此誤連。「北山，淇水所出」，鄭康成以爲共水，即《禹貢》所謂導河北過降水者，詳《後案》。

「朝歌」，錢大昭云：「《續志》謂《前書》注『鹿臺在城中』，今無此句。」

「壄王，太行山在西北」，即《禹貢》所謂「太行、恒山」者，詳《後案》。

「蕩陰」，注云：「蕩水東至内黄澤。」「蕩」，《廣韻》作「簜」，「澤」字上下疑有脱誤。

「河南郡雒陽」，注：「《春秋》昭公二十一年。」南監作「二十二年」，當作「三十二年」。

「中牟，圃田澤在西，豫州藪」，見《職方》。

「卷」，《廣韻》作「弮」，《後·馬援傳》亦作「卷」，李賢注：「卷縣，故城在今鄭州原武縣西北。」

「穀成，《禹貢》瀍水出朁亭北」，見豫州，詳《後案》。《續志》作「穀城」。

「密，有大騩山，潩水所出」，《説文·水部》作「大隗」。

「新成」，《續志》作「新城」。

「開封」，注：「梁惠王發逢忌之藪以賜民，今浚儀有逢陂忌澤是也。」哀十四年《左傳》疏引此，「發」作「廢」，「逢陂忌澤」作「逢忌陂」。

「成皋」，《續志》作「成睾」，班注有虎牢，而顔注作「獸牢」，避唐諱。

「東郡頓丘」，注：「頓丘，謂一成而成。」南監作「一頓而成」，是，此誤。

「東武陽禹治漯水，東北至千乘入海，過郡三」，即《禹貢》「兗州浮於濟、漯」之漯。過郡三，東郡、平原、千乘也。詳《後案》。

「臨邑有涑廟」，「涑」，南監作「泲」，是，此誤。

「壽良」，注：「世祖父叔名良，故曰壽張。」「父叔」，南監作「叔父」，是。「故」當作「改」，南監亦誤。世祖九歲而孤，養於叔父良，故諱之。

「樂昌」，《水經注》作「昌樂」，非。

「陳留郡小黄，成安」，「黄」下南監空一格，是，此誤連。

「封丘，濮渠水首受涑」，南監作「泲」，是。

「傿」，《續志》作「鄢」，屬梁國。

「浚儀，睢水首受狼湯水，東至取慮入泗，過郡四」，杜預《釋例》曰：「睢水受汴，東經陳留、梁國、譙郡、沛國，至彭城縣入泗。」

「潁川郡崈高，古文以爲外方山」，即《禹貢》所謂「熊耳、外方」，詳見《後案》。

「綸氏」，《續志》注云：「建初四年置。」建初是後漢章帝號，如此縣果係建初所置，班氏安得載之？疑彼文誤，或是武帝太初或是元帝建昭、成帝建始、哀帝建平。

「汝南郡，莽曰汝汾。分爲賞都尉」，案此郡屬縣宜禄縣，莽曰賞都亭，則此分爲賞都尉者，疑即賞都之尉別治者，非以都尉連文也。

「女陽」，注：「女讀曰汝，下汝陰同。」「汝陰」當作「女陰」，南監亦誤。

「鮦陽」，注：「孟康曰：鮦音紂。」南監此下有「紅反」二字，是，此脱。

「新息」，「息」，《説文》作「鄎」，云姬姓國，在淮北，今汝南新鄎。

「南陽郡穰」，《説文》作「𨟚」，云今南陽𨟚縣。

「比陽」，注云：「比水所出。」《水經注》二十九卷有泚水，實即此比水，俗刻多誤作「泚水」，并廬江灊沘水亦誤作「泚」，觀班《志》，愈見彼俗刻之誤。《後漢・皇后紀》：「章德竇皇后父勳，尚東海恭王彊女泚陽公主，和帝即位，尊后爲皇太后。皇太后尊母泚陽公主爲長公主。」兩「泚」字皆當作「沘」。

「平氏，《禹貢》桐柏山在東南，淮水所出，東南至淮陵入海，過郡四，行三千二百四十里」，淮陵，《禹貢》疏引之又誤作「睢陵」，其實則當作「淮浦」。《水經》云：「淮水至廣陵淮浦縣入海。」淮浦縣屬臨淮郡，晉改屬廣陵。過郡四者，南陽、汝南、九江、臨淮也。行三千二百四十里太遠，「三千」當作「二千」，南監誤並同。

「春陵」，後漢建武十八年更名章陵。師古曰：「元朔五年，以零陵泠道之春陵鄉封長沙王子買爲春陵侯。至戴侯仁，以春陵地形下溼，上書徙南陽。」案《王子侯表》戴侯名熊渠，孝侯名仁，師古乃引作「戴侯仁」，非也。

「復陽」，注：「在下復山之陽。」「下」當作「大」，南監誤同。

「南郡江陵，故楚郢都，楚文王自丹楊徙此」，按後丹楊郡丹楊縣下云：「楚之先熊繹所封，十八世，文王徙郢。」《莊子》外篇《天運》篇陸氏釋文云：「郢，楚都，在江陵北。」江陵即今湖北荆州府治，而丹楊頗多異説，辨見後。

「臨沮，《禹貢》南條荆山在東北，漳水所出，東至江陵入陽水，陽水入沔，行六百里」，南條荆山即《禹貢》「荆及衡陽惟荆州」之荆，漳水即「導漢」節所謂滄浪之水，陽水即夏水，亦即滄浪，但隨地異名，詳《後案》。

「華容，雲夢澤在南，荆州藪。夏水首受江，東入沔，行五百里」，雲夢見《禹貢》，荆州藪見《職方》，夏水見上，亦即荆州「沱潛既道」之沱，俱詳《後案》。

「中廬」，《郡國志》作「中盧」。

「枝江，江沱出西，東入江」，師古曰：「即江別出者。」此説非是，鄭康成駁之。《爾雅》「水自江出爲沱」，師古妄附會之，詳《後案》。

「編」，注云：「有雲夢官。」南監同，校本改作「宫」。此特因下江夏郡西陵縣有雲夢宫耳，其實未見必爲宫。

「巫，夷水東至夷道入江，過郡二，行五百四十里」，「高成，洈山，洈水所出，東入繇。繇水南至華容入江，過郡二，行五百里」，巫與夷道、高成與華容俱屬南郡，二水所過俱不當有二郡，「二」俱當作「一」，南監誤同。

「江夏郡竟陵，章山在東北，古文以爲内方山」，章山，鄭康成《尚書注》作「立章山」，《郡國志》同，不知是别名，抑或傳寫誤分「章」字頭，别加「立」字，詳《後案》。

「安陸，横尾山在東北，古文以爲倍尾山」，詳《後案》。

「江夏郡沙羨」，晉灼曰：「羨音夷。」楊慎曰：「文之謚辭曰羨文，璧之謚瑑曰璧羨。沙羨音夷，蓋方言耳。」[一]

「廬江郡尋陽，《禹貢》九江在南」，説見下文，詳《後案》。

「灊，沘山，沘水所出」，「沘水」見《水經注》三十二卷，俗刻多誤作「泚水」，觀此益知彼俗刻之訛，此與前南陽比陽比水無涉。

「晥」，从目，《後·馬援傳》作「晥」，从日，傳寫誤耳。彼李賢注：「晥，今舒州懷寧縣。」俗乃作「皖」。《説文》絶無此字，俗妄作之，遂盛行，幸《漢書》可考。

「九江郡」，注云：「秦置，高帝四年更名爲淮南國，武帝元狩元年復故。」第一縣壽春邑注云："楚考烈王自陳徙此。"《水經注》三十卷《淮水》篇云："淮水，東北流徑壽春縣故城西，縣即楚考烈王所徙，秦始皇立九江郡，治此，兼得廬江、豫章地，故以九江名郡。"按此九江即《禹貢》所謂"九江孔殷"、"九江納錫大龜"者，詳見《後案》。趙宋人妄造異説，未讀《漢書》耳。

"合肥"，應劭曰："夏水出父城東南，至此與淮合，故曰合肥。"按夏水與淮合之淮，酈氏《水經注》引作"肥"，而云闞駰之言，與應劭同。余按川流派别，無沿注之理，方知應、闞二説非實證也。蓋夏水暴長施合於肥，故曰合肥，非夏水自父城徑合肥也。

"曲陽"，《郡國志》作"西曲陽"，常山有上曲陽，鉅鹿有下曲陽，此"西"字不可省。

"山陽郡，户十七萬二千八百四十七，口八十萬一千二百八十八"，案《張敞傳》"户九萬三千，口五十萬以上"，二者不同，《志》據元始故也。即此可見元始比盛漢倍之。

"湖陵"，《禹貢》"浮於泗、淮，通於河"，水在南"。"泗淮"當作"淮泗"，"河"當作"菏"，見《説文·水部》所引，當從之。今《尚書》亦作"河"，誤與班《志》同，賴《説文》引，得存古文，説詳《後案》。又《説文》作"胡陵"，本注應劭曰："章帝封東平王倉子爲湖陵侯，更名湖陵。"疑此二"湖"字俱當作"胡"，許慎、應劭俱據後漢所改而言。

"橐，莽曰高平"，漢章帝復莽故號曰高平。

「鉅壄，大壄澤在北，兖州藪」，大壄即大野，見《禹貢》，詳《後案》。又見《職方》。

校讀記

［一］見《升庵集》卷六十二《羡衍》條。

十七史商榷卷十九

漢書十三

地理襍辨證二

「濟陰郡」，注云：「《禹貢》菏澤在定陶東。」「定陶縣」注云：「《禹貢》陶丘在西南。陶丘亭。」凡《禹貢》山水皆載逐縣下，此以菏澤注郡下，陶丘注縣下，别無義例，隨手援引，遂多岐出耳。詳見《後案》。又據《史記集解》所載鄭康成《禹貢》注引《地理志》云陶丘在濟陰，定陶西北，今《志》作「西南」，「南」字誤。

「成陽，《禹貢》雷澤在西北」，詳《後案》。《曹詩譜》疏引此作「雷夏澤」。

「秺」，《説文》卷九下《广部》云：「庛从广，秅聲。濟陰有庛縣。」此作「秅」，誤。

「乘氏，泗水東南至睢陵入淮，過郡六，行千一百一十里」，説詳《後案》。睢陵屬臨淮郡，今爲睢寧縣治，非泗入淮處，「睢陵」當作「淮陰」，亦詳《後案》。

「沛郡」，《説文》卷六下《邑部》云：「郝，沛郡。从邑，市聲。」

「下蔡，故州來國，爲楚所滅，後吴取之，至夫差遷昭侯於此」，「昭侯」上脱一「蔡」字，南監亦脱，并誤「於此」作「如此」。《春秋》：「哀公二年，蔡遷於州來。」

「豐」，《郡國志》云：「豐有枌榆亭。」注引《前志》注：「枌榆社在縣東北十五里」，今此志注無此句。

「虹」，《續》作「紅」。

「酇，莽曰贊治」，應劭曰：「音嵯。」《説文》作「䣜」，云：「沛國縣」。

「魏郡鄴，故大河在東北入海」，按此本漳水，與河經流徙駭相亂，班因目爲故大河，實非禹河，説詳《後案》。

「館陶，河水別出爲屯氏河，東北至章武入海，過郡四，行千五百里」，章武屬勃海郡，郡治浮陽，即今滄州。過郡四者，東郡、清河、平原、信都也。除去所出之魏郡及入海之勃海郡不數，故但言四郡，若連首尾言之則六郡，他水皆連首尾爲所過郡，此又不畫一，鄭康成以屯氏河爲禹河，詳《後案》。

「内黄」，注：「吴會諸侯於黄池，掘溝於齊、魯之間。」「齊」當作「商」，即宋也。

「黎陽」，晉灼曰：「黎山在其南，河水經其東。其山上碑云縣取山之名，取水之陽以爲名。」「水之陽」，南監作「水在其陽」，酈道元引仍作「水之陽」，詳《洛誥·後案》。

「即裴」，《説文》卷十二上《手部》作「掤」，云：「捽也。从手，即聲。魏郡有掤裴侯國。」《王子侯表》上有掤裴戴侯道。鄭氏曰：「掤裴音即非，在肥鄉縣南五里。」

「鉅鹿郡」，王莽分鉅鹿爲和成郡，居下曲陽，見《後書·邳彤傳》注所引《東觀漢記》。班固雖頗載莽所更改於《志》，而此類亦皆略去，不悉見也。

「鉅鹿，《禹貢》大陸澤在北」，詳《後案》。又云：「紂所作沙丘臺在東北。」沙丘臺疑即鹿臺。

「南䜌」，《郡國志》作「南蠻」，誤。

「下曲陽」，注：「荀吴滅鼓，今鼓聚昔陽亭是。」案「昔」，宋本作「晉」。

「鄡」，《説文》作「鄡」，云：「鉅鹿縣」。

「堂陽，嘗分爲涇縣」，「涇」，南監作「經」，是，此誤。

「常山郡，高帝置」，《高帝紀》云「三年置」。

「元氏，沮水首受中丘西山窮泉谷」，「中」，宋本作「申」。按中丘，縣名，在下文。宋本似非。

「石邑，洨水所出」，注：〔二〕「洨，音效。」「效」字脱，宜從南監增。

「靈壽，《禹貢》衛水出東北」，「上曲陽，恒山北谷在西北。并州山。《禹貢》恒水所出」，恒、衛詳《後案》，并州山見《職方》。

「關」，《通鑑注》引作「開」，是也，此誤。宋白曰：「欒城縣本漢開縣，後魏太和十一年於開縣故城置欒城縣。」[二]《續郡國志》常山有欒城而無開，則不始於後魏太和矣。

「涿郡故安，易水出，并州寖」，見《職方》。

「蠡吾」，《趙廣漢傳》云：「涿郡蠡吾故屬河間。」

「勃海郡」，《説文》卷六下《邑部》云：「郣，郣海地。从邑，孛聲。一曰地之起者曰郣。」

「安次修市」，「次」下南監空一格，是，此誤連。

「平原郡般」，注：「音逋坦反。」宋本同。南監作「逋垣」，一作「連完」。

「阿陽」，天水郡亦有此縣，錢大昭以爲名同。愚謂《五行志》：「成帝過河陽主作樂，見舞者趙飛燕，幸之。」《外戚傳》云：「趙飛燕微時屬陽阿主家，成帝微行過陽阿主，見，説之，召入宫。」師古曰：「陽阿，平原縣。」俗書「阿」作「河」，又或爲「河陽」，皆後人妄改。趙明誠《金石録》載《李翕碑》云：「漢故武都太守漢陽阿陽李君。」[三]後漢漢陽郡即前漢天水郡，係明帝改名，碑當時所作，必不誤。《外戚傳》連稱陽阿，亦當無謬，據師古注及碑校之，似平原當作「陽阿」，天水當作「阿陽」，《後書·宋均傳》：「均之族子意拜阿陽侯相。」注云：

「阿陽，故屬天水郡。」《郡國志》漢陽郡有阿陽縣，然則天水之縣名阿陽甚明，而青州平原郡則不復有阿陽，亦無所謂陽阿者，疑是光武建武六年所省併，錢大昭説誤也。

「樓虛」，《水經注》作「楊墟」。

「千乘郡溼沃」，按此縣之名當從濕水得名，流俗誤以濕水之濕爲「燥溼」之「溼」，而濕水則改爲「漯」，「溼」字廢不用，今此刻反以燥溼之「溼」當「濕」字用，小學謬亂，不可爬梳。近日名公校此者，俱未校出。

「博昌，時水，幽州寖」，見《職方》。

「樂安」，《水經注》引應劭曰：「取休令之名。」

「濟南郡，鄒平、臺」，「鄒」下誤空一格，「平」下誤連，顧氏已辨。[四]南監板誤同。李賡芸云：「魯國自有騶縣，古『騶』與『鄒』通，此濟南郡則當爲鄒平縣，非鄒也。」[五]愚考《續志》濟南郡有臺縣，有鄒平縣，《水經注》亦言臺縣，李説甚確。傳寫之誤，糾紛不可爬梳，而《續志》又以鄒平與下東朝陽誤連，世少善讀書者，有望而眯目耳。

「朝陽」，《郡國志》作「東朝陽」，下文「猇縣」，蘇林注亦稱東朝陽，前南陽郡已有朝陽，則此合稱東，「東」字疑脱，而前注引應劭曰：「在朝水之陽。」朝水未知其審，而此注又引應劭云云，與前注同，必有一誤，與兩曲陽同注者正相似。

「猇」，注：「蔡蕃音由，音鶚。」師古曰：「蔡音是，音于虬反。」「由」字下疑脱一「又」字，南監亦脱。「鶚」，南監作「鴞」，是。「是」字下疑脱一「由」字，南監亦脱。〔六〕

「泰山郡」，注云：「汶水出萊毋，西入濟。」師古曰：「毋與無同。」愚按下文屬縣萊蕪之下既言「原山，《禹貢》汶水出西南入泲」，此郡名下何用重言之？前言山水不在縣下而在郡名下，已爲自亂其例，此重複則尤爲冗謬。

「博，岱山在西北求山上」，「上」一作「下」，其實皆非也。「求山上」三字當作「兗州山」，見《職方》。

「蓋，臨樂于山，洙水所出，西北至蓋入池水」，「于」，南監作「子」，《水經》二十五卷作「臨樂山」，酈注引此志同。本卷《沂水》篇注及《尚書疏》所引並同，然則作「于」、作「子」皆衍字也。又酈引作「至蓋入泗水」，而其下又云「或作『池』字，蓋字誤也」，則知「池」字在酈道元所見本已誤。本注又云：「又沂水南至下邳入泗，青州寖。」詳見《後案》。《禹貢》沂在徐州，《職方》云「青州寖」者，徐地周入青也。

「萊蕪，原山，甾水出，東至傅昌入泲，幽州寖」，「甾」，《禹貢》作「淄」，晉人改。《説文》無「淄」字，此猶存古。「傅」，南監作「博」，是。甾水，《禹貢》在青州而《職方》以爲幽州寖者，青地周入幽也。此注又説汶水，已見上。

「蒙陰，《禹貢》蒙山在西南」，詳《後案》。

「式」，《郡國志》作「成」，云：「本國。」按《左傳》：「衛師入郕。」杜預曰：「東平剛父縣西南有郕鄉。」作「式」誤也。[七]

北海郡有平壽縣、壽光縣、斟縣，應劭以平壽爲古斟尋，壽光爲古斟灌，而班氏於斟縣自注云：「故國，禹後。」考《史記·夏本紀》夏後有斟姓，即此斟故國禹後是也。此其確然者。而斟灌、斟尋則事見襄四年《傳》魏絳、哀元年《傳》伍子胥之言，據彼杜注云：「二國，夏同姓諸侯。」疏以爲《世本》文，斟故國與平壽、壽光二縣相近，故應劭遂析言之，杜預亦用之。至於啓子太康失邦，昆弟五人須于洛汭，此《書序》文也。夏都安邑本在河北，如《書序》言則是太康爲羿拒逐於河南，蓋河北之地皆爲羿所據矣。太康崩，弟仲康立，仲康崩，子相立，此《夏本紀》文也。據杜預謂相依於二斟，則自太康以下三世皆因失國無歸而依同姓，乃羿因夏民代夏政，後又爲寒浞所弑，浞使其子澆滅斟灌、斟尋，及夏后相，夏遂絶祀，直至相之遺腹子少康長而滅澆及其弟豷，夏之遺臣靡復收灌、尋餘燼以滅浞，而少康返國，則復歸於河北矣。竊計羿、浞相繼僭立者在安邑，太康、仲康、后相相繼擁虚號者在二斟，此《書序》、《左傳》與應劭、杜預説之可信者。宋末金履祥、鄒季友説粗近之，但云太康居河南陽夏，相居河北帝丘，則不知何據。臣瓚乃依汲郡古文「太康居斟尋，羿亦居之，桀亦居之」，然則魏絳安得云羿因夏乎？王制有因國，昭元年《傳》「商人是因是若」，羿居斟尋則非因矣。汲郡古文，束晳僞譔，何足爲憑？乃因此并謂斟尋在河南，不知斟故國在北海，去河南甚遠，且伍子胥謂少康祀夏配天，不失舊物，自是返國河北，而桀都亦在河北，詳予《湯誓序·案》中，瓚説皆非也。斟，《説文》十四上《斗部》無，未詳。

「東萊郡腄有之罘山祠。居上山，聲洋丹水所出」，「上山」當作「山上」，「聲洋」未詳，其下文師古音洋爲祥，則非衍文矣。南監並同，而於「所出」之下又衍一「丹」字。

「當利，莽曰來萊亭」，「來」，南監作「東」，是。

「琅邪郡長廣，奚養澤在西，幽州藪」，見《職方》。

「横，故山，久」，「久」，南監作「名」，是。

「東莞術水，青州寖」，見《職方》，彼作「沭」。

「椑」，《説文》：「稗，禾别也。从禾，卑聲。琅邪有稗縣。」此作「椑」，誤。南監同。此字去聲，而應劭于此注云「音禆」，《藝文志》「小説家出于稗官」，如淳音排，則此字固有平聲矣。

「東海郡下邳，萬嶧山在西，古文以爲嶧陽」，「萬」當作「葛」，説詳《後案》。

「海曲」，「曲」當作「西」，《郡國志》廣陵郡海西故屬東海。

「繒」，《説文》卷六下《邑部》作「鄫」，注云：「姒姓國，在東海。」

「祝其，《禹貢》羽山在南」，詳《後案》。

「曲陽」，注：「應劭曰：在淮曲之陽。」此注前九江郡曲陽縣下亦引之，恐非。

「都陽」，錢大昭云：「應劭曰：《春秋》『齊人遷陽』是。案此注又見城陽國陽都縣下，杜預《左傳》注云：『陽，國名。』正義曰：『杜《世族譜》土地名闕，不知所在。』」

「郚鄉」，《説文·邑部》云：「郚，東海縣。」

「臨淮郡徐，故國，爲楚所滅」，按「楚」，南監作「吴」，是，事見《春秋》昭公三十年。

「厹猶」，注：「厹音仇。」《説文》卷十四下《厹部》人九切。二音不同，而彼云「獸蹂地」，則非縣。惟卷二上《口部》云：「厹，从口，九聲。臨淮有厹猶縣。」然則作「厹」誤也。

「播旌」，《郡國志》作「潘旌」。

「海陵，莽曰亭間」，「間」，南監作「門」。

校讀記

[一]「注」字據《漢書》補。按「洨音效」爲師古注。

[二]《通鑑》卷二百三胡注引宋白《續通典》云云。

[三]《金石録》卷一著録《漢武都太守李翕碑》，跋尾在卷十六。

[四]見《日知録》卷三十一《鄒平臺二縣》條。

[五]檢李氏《炳燭編》，未見此條。

[六]此疑當作「『音』字下疑脱一『由』字」，「是」字涉上文而誤。

[七]李慈銘曰：「慈銘案：此條上海陸耳山先生《炳燭偶鈔》曾辨其誤。陸氏錫熊曰：案《前書·地理志》太山郡二十四縣有式縣而無郕縣，後漢分太山置濟北國，《郡國志》太山郡十二縣無式縣，濟北國五縣有成縣，蓋東都省式而置成也。《王子侯表》：『城陽莊王子式節侯憲』，下注：『太山郡。』《劉盆子傳》：『盆子者，太山式人，祖父憲，封爲式侯。』章懷注：『式，縣名，中興縣廢。』是太山之有式縣，史文甚明，豈得據東都濟北之成縣，而遂以西都太山之式縣爲誤耶？」

十七史商榷卷二十

漢書十四

地理襍辨證三

會稽郡下注云：「秦置。高帝六年爲荆國，十二年更名吴。景帝四年屬江都。」按後廣陵國下注云：「高帝六年屬荆國，十二年更屬吴。景帝四年更名江都。武帝元狩三年更名廣陵。」所屬廣陵縣下注云：「江都易王非、廣陵厲王胥皆都此，并得鄣郡而不得吴。」班氏會稽、廣陵兩注自相矛盾，劉敞於此郡駁云：「景帝四年封江都王，并得鄣郡而不得吴，然則會稽不得云屬江都。」愚考《江都易王非傳》「景前二年立爲汝南王，吴、楚反，自請擊吴，吴已破，徙王江都，治故吴國」，師古曰：「治謂都之。」既云治吴，則廣陵注云「江都易王非都此」者誤。《越絶書》卷二《吴地傳》云：「漢高帝封劉賈爲荆王，并有吴。十一年，淮南王英布反，殺劉賈，後十年，高帝更封兄子濞爲吴王，治廣陵，并有吴。立二十一年，東渡之吳，十日還去。立三十二年，反，奔還東甌，殺濞。」據此，吳王濞實治廣陵，而江都易王則治吳，不都廣陵。廣陵注所言「江都易王都此」者，實誤。都且在吳，乃云「不得吳」，更誤矣。劉敞所駁大謬。又考《高帝紀》六年，以故東陽郡、鄣郡、吳郡五十三縣立劉賈爲荆王，十二年，詔曰：「吳古建國，日者荆王兼有其地，今死亡後，朕欲復立吳王，其立沛侯濞爲吳王。」《吳王濞傳》高祖立濞爲吳王，王三郡五十三城，其下文朝錯又言吳以兄子王吳五十餘城，即謂東陽郡、鄣郡、吳郡五十三縣也。其下又言削吳會稽、章郡書至，吳國之有會稽顯然，而江都因吳故封，其得吳明矣。廣陵厲王胥以元狩六年封，本傳載其賜策言大江之南五湖之間，則廣陵厲王之得吳明矣。廣陵注與劉敞駁實皆誤也。至於吳郡、鄣郡等名，皆非故秦郡，史家隨便稱爲故，不足泥。又按《史記·夏本紀》云：「禹會諸侯江南計功而崩，因葬焉，命曰會稽。會稽者，會計也。」裴駰注引《皇覽》曰：「禹冢在山陰縣會稽山上。」秦置郡本取此山爲名，然郡守治所則治吳不治山陰。《項羽本紀》秦二世元年九月，項梁與籍殺會稽守殷通，舉吳中兵八千人，梁爲會稽守，籍爲裨將，乃渡江而西。此所謂吳中，即今蘇州府治吳、長洲、元和三縣地也。嚴助、朱買臣拜會稽太守，皆其地。

「吳，具區澤在西，揚州藪，古文以爲震澤。南江在南，揚州川」，震澤詳《後案》，藪與川皆見《職方》。南江者，松江也。《職方》云：「其川三江。」故班以此與下文毗陵北江及丹楊郡蕪湖之中江當之。

「毗陵，江在北，揚州川」，「江」上脱「北」字，南監同。

「由拳柴辟，故就李鄉。吴、越戰地」，「柴」當讀如寨，「辟」當讀如壁。

「錢唐，西部都尉治」，按《越絶書》二卷云：「漢文帝前九年，會稽并故鄣郡太守治故鄣，都尉治山陰。前十六年，太守治吴郡，都尉治錢唐。」觀此，則似會稽止一都尉，下文「回浦南部都尉治」疑後來增設，但前漢既有西部，亦宜有東部。《金石録》載永平八年《會稽東部都尉路君闕銘》，[二]《吴志》張紘亦爲會稽東部都尉，而《後漢·循吏·伍延傳》嘗爲會稽西部都尉，則後漢固東西並設，《志》稱建武六年省諸部都尉，既經省併，不應後漢所有前漢反無，此《志》未知有脱漏否。

「治」，師古曰：「本閩越地。」「回浦，南部都尉治。」考縣名，「治」當作「冶」，南監本誤同，班氏以二縣連書，而《郡國志》「章安故冶閩越地，光武更名」注引《晉元康記》曰：「本鄞縣南之回浦鄉，章帝章和元年立。」而無回浦縣。按《嚴助傳》：「閩王舉兵於冶南。」蘇林曰：「山名，今名東冶。」冶之爲閩越無疑。但後漢所改名章安者必是併冶與回浦二縣爲一而改名之，師古當於回浦下注云「此與冶皆本閩越地」，不當但於冶言之。

《嚴助傳》「會稽東接於海，南近諸越，北枕大江」三語，已盡前漢會稽形勢，後漢順帝分吴、海鹽、烏程、餘杭、毘陵、丹徒、曲阿、由拳、富春、陽羨、無錫、婁別爲吴郡，則今鎮、常、蘇、太、松、嘉、湖、杭七府一州地也。北境俱屬吴，惟南境仍爲會稽，司馬彪於會稽郡下自注云：「秦置，本治吴，立郡吴，乃移山陰。」「立郡吴」當作「立吴郡」，傳寫誤。會稽本山陰山名，以此名郡而治吴，名實乖矣，吴郡治吴爲是。

「丹揚郡，故鄣郡，屬江都。武帝元封二年更名丹揚」，「揚」字从手，其屬縣丹楊則從自，而南監板俱作「陽」。考《晉書・地理志》或作「揚」、或作「陽」，紛紛不一，而屬縣則作「楊」，且注云：「丹楊山多赤柳，在西也。」然則縣名从木甚明，而郡亦當以此得名，凡从手、从阜，疑皆傳寫誤也。唐許嵩《建康實録》第一卷解《禹貢》揚州，引《春秋元命包》云：「厥土下溼而多生楊柳。」以爲名揚州之「揚」从手。李巡《爾雅注》以爲人性輕揚，此不可牽合。劉敞曰：「秦分三十六郡，無鄣郡，此注但當云故鄣屬江都，不當益『郡』字。」愚按劉說似是而非，辨已見前，「故鄣郡屬江都」也者，乃謂武帝之前此郡地名鄣郡屬江都國耳，豈謂秦哉？如劉云云，則但故鄣一縣屬江都乎？不通極矣。鄣郡非秦郡名也。而《高帝紀》云：「六年，以故東陽郡、鄣郡、吴郡立劉賈爲荆王。」廣陵國注云：「高帝六年屬荆國，十二年更屬吴。景帝四年更名江都。武帝元狩三年更名廣陵。」江都、廣陵皆併得鄣郡，以上所說郡名，其中居然有鄣郡，或係楚漢分争之際暫置復廢，其後得稱故郡，不必秦郡方得稱故，當秦三十六郡時，此郡所屬十七縣地，既非丹楊郡又非鄣郡，皆是會稽郡地耳。劉昭亦誤以秦有鄣郡。

「於朁」，師古音潛，《郡國志》直作「潛」。

「故鄣」，胡三省《通鑑注》云：「漢屬丹楊郡，其地本秦鄣郡所治，故曰故鄣。今廣德軍是故鄣縣之地。」[二]《文獻通考》古揚州秦郡五，有鄣郡、會稽郡、九江郡。[三]秦無鄣郡，説已詳上，胡三省、馬端臨皆非。

「句容涇」，「容」下空一格，是。監誤脱「容」字，又與「涇」誤連，凡毛是監非，不悉出，聊一見之。

「丹楊，楚之先熊繹所封，十八世，文王徙郢」，郢即南郡江陵縣，江陵即今縣湖北荊州府治，説已見前，而丹楊則爲今太平府當塗縣之南境，地與寧國府連界處也。據乾隆十八年寧國知府宋敳所修《寧國府志》，似當有本。《晉書・陶回傳》：「蘇峻之亂，回請早出兵守江口，峻將至，回復謂庾亮曰：『峻知石頭有重戍，不敢直下，必向小丹楊南道步來，宜伏兵要之。』亮不從，峻果由小丹楊經秣陵。」此小丹楊疑即當塗南境地名，漢武帝以此改郡名爲丹楊郡。《史記・楚世家》云：「成王封熊繹於楚，居丹楊。」即此是矣。乃徐廣注則云：「在南郡枝江縣。」《山海經》丹山在丹楊南，郭璞注云：「今建平郡丹楊城秭歸縣東七里。」《水經》酈道元注云：「丹楊城，據山跨阜，周八里二百八十步，東北悉臨絶澗，南枕大江，嶮峭壁立。楚熊繹始封丹楊之所都也。」《地理志》以爲吴之丹楊。尋吴楚悠隔繿縷，荆山無容遠在吴境，非也。於是沈括《夢溪筆談》、王楙《野客叢書》、王應麟《詩地理考》及《通鑑地理通釋》皆主此，據晉人及北魏人説，不信班氏，畢竟班氏是，後儒皆未必然。《左傳》「篳路藍縷，以啟山林」，宣十二年文，指若敖、蚡冒言，又「僻在荆山，篳路藍縷，跋涉山林」，昭十二年文，則指熊繹言，酈引此駁班，似也，但楚境大矣，即使藍縷啟山在荆州，而熊繹始封何妨在揚州丹楊乎？周成王時吴尚微甚，其地狹小，僻在蘇、松一隅，何知丹楊郡之丹楊必吴境非楚境乎？《志》末總論一段以丹楊爲吴分，此班氏就晚周之吴境言之耳，其實丹楊未必吴始封即得也。《後書·王郎傳》有丹楊，李賢亦云在秭歸，蓋名同地異。

「石城，分江水首受江，東至餘姚入海」，此條實不可解，當闕疑。詳《後案》揚州及導漢東爲北江入於海、導江東爲中江入于海之下。此分江水據胡氏渭《禹貢錐指》，謂在今池州府貴池縣。考石城縣屬丹楊，後漢同，晉改屬宣城郡，隋平陳，改名秋浦，仍屬宣城。《新唐書》謂唐析宣州之秋浦、南陵二縣置池州，秋浦爲其治所，又析置青陽縣。趙宋《地理志》則池州池陽郡治貴池縣，無秋浦縣，蓋即秋浦所改名也。然則《錐指》此條確甚。

「黝」，師古曰：「音伊，字本作『黟』，音同。」按黝，《水經注》卷四十《漸江水》篇引之，正作「黟」。《説文》卷十一上《水部》「漸」字注同。又卷十上《黑部》云：「黟，黑木也。从黑，多聲。丹楊有黟縣。」若從幼，安得有伊音？直傳寫誤耳。師古於小學全不通。

「豫章郡彭澤，《禹貢》彭蠡澤在西」，詳《後案》。

「歷陵傅昜川，古文以爲傅淺原」，詳《後案》。

「安平」，後漢更名平都。

「桂陽郡耒陽」，「耒」，《說文》作「郲」，注：「春山春水所出。」「春」，南監作「舂」，疑是。

「武陵郡鐔成，玉山，潭水出，東入鬱」，其下注引應劭曰：「潭水出，入鬱，音淫。」孟康曰：「鐔音潭。」師古曰：「孟音是。」宋本「潭」皆作「鐔」，以縣名及應音參之，作「鐔」是。南監既誤作「潭」，又脫去「音淫」及師古云云，竟不可讀。

「西陽」，應劭曰：「西水所出。」按下文充縣西原山西水所出，此注疑有誤。

「佷山」，孟康曰：「音恒，出藥草恒山。」末二字衍，南監同。

「零陵郡零陵陽海山，湘水出」，《水經》三十八《湘水》篇：「湘水出零陵始安縣陽海山。」注云：「即陽朔山也。」應劭曰：「湘出零陵山。」蓋山之殊名也。何氏校本據《地理通釋》直改爲「陽朔」，非也。

「鍾武」，應劭曰：「今重安。」案重安，後漢永建三年改。

「漢中郡沔陽，沔水出武昌，東南入江」，「昌」，南監作「都」，是，此誤。

「廣漢郡汁方」，注：「汁音十。」南監「汁」皆作「什」，《功臣表》汁防侯雍齒，汁音什，防音方，《續志》又作「什邡」，皆古字通。

「葭明」，應音家盲，師古：「明音萌。」《水經注》作「葭萌」，此縣下當有潛水，班失載，詳《後案》。

「甸氏道」，李奇曰：「甸音縢。」師古：「音食證反。」案「甸」古讀爲乘，又或爲噉，詳《周禮軍賦説》一卷。又此道與剛氏道、陰平道，《續志》俱屬廣漢屬國。

「白水」，「應劭曰」云云，與上文甸氏道下班氏自注重出，非也。

「陰平道，莽曰摧虜」，「摧」字脱，從南監增。

「蜀郡，《禹貢》桓水出蜀山」，案此即梁州「和夷底績」之「和」，詳《後案》。

「郫，《禹貢》江沱在西」，案此説鄭康成駁之，詳《後案》。

「青衣《禹貢》蒙山谿大渡水東南至南安入渽」，「渽」當作「涐」，師古音哉，非，詳《後案》。

「江原鄁水」云云，鄭康成以爲沱，詳《後案》。

「湔氏道《禹貢》崏山在西徼外，江水所出，東南至江都入海，過郡七，行二千六百六十里」，案江水所經，於漢爲蜀郡、犍爲、巴郡、南郡、長沙、江夏、豫章、廬江、丹楊、會稽、廣陵，凡十郡一國，而《志》云「過郡七」，蓋江都在江北，據北岸言之，故不數南岸長沙、豫章、丹楊、會稽也。閻若璩曰：「《水經》『江水東過夷陵縣南』注説宜昌縣流頭灘而引袁山松曰：『自蜀至此五千餘里。』干寶《晉紀》吴使紀陟如魏，司馬昭問吴戍備幾何，對曰：『西陵至江都五千七百里。』宜昌，今宜都縣，在西陵之東，自江發源松潘，至此四千四五百里。西陵，今宜昌府治東湖縣，自此至江都不過四千里。山松與陟言皆誇，然其計亦當有八千餘里，『二』當作『八』。」閻説精絶。

「越嶲郡莋秦」，《續志》作「莋奏」。

「三絳」，《續志》作「三縫」。

「青蛉」，《水經》卷三十七《淹水》篇作「蜻蛉」，注云：「僕水出徼外，東南至來惟。」「惟」，南監作「唯」，益州有來唯，南監是。又云：「則禺同山，有金馬、碧雞。」據《水經注》，「則」字衍。

「益州郡弄棟」，《説文》卷六上《木部》作「梇」，云：「梇，木也。从木，弄聲。益州有梇棟縣。」

「牂柯郡談指」，「指」，南監作「拒」。《説文》十二上《手部》：「拒，給也。从手，臣聲。章刃切。」《續志》仍作「指」，今人雖不識「拒」字，然北方以物擲與人猶有拒音。《説文》字今人廢不用者多，此字既見此《志》，宜存之。

「進桑」，《續志》作「進乘」。《水經注》有進桑關，此注亦云「有關」，疑作「乘」非。

「巴郡墊江」，孟康音重疊之疊，《續志》同。《説文》卷八上《衣部》云：「褺，重衣也。从衣，執聲。巴郡有褺江縣。」从土非。

「朐忍」，師古音劬，《續志》同。韓昌黎《盛山十二詩序》作「朐䏰」，《通典》一百七十五卷《州郡》篇同。《説文》卷四下《肉部》有「朐」字，無「䏰」字，不知何時復譌爲「朐䏰」，讀爲「蠢閏」，徐氏援入《新附》，注云：「蟲名。漢中地下濕多此蟲，因以爲名。」恐係後人妄造。

自漢中以下諸郡皆屬益州，莽既逐郡改其名，班氏並注明，而莽又改益州爲庸部，見《後書・公孫述傳》及《廉范傳》注，班氏則略而不載。

「武都郡」，「武都」，《續志》作「武都道」，注東漢水云云，沮沮水云云，俱詳《後案》。又於沮水之下云：「荆州川」，見《職方》。

「隴西郡」，注：「隴坻在其西也。」「西」當作「東」。

「氐道」，《禹貢》養水所出」，「養」與「瀁」、「漾」同，詳《後案》。

「首陽」，《禹貢》鳥鼠同穴山在西南，渭水出」，詳《後案》。

「臨洮洮水東入西」，「西」，南監作「河」，是。又云：「《禹貢》西頃山在縣西。」詳《後案》。

「西，《禹貢》嶓冢山，西漢所出」云云，詳《後案》。

「金城郡河關，積石山在西南羌中，河水行塞外，東北入塞内，至章武入海，過郡十六，行九千四百里」，章武屬勃海，河所過郡，據鄭康成《尚書注》，當爲金城、天水、武威、安定、北地、朔方、五原、雲中、定襄、雁門、西河、上郡、河東、馮翊、河南、河内、魏郡、鉅鹿、東郡、清河、平原、信都、勃海，凡二十三郡，此言十六，疑有闕漏，詳《後案》。

「允街，莽曰修遠」，上「允吾」已有此文，誤。

「臨羌有弱水昆侖山祠」，此弱水殆即昆侖山下之水，非導之至合黎者。昆侖詳《後案》。又注：「西有畢和羌。」「畢」，南監作「卑」。

「天水郡望垣」，《續志》作「望恒」。

「冀」，《説文》卷十上《馬部》作「驥」，云：「天水有驥縣。」又注：「《禹貢》朱圄山。」詳《後案》。

「武威郡武威休屠澤，古文以爲猪壄」，詳《後案》。「猪」，南監作「豬」，是。

「張掖郡删丹，桑欽以爲道弱水自此，西至合黎」，「居延，居延澤，古文以爲流沙」，俱詳《後案》。

「敦煌郡效穀」，師古曰：「本漁澤障也。桑欽説」云云。「漁」，南監作「魚」，是。胡渭曰：「『師古曰』三字，後人妄加，此非師古所能引也。《地理志》引桑欽者六，皆班氏原注，桑欽傳孔壁真古文《尚書》者，《地理志》亦引《禹貢》古文山水十一條，皆孔安國義，則知班氏好古，此效穀下桑欽説亦必班氏原注也。」[四]胡説確甚。

「安定郡涇陽，开頭山在西，《禹貢》涇水所出，東南至陽陵入渭，過郡三，行千六十里。雍州川」，案《毛詩·邶風·谷風》疏引鄭康成《尚書注》所引《地理志》作「行千六百里」，且其上文先説涇水自發源至入渭幾二千里，《禹貢》疏所引《地理志》亦作「千六百里」，今毛刻及南監皆作「六十」，誤也。餘詳《後案》。「雍州川」，見《職方》。

「祖厲」，注[五]：「祖音置。」南監作「音置」，是。《續志》作「租」。

「鶉陰」，《續志》作「鸇陰」。

「北地郡直路，沮水出東」，詳《後案》。

「鶉孤」，《續志》作「鶉觚」。

「歸德，洛水出北蠻夷中」，詳《後案》。

「弋居，有鹽官」，《續志》云「有鐵」。

「大要」，注：「要即古要字。」詳《後案》衡漳節。《後書·鄧禹傳》：「分遣將軍別攻上郡諸縣，歸至大要。」注：「大要，縣名。屬北地郡。」

上郡，莽改爲增山，見《後書·馬援傳》。援之兄員爲增山連率，注云：「連率，亦太守。」是也。班氏於莽所改郡縣之名皆載，而間亦有漏去者。

「上郡白土，圜水出西，東入河」，《水經注》「東」作「南」。

「西河郡觬是」，《説文》卷四下《角部》作「觬氏」，云：「觬，角觬曲也。西河有觬氏縣。」古「氏」與「是」通，見《洪範·後案》。又《禹貢》「桓是」即「桓氏」。

「朔方郡渠搜，莽曰溝搜」，《水經注》云：「莽曰溝搜亭。」

「五原郡文國」，《續志》作「父國」。

「蒲澤」，南監作「蒲澤」。

「南興」，《水經注》作「南興」。

「成宜，中部都尉治原高」，《水經注》作「原亭」。

「稒陽，此出石門障」，「此」，南監作「北」，是。

「定襄郡武臯，荒于水出塞外」，《水經注》作「芒于水」。

「代郡平邑」，《續志》作「北平邑」。

「廣昌，淶水，并州霈」，見《職方》。

「上谷郡軍都，温餘水東入洛」，「洛」，南監作「沽」，是。

「上谷郡寧」，《續志》作「甯」。

「且居樂陽水出東，東入海」，下「東」，南監作「南」，是。

「漁陽郡泉州，有鹽官」，《續志》云：「有鐵」。

「右北平郡石成」，南監作「石城」。

「驪成，大揭石山在西南」，詳《後案》。

「遼東郡文」，《續志》作「汶」，注：「莽曰受亭。」南監作「文亭」，是。

「番汗，沛水出塞外，西南入海」，應劭曰：「汗水出塞外，西南入海。番音盤。」師古曰：「沛音普蓋反，汗音寒。」南監無「應劭曰」以下十二字，則「番音盤」似班氏自音矣。無此例也。且師古先音沛，後音汗，所音即音應劭「汗水」，非縣名之汗也。南監似妄人删去，非是。近何氏校本據宋本無「應劭曰」三字，亦無解於「番」字爲班自音之非，若移「師古曰」三字於「番音盤」之上，又太專輒，宜從毛刻。

「沓氏」，應劭曰：「氏水也。」師古曰：「凡言氏者，皆謂因之而立名。」「氏水」，南監作「沓水」，觀師古注即解應注，宜從毛刻。

「玄菟郡西蓋馬」，《續志》「馬」作「烏」。

「樂浪郡東暆」，《説文》卷七上《日部》云：「暆，日行暆暆也。樂浪有東暆縣，讀若酏。」

「南海郡中宿，有洭浦官」，官即關也。管叔，《墨子》作「關叔」。《説文》卷十一上《水部》云：「洭水，出桂陽縣盧聚山洭浦關爲桂水。」[六]

「鬱林郡」，《説文》卷五下《鬯部》云：「鬱，芳艸也。遠方鬱人所貢。鬱，今鬱林郡也。從臼、缶、冂、鬯、彡，其飾也。」

「交趾郡，口七十四萬六千二百三十七」，「三」下脱去「十」字。

「安定」，《續志》作「定安」。

「麊泠」，《馬援傳》注引《越志》同，但《説文》卷七上《米部》云：「麊，潰米也。从米，尼聲。交趾有麊泠縣。武移切。」應劭音彌，與《説文》合，从鹿非聲，傳寫誤也。《水經》三十七卷《葉榆水》篇又作「麋」，皆非。

「九真郡無切」，《續志》及《馬援傳》皆作「無功」。

「日南郡西捲」，《續志》作「西卷」。

校讀記

[一]卷一著録是碑，卷十四有跋尾。

[二]見《通鑑》卷八十九注。

[三]見《文獻通考》卷三百十八。

[四]見《禹貢錐指》卷首略例，惟胡曰「《地理志》引《桑欽》者七」，而西莊引作六，誤。

[五]「注」字據文義補。

[六]段注《説文》作「洭水，出桂陽縣盧聚，南出洭浦關爲桂水」，段云：「『南出』二字，各本作『山』字，今依《水經》正。」

十七史商榷卷二十一

漢書十五

地理褋辨證四

「廣平國，武帝征和二年，置爲平于國，宣帝五鳳二年復故」，此注疏漏殊甚，「武帝征和二年」句，「國」字句，「復故」也者，所復爲何故邪？乍觀之，幾令人茫然不解所謂。李賡芸曰：「考廣平爲故秦鉅鹿郡，漢景帝中元元年改名廣平，武帝征和二年以封趙敬肅王子偃爲平于王國，宣帝五鳳二年，偃子繆王元坐殺謁者，會薨，不得代，國除，復爲廣平郡。至哀帝建平三年正月，又封廣德夸王之弟廣漢爲廣平王。此注當云『故趙，秦置鉅鹿郡。景帝中元元年更爲廣平郡，武帝征和二年置爲平于國，宣帝五鳳二年復故。哀帝建平三年更爲國』，始爲詳覈。平于之廢置沿革，見于《武帝紀》及《諸侯王表》、《景十三王傳》，廣平王之封亦見《諸侯王表》、《景十三王傳》暨《哀帝紀》。而廣平之爲秦鉅鹿，又得之于《水經注》卷十《濁漳水》篇也。《武紀》云立趙敬肅王子偃爲平王，則汲古閣脱去『于』字。監板『平』下原有『于』字，《水經注》云『封趙敬肅王子爲廣平侯國』，則又誤以平于爲廣平，以王爲侯矣。《酷吏傳》王温舒曾爲廣平都尉，惟郡得有都尉，國則無之，此事在元朔、元狩之間，其時猶未建平于國，故有都尉也。」〔一〕李説確甚。《志》據元始，在哀帝之後，故爲廣平國，而亦自有鉅鹿郡，然則當景帝、宣帝時亦必鉅鹿、廣平兩郡並置，武帝征和中亦必平于國與鉅鹿並置可知。蓋景帝實以一郡分爲二郡者耳。《王子侯表》宣帝所封平于頃王子凡有九人，内有成鄉質侯慶，國除入廣平，今《地志》廣平國屬縣有城鄉，即成鄉也。而《表》所載平于頃王子又有曲梁安侯敬平、利節侯世平、鄉孝侯壬，國除皆入魏郡，廣鄉孝侯明，國除入鉅鹿，今志曲梁、平利、平鄉、廣鄉四縣皆屬廣平，則是於宣帝之後又割來隸而史失書。又《地志》於曲梁注侯國，彼三縣不注侯國，當是《志》據元始，其時三侯已廢故也。《表》又有陽城愍侯田，國除不書入何郡，《志》廣平屬有陽臺，注云侯國，疑是「陽城」之誤。《表》又有平纂節侯梁，國除入平原，今平原廣平皆無此縣，成陵節侯充、祚陽侯仁，國除皆入廣平，今廣平無此二縣，他郡亦不見，疑皆省併也。

「信都國，莽曰新博」，案莽改信都國爲新博郡，見《後書·李忠傳》注。此但云「莽曰新博」，但見改名，不見改國爲郡，非也。應劭曰：「明帝更名樂安。」錢大昭曰：「『樂安』當作『樂成』，《明帝紀》永平十五年，改信都爲樂成國。」

「昌成」，《續志》作「昌城」，詳《後案》。

「河間武隧」，《續志》作「武遂」。

「廣陽國，高帝燕國，昭帝元鳳元年爲廣陽郡，宣帝本始元年更爲國」，《續志》則云：「廣陽郡，高帝置爲燕國，昭帝更名爲郡，世祖省并上谷，永平八年復。」略去宣帝一層不敘，非也。而屬縣第一縣爲薊，則二《志》同。《前志》注云：「故燕國，召公所封。」《續志》注略同。《説文》卷六下《邑部》云：「鄭，周封黄帝之後於鄭也。从邑，契聲，讀若薊。上谷有鄭縣。」《樂記》：「武王克殷，未及下車而封黄帝之後於薊。」陸德明《釋文》云：「薊即燕國都。孔安國、司馬遷及鄭皆云燕國，召公與周同姓。按黄帝姓姬，君奭蓋其後也。或黄帝之後封薊者滅絶而更封燕乎？」考成王崩後，召公尚在朝，未就封，則武王未下車所封必非召公，德明兩説以後説爲是，不待言。但羣書皆作「薊」，而《説文》獨作「鄭」，雖讀若薊，而薊自在卷一下《艸部》，注云：「芺也」，非地名。此不可解一也。二《志》上谷郡皆無鄭縣，而既云黄帝之後所封，似鄭即薊矣，乃不云廣陽，反云上谷乎？此不可解二也。存考。

「膠東國下密有三台山祠」，「台」，《郊祀志》作「户」。

「東平國，景帝爲濟東國，武帝元鼎元年爲太河郡，宣帝甘露二年爲東平國」，按濟東國除爲大河郡，見《文三王傳》，而《夏侯勝傳》云：「初，魯共王分魯西寧鄉以封子節侯，别屬大河，大河後更名東平。」節侯見《王子侯表》，不言國除爲大河者，略之。韋賢子玄成《傳》：「遷大河都尉。」服虔曰：「今東平郡也。本爲濟東國，後王國除爲大河郡。」

《儒林傳》：「王式，東平新桃人。」班《志》東平無新桃。

「亢父、樊」，《成帝紀》建始二年，東平王宇有罪，削樊、亢父二縣。今《志》仍有此二縣者，其後又復，詳見《宇本傳》，《紀》但書削不書復，脱漏也。

「魯國，故秦薛郡，高后元年爲魯國。屬豫州」，其屬縣有薛縣，考《史記·魯世家》魯爲楚所滅，秦滅楚後改爲薛郡者，當以其所屬之薛而名之。《禮記·投壺》篇有魯鼓、薛鼓，則知當時魯薛並稱，故改魯國爲薛郡也。如此則秦時已不見有魯國之名矣。而《高紀》云：「既斬項羽，楚地悉定，獨魯不下，持羽頭示之，魯乃降。」其下又云：「初，懷王封羽爲魯公，及死，魯又爲堅守，故以魯公禮葬羽。」然則楚漢之際，此地復爲魯也。羽始爲魯公，及其後自立爲西楚霸王，王梁楚地九郡，雖都在彭城，今徐州府治銅山縣。而魯地亦在九郡之中，蓋泗水郡地也，故以魯公禮葬之。或疑如此則楚漢之際此地既復爲魯，何以《地志》直至高后時方復爲魯國邪？案《張耳傳》高后六年，立耳之孫偃爲魯王，似《地志》「元年」當作「六年」，楚漢之際名稱不定，古名今號襍舉互陳，蓋一時隨便而言，皆非定制，或魯或薛，殆錯言之，直至張偃就封，方定改薛郡爲魯國耳。又《高紀》云項梁擊殺景駒秦嘉，止薛，沛公往見之，其下文又云沛公如薛，與項梁共立楚懷王孫心爲楚懷王。此薛則指魯國所屬薛縣，彼時諸侯之兵初起，尚仍秦制，此地大約仍爲薛郡之屬縣，未必遽復魯國之稱，但薛郡實是魯故國，且春秋時薛嘗與滕俱朝魯，可見其服屬于魯。魯既亡，魯薛遂通稱。項氏初起在薛，故其後羽有魯公之封。

「卞，泗水西南至方與入沛」云云，詳《後案》。又云「青州川」，見《職方》。

「騶，故邾國」，《説文》卷六下《邑部》云：「鄒，魯縣，古邾國。从邑，芻聲。」《史記》：「孟子，鄒人。」又有鄒忌、騶衍、騶奭，古字通。

「泗水國凌」，注：「凌水出入淮南。」「南」，監作「南入淮」，是。

「廣陵國，高帝六年屬荆州，十一年更屬吴」云云，「荆州」當作「荆國」，「十一年」當作「十二年」，南監亦誤。

「六安國安豐，《禹貢》大别山在西南」，詳《後案》。

「長沙國收靡」，注：「孟康曰：音鈴。」南監「收」作「攸」，注「音收」二字於其下。此誤「直」作「收」，又誤連，然南監本於「攸」下直注「音收」，亦屬無理。何氏所見北宋本「音收」二字在「音鈴」下，據此可見皆孟注，但其初必是「音收」之上别有「孟康曰」三字，而在「攸」

字下方是傳寫脱去三字，而又誤移於下耳。北宋本亦誤。

「湘南，《禹貢》衡山在東南」，詳《後案》。又云「荆州山」，見《職方》也。

「縣邑千三百一十四」，《續志》注[二]云：「元始二年，縣邑千四百八十七。」「道三十二」，《後漢·仲長統傳》注作「三十四」。「地東西九千三百二里」，《後書》注作「九千二百二里」。「南北萬三千三百六十八里」，《後書》注無「三千」二字。「民户千二百二十三萬三千六十二，口五千九百五十九萬四千九百七十八」，《續志》注云：「元始二年，民户千三百二十三萬三千六百一十二，口五千九百一十九萬四千九百七十八。」

「其三千二百二十九萬九百四十七頃，可墾不可墾」，此誤衍「不可墾」三字，南監無，是。

「至於王赧」，南監作「赧王」，是。

「雒邑與宗周通封畿」，師古注：「三都得百里者方千里也。」南監作「二都得百里者百方千里也」，是。

「今淮陽之地，陳本太昊之虚」，「地」下誤空一格，南監「陳」字誤提行起，皆非是。

「高士宦」，南監作「仕宦」，是。

「燕地，尾箕」云云，誤連上，南監提行，是。

「北新城」，當作「成」，南監亦誤。

「東平須昌壽良」，南監作「壽張」，此與前東郡下「良」字不當互異，作「良」是。

校讀記

[一]見李賡芸《炳燭編》卷四《漢書地理志》條。李云：「考廣平本趙國，秦爲鉅鹿郡。」西莊刪去「趙國」云云，則下文「此注當云故趙」無根，殊非引書之體。

[二]「注」字據文義補。

秦地圖

代郡屬縣班氏注：「秦地圖書班氏。」考秦地圖，各郡國下皆無，獨見於此，《叙傳》自述其先班壹，當秦始皇之末，避地於樓煩，以財雄邊。樓煩，雁門屬縣，而代郡與雁門相連，疑縣名因此而起，故特著之。

總論有誤

班氏於《志》末總論三代、戰國、秦漢以來列國之星土疆域建置沿革分封世系形勢風俗甚備，然曰「魏地南有汝南之召陵、㶏彊、新汲、西華、長平，河南之開封、中牟、陽武、酸棗、卷」，「燕地南得涿郡之易、容城、范陽、北新成、故安、涿縣、良鄉、新昌」。考新汲，《志》屬潁川，非汝南；酸棗，《志》屬陳留，非河南；北新成，《志》屬中山，非涿郡，此則皆班氏偶然誤記，而遂成行文之謬者。

溝洫志注誤

《溝洫志》前半篇全取《河渠書》，而彼注却往往取之此《志》注，裴駰輩本不通經，隨手牽引，凡涉《禹貢》者多誤，如道河至大邳，此《志》注鄭氏以爲在修武、武德，張晏以爲成皋，皆是也。而臣瓚以爲在黎陽，張守節取之，非也。「釃二渠以引河」，孟康云：「其一出貝丘西南南折，其一漯川」云云，司馬貞采之，殊不明析。下文北行二渠復禹舊跡，即此二渠是也。同爲逆河入於勃海，臣瓚以爲禹河入海在碣石，不入勃海，此説非是，裴駰取之亦非。三條並詳《後案》。

屯氏河

《溝洫志》所以特改《河渠》之名者，以其襍叙水事，不專於河也。[一]前半篇全取《河渠書》，其下自譔者頗錯亂，未加裁斷。至云「自塞宣房後，河復北決於館陶，分爲屯氏河，東北經魏郡、清河、信都、勃海入海，廣深與大河等」，據此則屯氏河起於武帝晚年，而鄭康成《禹貢注》則以屯氏河爲禹河故道，二者大不同，疑鄭是也。説詳《後案》。

校讀記

[一]《漢書知意》引西莊此條，其詳見頁三十六以下。

嚴熊

「嚴熊」，《史記》作「莊熊羆」，「嚴」字避明帝諱，去「羆」字，恐班氏之誤。

十七史商榷卷二十二

漢書十六

尚書古文篇數

《藝文志》云「《尚書古文經》四十六卷」，班氏自注云：「爲五十七篇。」顔師古引鄭康成《叙贊》云：「後又亡其一篇，故五十七。」此孔安國所得壁中古文也。其下又云「《經》二十九卷」，班氏自注云：「大小夏侯二家。」此則指伏生今文也。不與古文相混，故别載之。孔穎達《尚書疏》謂：「伏生二十九篇是計卷，若計篇則三十四。」考二十九篇者，《堯典》一，連「慎徽」以下。《臯陶謨》二，連「帝曰來禹」以下。《禹貢》三，《甘誓》四，《湯誓》五，《盤庚》六，《高宗肜日》七，《西伯戡黎》八，《微子》九，《太誓》十，《牧誓》十一，《洪範》十二，《金縢》十三，《大誥》十四，《康誥》十五，《酒誥》十六，《梓材》十七，《召誥》十八，《洛誥》十九，《多士》二十，《無逸》二十一，《君奭》二十二，《多方》二十三，《立政》二十四，《顧命》二十五，連「王出」以下。

《費誓》二十六，《吕刑》二十七，《文侯之命》二十八，《秦誓》二十九也。穎達又謂：「鄭注三十四篇，於伏生二十九篇内分出《盤庚》二篇，《康王之誥》，又《泰誓》三篇，爲三十四篇，更增益二十四篇爲五十八篇，以二十四篇爲十六卷，以二十九加二十四爲四十五卷，而云四十六者，蓋兼序言之。陸德明《釋文》云：「馬、鄭之徒百篇之序總爲一卷。」是也。桓譚《新論》云「古文《尚書》舊有四十五卷，爲五十八篇」[二]者，除序言之也。鄭云又「亡其一篇」者，所亡之篇則僞《武成》，《疏》引鄭云「《武成》，逸書，建武之際亡」是也。此說出閻若璩，[三]最爲精確，故予從之。友人江聲駁之，謂《武成》是建武乃亡，則前漢未亡。班作《前漢志》，不應因後日之亡而豫虚前漢時之篇數。竊謂班《志》所以少其一者，非爲《武成》亡之故，蓋爲不分《康王之誥》而然，愚考《漢志》所載四十六卷、五十七篇古文也。《康王之誥》「王若曰」下疏云：「歐陽、大小夏侯同爲《顧命》。」此今文也。班氏豈以今文篇數爲古文篇數哉？必無此事。鄭分伏生「王若曰」爲《康王之誥》，即依壁中古文分之，鄭本即孔安國本，豈有班載孔氏古文反合之之理？大字云「四十六卷」，則元數已見，小字注云「五十七篇」，則據建武以後實數言之，兩不悖也。江說恐誤，仍以閻說爲是。凡學之謬陋者，不但不可采，亦不必辨，何也？不足辨，故不屑辨也。江之學甚精，予多從之，而間或辨之者，足辨也，重其學也。江著述未流布，予爲辨之。使後人觀之，則經益明，故不可不存其辨，餘已詳予所著《尚書後案》及《後辨》。

校讀記

[一]《太平御覽》卷六百八引《新論》云：「古文《尚書》，舊有四十五卷，爲十八篇。」閻若璩《古文尚書疏證》卷二第二十條謂「十」上脱「五」，西莊蓋據閻説增。

[二]見《古文尚書疏證》卷一第四條。

史籀十五篇

《藝文志》於小學首列《史籀》十五篇，班氏自注云：「周宣王太史作《大篆》十五篇，建武時亡六篇矣。」又總説之云：「漢興，蕭何草律，著其法曰：『太史試學童，能諷書九千字以上乃得爲史。』」此段之文，許氏《説文·自序》往往用之，而「諷書」彼作「諷籀書」，是，當從之，「乃得爲史」彼作「乃得爲吏」，賈子《新書》云：「胡以孝弟循順爲，善書而爲吏耳。」[二]亦以作「吏」爲是。

籀書九千字以上，即史籀所著《大篆》十五篇也。《説文》謂之《史篇》，《説文》卷四上《皕部》云：「燕召公名奭。《史篇》名醜。」徐鍇曰：「《史篇》，史籀所作《倉頡》十五篇也。」按史籀作《大篆》十五篇，李斯作《倉頡篇》，鍇誤。今《説文》十四篇、五百四十部、九千三百五十三字，其數似與此志所謂籀書九千字以上相合，但《説文》或取古文，或取大篆，或取小篆，許氏以意參酌而定之，並非專取《史籀》者，數雖似合，實不可牽而爲一，況《史籀》十五篇，建武亡六篇，當許氏時已無全本，許氏豈能盡遵用之？餘詳予所著《蛾術編·説字》門。

此志下文云：「《史籀篇》者，周時史官教學童書也，與孔氏壁中古文異體。」《説文序》云：「宣王太史籀著《大篆》十五篇，與古文或異。至孔子書《六經》，左丘明述《春秋傳》，皆以古文。」所謂「古文」者，黄帝史官倉頡所作，乃書之本也。史籀所作即是周代之通俗文字，與古文並行。彼時書即自有兩體，但《志》直云「與古文異體」，而《説文序》云「或異」，下一「或」字極有斟酌，蓋雖變古不全異也。此《志》下文云「《蒼頡篇》多古字」，李斯等所作尚然，況《史籀》乎？孔子憲章文、武，夢見周公，文、武、周公但知有古文而已，孔子書《六經》，用古文不用籀文者，不但好古，即所以從周。

校讀記

［一］《時變》篇。

試學童六體首古文誤

「蕭何又以六體試學童之爲史者，課最者以爲尚書御史史書令史。六體者，古文、奇字、篆書、隸書、繆篆、蟲書，皆所以通知古今文字」，而許氏《説文・自序》則謂：「秦李斯省改史籀《大篆》作小篆，又有隸書，以趨約易，而蒼頡古文絶矣。自爾秦書有八體，一大篆，二小篆，三刻符，四蟲書，五摹印，六署書，七殳書，八隸書。漢興，尉律學僮十七已上始試，諷籀書九千字乃得爲吏。又以八體試之，郡移太史并課，最者以爲尚書。亡新改定六書，一古文，孔子壁中書也；二奇字，即古文而異者；三篆書，即小篆，秦始皇帝使下杜人程邈所作也；四佐書，即秦隸書；五繆篆，所以摹印也；六鳥蟲書，所以書幡信也。」若依《漢志》，則是蕭何所以試學童者，即亡新所定六體，西漢與王莽無異制也。且古文是孔子壁中書，亦即蒼頡書，在西漢列于功令，人人傳習者矣。若依許氏，則六體乃王莽所定，西漢試學童者即秦八體，非六體也。二説大相矛盾。以予考之，許説是，《漢志》非也。八體與六體同者四，小篆、蟲書、摹印、隸書也，置勿論。八體有六體無之刻符、署書、殳書，其體茫昧，亦置勿論。若大篆，亦八體有六體無，據《説文》以爲史籀所作，與古文異，秦人廢古文，遂以大篆居首，蕭何本秦時刀筆吏，自宜沿襲秦故，王莽雖好古，不應廢大篆。其六體中古文、奇字之下即當繼以大篆，然後及小篆，乃竟去大篆而不列六體中者，小篆即係省改大篆，舉此該彼，無煩複出，故總名「篆書」耳。其實六體中兼包大篆，非真無也，許氏亦舉小篆該大篆耳。惟古文及奇字秦時已絶，直至王莽始復出，西漢無之，故六體有八體無，漢試學童用八體非六體，許説是，《漢志》非也。

凡論文字，必以許慎爲正，班雖在許之前，且曾續楊雄《訓纂》，亦是小學家，不專是史家，但究係史才長小學短，考之不審，不如許氏確也。且僞孔安國《尚書序》云：「魯共王好治宫室，壞孔子舊宅以廣其居，于壁中得所藏古文虞夏商周之書及傳《論語》、《孝經》，皆科斗文字。科斗書廢已久，時人無能知者。」此所謂「科斗文」，即倉頡古文，此序出西晉皇甫謐假託，然謂西漢人無能知古文則是也。《太史公自序》云：「周道廢，秦撥去古文，焚滅《詩》《書》，明堂石室金匱玉版，圖籍散亂。」《水經·泗水》篇酈道元注引《晉書·衛恒傳》：恒作《書勢》，皆謂古文絶于秦。[一]恒説亦見《三國·魏志·衛覬傳》注。漢興而人不識古文，故逸在秘府，不立學官，哀帝時劉歆欲立古文，帝令與《五經》博士講論，博士不肯置對，深閉固距，以不誦絶之。杜林得漆書古文，語其徒云：「古文不合時務。」可見古文遭秦而絶，蕭何安能以此試學童、著之律令乎？閻氏若璩闢僞古文《尚書》最精，因此遂駁僞序，據《藝文志》謂西漢時人人習古文，[二]則誤也。

《平紀》：「元始五年，徵天下通知小學、《史篇》者，在所爲駕一封軺傳，遣詣京師。」又《王莽傳》：「莽奏徵天下通《史篇》文字者皆詣公車，令記説廷中。」孟康注曰：「《史篇》，史籀所作十五篇，古文書也。」師古曰：「周宣王太史籀所作大篆書也。」籀所作是大篆非古文，師古是，孟康非也。《莽傳》所載與《平紀》是一事，據此可見王莽方求能通大篆之人，所定六體必不反遺大篆，蓋總稱「篆書」，其中即兼大篆也。蕭何草律，既著諷籀書九千字得爲吏，則西漢時傳習甚盛，何煩特求能通者？蓋習者雖多，能通《史篇》十五篇者則少耳。

所謂「尚書御史史書令史」者，謂給事尚書御史之令史能爲籀書者耳。臣瓚曰：「史書，今之太史書。」未詳「太史書」何義也。

《元紀》贊曰：「元帝多材藝，善史書。」應劭注曰：「周宣王太史史籀所作大篆。」又《王尊傳》：「少善史書。」又《貢禹傳》：「武帝時盜賊起，郡國擇便巧史書者以爲右職，俗皆曰：『何以禮義爲，史書而仕宦。』」又《西域傳》：「楚主侍者馮嫽能史書。」又《外戚傳》：「孝成許皇后聰慧善史書。」《後書·安帝紀》：「年十歲，好學史書。」又《皇后紀》：「和熹鄧皇后六歲能史書。順烈梁皇后少好史書。」又《章八王清河孝王慶傳》：「安帝所生母左姬，字小娥，善史書。」又《齊武王縯傳》：「北海靜王興之子敬王睦善史書，當世以爲楷則。」《明八王傳》：「樂成靖王黨善史書，喜正文字。」《魏志·管寧傳》：「潁川胡昭，字孔明，善史書，與鍾繇、邯鄲淳、衛顗、韋誕並有名尺牘之迹，動見模楷。」《晉書·隱逸傳》：「郭荷字承休，略陽人，善史書。」

校讀記

[一]《水經注》從未引及《晉書·衛恒傳》，此處疑有脱誤。

[二]見《尚書古文疏證》卷七第一百七條。

三蒼以下諸家

「《蒼頡》七章者，秦丞相李斯所作也。《爰歷》六章者，車府令趙高所作也。《博學》七章者，太史令胡母敬所作也。文字多取《史籀篇》，而篆體復頗異，所謂秦篆者也。漢興，閭里書師合《蒼頡》、《爰歷》、《博學》三篇，斷六十字以爲一章，凡五十五章，并爲《蒼頡篇》。武帝時司馬相如作《凡將篇》，無複字。元帝時黄門令史游作《急就篇》，成帝時將作大匠李長作《元尚篇》，皆《蒼頡》中正字也。《凡將》則頗有出矣。至元始中，徵天下通小學者以百數，各令記字于庭中，楊雄取其有用者以作《訓纂篇》，順續《蒼頡》」，案《説文序》云：「楊雄作《訓纂篇》，凡《蒼頡》以下十四篇，凡五千三百四十字，羣書所載略存之矣。」愚考《蒼頡篇》不見篇數，此於《訓纂》下言「《蒼頡》以下十四篇」，似《訓纂》篇數部分悉從《蒼頡篇》也。但只五千三百四十字，比《史籀》反少，未詳其故。《史篇》不知亡於何時，又并三《蒼》以下諸家盡亡之，《急就》雖存，非其要者，而《説文》遂爲小學之冠矣。要之，《説文》從《史篇》溯原而上，兼取古文，又復下參秦篆，會通古今，既精且博，所收之字比楊雄又甚多，固已美備，況又當諸家盡亡之後，欲求識字，舍此奚適邪？唐宋元明知尊信《説文》者絶少其人，甚至如鄭樵譏《説文》止得象形、諧聲二書，六書失其四，何其妄也。予謂欲讀書必先求識字，欲識字必先通《説文》，後生淺涉，未得其門，須先將《漢志》此一段與《説文》序及慎子冲上書參互紬繹，以考字書之來歷，然後將五百四十部詳加研究，則文字明矣。若從《玉篇》、《廣韻》、《集韻》、《類篇》問津，豈不茫無畔岸哉？

予別有《蛾術編》，分十門，第一門《説録》，全以《藝文志》爲根本，就中《尚書》古文是予專門之業，而小學則尤其切要者，今先摘論之，餘在《蛾術》，此不具。

漢藝文志考證[一]

王應麟《漢藝文志考證》十卷，所采掇亦甚博雅，但此志以經爲要，考得漢人傳經原流、説經家法明析，且分別其是非美惡，俾後學識取途徑，方盡其能事，此則未能也。於《易》，亦知推尊象數，然未能標舉孟喜、京房爲宗，又未能將後漢之鄭康成荀爽、吴之虞翻三家與孟、京異流同原處發揮之。於《書》，則全不知漢人真古文，反信孔穎達、陸德明妄説，以爲張霸僞作，至於朱文公以《書序》爲非孔子作，胡五峰以《康誥》爲武王命康叔，此等亦竟信而收載之。於《詩》，不專尊毛氏，反拳拳於魯、齊、韓，亦不得其要領。至采及所謂李氏說，詆鄭箋繁塞而其失愈多，鄭長《禮》學，以《禮》訓《詩》，是按迹而議性情。如此妄談，取之奚爲？其於本原之地未曾究通，則博雅乃皮毛耳。歙縣金修撰榜語予曰：「不通《漢·藝文志》，不可以讀天下書。《藝文志》者，學問之眉目，著述之門户也。」修撰經術甚深，故能爲此言，予深嘆服。自唐高宗、武后以下，詞藻緐興，經業遂以凋喪，宋以道學矯之，義理雖明而古書則愈無人讀矣。王氏亦限於時風衆勢，一齊衆咻，遂致茫無定見。要意求切實於宋季朋輩中，究爲碩果僅存，若某鉅公者，於《禮古經》下所云「《記》一百三十一篇」等本《禮記》也，而以爲《儀禮》，於后蒼《曲臺記》戴德、戴聖、慶普及曹裒父子之學皆《儀禮》也，而反以爲《禮記》，於《左氏春秋經》則載之於《公羊》、《穀梁》，不知其別自有經，遂删去之，何異眯目而道白黑者乎？此其病痛正坐不善讀《藝文志》耳，又不如應麟遠矣。

校讀記

[一]周中孚《鄭堂讀書記》卷三十二《漢藝文志考證十卷》條全抄西莊此則。

十七史商榷卷二十三

漢書十七

名字郡縣義例不定

《後書·班彪傳》：「彪繼《史記》作後傳數十篇，略論曰：『司馬遷序司馬相如，舉郡縣，著其字，至蕭、曹、陳平之屬，及董仲舒並時之人，不記其字，或縣而不郡者，蓋不暇也。今此後篇，慎覈其事，整齊其文。』」師古注云：「《史記》衛青平陽人，張釋之堵陽人，並不顯郡之類。」[一]愚謂《史記》風氣初開，例不畫一，宜矣。至班氏父子，既已慎覈整齊矣，乃考之《漢書》則又有不然者。如杜周南陽杜衍人，嚴助會稽吳人，司馬相如蜀郡成都人，此郡與縣俱具者，如李廣隴西成紀人，[二]《地理志》成紀屬天水郡不屬隴西，此郡縣皆具而郡誤書者。或據廣時制，後分割他屬。如蘇建杜陵人，兒寬千乘人，賈誼雒陽人，此但言縣無郡者；如張騫漢中人，陳壽云：「漢中成固人。」[三]卜式河南人，直不疑南陽人，終軍濟南人，此但有郡無縣者；如路温舒鉅鹿東里人，衛綰代大陵人，此但言縣無郡，而又著其鄉者；如東方朔平原厭次人，此以後縣書前人者。師古曰：「《高祖功臣表》有厭次侯爰類，厭次之名，其來久矣，説者乃云後漢始爲縣，於此致疑，斯未通也。」按厭次之名雖久，而《地理志》平原郡無厭次縣，或者疑之是也。此必平原一鄉亭之名，後漢爲縣，故追書之。如李廣利全無郡縣，如石奮則云其先趙人，如衛青則云其父鄭季，河東平陽人，此又其變者。至司馬遷則用其《自叙》云遷生龍門，義例皆未定。竊謂宜畫一書某縣人，縣有名同者則冠郡。

《史記》因英布曾犯罪而黥，遂稱黥布，《漢書》因田千秋乘小車號車丞相，遂稱之爲車千秋，漢人之隨意立文如此，若唐、宋以後則必無此矣。

或有字，或無字，參差不一，董仲舒一代大儒，公孫弘、兒寬皆以文學致卿相而無字，殊不可解。若楊王孫者既爲傳矣，乃不但無字、無郡邑鄉里，且爲約略之詞曰「武帝時人」。漢人記事疏略，不似唐、宋以下之詳整，據常璩《華陽國志》第十卷載王孫事，以王孫爲城固人。

或郡縣皆具，或不具，本無義例，并非失其傳而不書，如傅介子北地義渠人，已見《趙充國傳》贊，而本傳但云北地人。

校讀記

[一]按此爲李賢《後漢書》注。

[二]李慈銘曰：「慈銘案：李氏無天水望，據《漢書》本傳言：『陵降匈奴後，隴西士大夫以李氏爲愧。』則廣爲隴西人可知。《漢志》既據元始以後所定郡縣爲言，則當廣時成紀必屬隴西也。」

[三]《漢書》卷六十一《張騫傳》師古注引陳壽《益部耆舊傳》云：「騫，漢中成固人也。」

項它

《項籍傳》：「韓信破齊，羽使從兄子項它爲大將，龍且爲裨將，救齊。」師古曰：「《高紀》云項聲，此云項它，紀傳不同，未知孰是。」考《高紀》於是役但書龍且，不言項聲，師古云云，不知何據，而南監板竟無此注，當是傳寫脱去。考其實，則當作項聲，《紀》所以不言者，以傳中可互見，且羽雖不信人，以項氏子監軍而龍且實主兵，故其叙事皆據龍且無項聲也。《史記·項羽紀》及荀悦《漢紀》亦皆但有龍且，而《史記·高紀》則又以是役爲龍且與周蘭二人，《曹參傳》叙此事云「從韓信擊斬龍且，虜亞將周蘭」，《灌嬰傳》略同，皆與《史記·高紀》合。若然，則是役楚所遣將凡有三人矣。今姑勿論，惟項聲、項它二人皆是楚將，其戰事散見於諸紀傳中者甚多，觀《高紀》楚使項聲、龍且攻黥布，《曹參傳》有東擊龍且、項佗定陶，破之，與《灌嬰傳》擊項羽將龍且、魏相項佗軍定陶南，破之，是一事，然則二人皆嘗與龍且同事，所以史書致誤。其實《灌嬰傳》降彭城虜柱國項佗，其事在破斬龍且之後，相距甚遠，項它如果與龍且同救齊，其時且死，周蘭被獲，全軍盡没，不應它獨得免，安然在楚，直至彭城方始被虜，故知救齊乃項聲，非它也。

二府三府四府五府

《劉向傳》：「二府奏佞諂不當在位。」如淳曰：「二府，丞相、御史也。」御史者，御史大夫省文耳。《後書·何敞傳》竇憲刺殺都鄉侯暢，敞説太尉宋由曰：「二府以爲故事，三公不與盜賊。」注：「二府，謂司徒、司空。司徒即丞相，司空即御史大夫，亦稱兩府。」《杜延年傳》：「常與兩府及廷尉分章。」如淳曰：「兩府，丞相、御史也。章有所疑，使延年決之。」《車千秋等傳》贊：「丞相、御史兩府之士不能正議。」《趙充國傳》：「兩府白遣義渠安國行視諸羌。」《蕭望之傳》：「張敞請入穀贖罪，望之以爲不可，天子下其議兩府，丞相、御史以難敞。」《薛宣傳》：「宣考績功課，簡在兩府。」《翟方進傳》：「司隸校尉初除，謁兩府。」是也。亦稱「大府」，《杜周傳》：「周爲廷尉，詔獄益多，郡吏大府舉之廷尉。」師古曰：「舉，皆也。言郡吏、大府獄事皆歸廷尉也。郡吏，太守也；大府，丞相、御史之府也。」是也。《淮南王安傳》：「安欲反，先作丞相、御史大夫印。」《伍被傳》：「被爲淮南王畫反計，詐爲丞相、御史書，請徙豪桀。」《陳湯傳》：「丞相匡衡、御史大夫繁延壽論郅支王首勿縣。」《于定國傳》：「宣帝即位，數引見丞相、御史。」《丙吉傳》：「虜入邊，詔召丞相、御史。」《車千秋傳》：「詔丞相、御史督二千石。」《賈捐之傳》：「上以問丞相、御史。」《東方朔傳》：「丞相、御史知指。」此類甚多，皆以丞相、御史並言，不可枚舉。《霍光傳》廢昌邑王，羣臣連名奏太后，首丞相楊敞，次大司馬、大將軍霍光，車騎將軍張安世，度遼將軍范明友、前將軍韓增，後將軍趙充國，以下即次以御史大夫蔡誼，蓋大司馬有時冠三公之首，而將軍亦介其間。要之，二府爲政本，丞相固助理萬機，而御史大夫即佐之，故《朱雲傳》華陰守丞嘉薦雲試守御史大夫，云御史之官，宰相之副，九卿之右。又雲爲槐里令，丞相韋玄成奏其亡狀，雲自訟，而御史中丞陳咸與相善，爲求下御史中丞，事下丞相，丞相乃考其罪。可見漢時二府權重，有大事必下二府治之，御史大夫副宰相，在九卿之右，而中丞權亦幾與相埒也。

《後書》則多稱「三府」，《承宫傳》：「三府更辟皆不應。」注：「三府，謂太尉、司徒、司空府。」《郎顗傳》：「今選舉牧守，委任三府。」注：「三公也。」《賈琮傳》：「中平元年，交阯屯兵反，執刺史太守。靈帝特勑三府精選能吏。」《朱浮傳》：「舊制：州牧奏二千石長吏不任位者，事先下三公。光武明察，不復委任三府。」《陳元傳》：「大司農江馮言宜令司隸校尉督察三公，事下三府。」《寒朗傳》：「章帝召見朗，詔三府爲辟首。」又《通鑑》後漢顯宗永平十四年御史寒朗理楚王英事，帝曰：「何以不與三府議？」胡三省曰：「三府，太尉、司徒、司空府也。」是也。亦稱「三司」，《後書・胡廣傳》廣一履司空，再作司徒，三登太尉，所辟命皆名士，與故吏陳蕃、李咸並爲三司。《鄭康成傳》：「舉賢良方正有道，辟大將軍三司府。」此「三司」亦謂太尉、司徒、司空，蓋古以司徒、司馬、司空爲三公，後雖改名太尉，而太尉即司馬，故云「三司」也。合大將軍亦稱「四府」，《後書・趙典傳》：「建和初，四府表薦。」注：「四府，太尉、司徒、司空、大將軍府也。」《質帝紀》：「四府掾屬通經者各令隨家法。」《和熹鄧皇后紀》：「選四府掾史，詔東觀讎校傳記。」《應奉傳》：「四府舉奉才堪將帥。」是也。亦有以三公并太傅稱之者，《後書・虞詡傳》注：「四府，謂太傅、太尉、司徒、司空之府也。」是也。或稱「五府」者，《後書・樊宏傳》：「宏族曾孫準，永初之初，上疏曰：『五府調省中都官吏京師作者。』」注：「五府，謂太傅、太尉、司徒、司空、大將軍也。」是也。《晉書・職官志》云：「開府儀同三司，漢官也。殤帝延平元年，鄧騭爲車騎將軍，儀同三司。儀同之名始自此也。及魏黄權以車騎將軍開府儀同三司，開府之名起于此也。」愚謂「儀同三司」者，蓋言其儀同於三司耳。

《唐書・百官志》：「凡鞫大獄，以尚書侍郎與御史中丞、大理卿爲三司使。」此「三司」則與上兩條「三司」大不同。

尚右

尚右、尚左之説，紛紛不一，《王陵傳》云：「陳平以位讓周勃，迺以勃爲右丞相，位第一，平徙爲左丞相，位第二。」此漢人尚右之明文，故《高紀》云：「漢廷臣無能出其右者。」師古曰：「古以右爲尊，故云。」《諸侯王表》云：「作左官律。」師古曰：「漢依上古法，朝廷之制以右爲尊，故謂仕諸侯爲左官。」《文紀》云：「右賢左戚。」師古曰：「以賢爲上，然後及親。」《周昌傳》：「高帝使昌爲趙相，曰：『吾極知其左遷。』」《灌夫傳》：「貴戚在己右，必陵之，在己左，益禮敬。」合而觀之，漢人尚右則誠然矣。若謂本當如此，自古皆然，則師古之妄也。天左旋，日月五星右旋，天貴乎，日月五星貴乎？天道尊左，地道尊右，見《内則》「道路男子由右，女子由左」鄭康成注。天貴乎，地貴乎？左陽右陰，左生長之方，右肅殺之地，故大明生於東，月生於西，陽貴乎，陰貴乎？《内則》：「子生翦髮爲鬌，男左女右，男拜尚左手，女拜尚右手」，男貴乎，女貴乎？其當尚左顯然，所以有尚右者，其説有二：吉事尚左，凶事尚右。吴仁傑《兩漢刊誤補遺》據《檀弓》孔子有姊之喪，故拱而尚右，并誨弟子以當尚左，又兵車則尚右，乘車仍尚左，漢初人習于兵革，故相沿尚右，其説確矣。又一説則仁傑不知也。古宮室之制，前堂後室，室中以東向爲尊，户在其東，南牖在其西，南堂以南面爲尊，王位在户外之西、牖外之東，所謂户牖之間，南嚮之坐也。以《尚書·顧命》篇、《爾雅·釋宫》篇、《禮記·明堂位》篇、《毛詩·斯干》篇及《儀禮》各篇經注疏參之，人君在堂上南面臨羣臣，自然東爲尊，西爲卑。及入户至室中，在東者近户出入處，其勢又以坐西而東向者爲尊矣，而分侍兩旁者，則北爲上、南爲下也。漢近古，宫室之制未大變，故《周勃傳》：「勃不好文學，每召諸生説士東鄉坐責之。」如淳曰：「勃自東鄉，不以賓主之禮也。」《田蚡傳》：「蚡坐其兄蓋侯北鄉，自坐東鄉，以爲漢相尊，不可以兄私橈。」《蓋寬饒傳》：「平恩侯許伯入第，公卿皆賀，寬饒不行，許伯請之，乃往從西階上，東鄉特坐。」師古曰：「自尊抗無所詘。」此皆在室中也。若《史記·項羽紀》「沛公見項王鴻門，項王東嚮坐，亞父南嚮坐，沛公北嚮坐，張良西嚮侍」，其坐次尊卑歷然，而侍則立而不坐爲最卑矣。此雖在軍中，要之亦仿室中之制，凡此諸文皆尚右，於禮未嘗不合，乃并堂上亦尚右，則泥古而誤者。師古顧謂古制朝廷一槩尚右，豈不謬哉？

古者堂上有東西序，而南一面則空無門户，惟室乃有之，而室與堂相連比，漢猶如此，唐、宋以來則堂有厢而無序者多，其南一面皆爲門不空，而室之户牖則隨便安設，不拘何面，且亦堂自爲堂、室自爲室，不相連比矣。《論語·鄉黨》云：「疾，君視之，東首加朝服，拖紳。」包咸曰：「夫子之疾，處南牖之下。」皇侃疏云：「病本當在北壁下，君既來，而君不宜北面,故移處南窗之下,令君入户而西轉面得南向視之也。」《龔勝傳》:「王莽遣使奉璽書迎勝,使者欲令勝起迎,久立門外,勝稱病篤,爲牀室中,户西南牖下,東首加朝服拕紳,使者入户西行南面立致詔付璽書。」此事正與《鄉黨》同,蓋勝雖不欲出迎,猶以臣道自處,莽使者直以君道臨之。觀此,則漢宫室與春秋同,惟其如此,所以有尚右一説,而槩主尚右則沿襲之訛,至於《外戚·孝哀傅皇后傳》:「哀帝崩,王莽白太皇太后下詔曰:『定陶共王太后與至尊同稱號,終没至,迺配食於左坐。』」應劭曰:「若禮以其妃配者也,坐於左而並食。」顧氏曰:「終没配食左坐,謂合葬渭陵,配食元帝。」[一]蓋廟中之室亦東向爲尊,配食左坐仍是旁侍非並坐。

《新五代史·附録》:「契丹大會聚,視國事,皆以東向爲尊。」此固不可謂之合于古。

校讀記

[一]《日知録》卷二十七《漢書注》條,黄汝成《集釋》又引西莊此條注之。又按:陳垣有《尚左尚右淺釋》一文,可以參看,載其《史源學雜文》。

屠渾都

《周勃傳》:「勃擊盧綰,得綰大將抵、丞相偃、守陘、太尉弱、御史大夫施屠渾都。」師古曰：「姓施屠，名渾都。」按《史記索隱》曰：「施，名也。屠，滅之也。《地理志》渾都縣屬上谷。」師古之妄謬如此。

十七史商榷卷二十四

漢書十八

五德

《張蒼傳》：「蒼推五德之運，以爲漢當水德之時，上黑。蒼爲丞相十餘年，魯人公孫臣上書，陳終始五德傳，言漢土德，其符黃龍見。蒼以爲非是，罷之。其後黃龍見成紀，文帝召公孫臣爲博士，草立土德時曆制度。」張晏曰：「以秦水德，漢土勝之。」《賈誼傳》：「誼以爲漢宜改正朔，數用五，色上黃。」贊曰：「誼欲改定制度，以漢爲土德，其術已疏矣。」案秦人用水德，本自訛舛不可承，况五德取相生，不取相尅，即欲承秦，何爲以土勝之？張蒼固非，而公孫臣、賈誼亦非，故贊曰術疏，説詳前。漢當爲火德，亦見荀悦《漢紀》第一卷。

漢初人才已盛

曹參攻城野戰，身被七十創，疑其專以摧堅陷陣爲能。及其以清淨爲治，遂致「畫一」之歌。申屠嘉材官蹶張，能折辱鄧通，得大臣體。漢初大亂初平，人心甫定，文學未興，風氣猶樸，而人才已盛如此。傳世之遠，所自來矣。

北魏

《酈食其傳》：「破北魏。」師古曰：「謂魏豹也。梁地既有魏名，故謂此爲北。」案項王前此已封豹爲西魏王，西北通稱。

箕踞

《陸賈傳》：「尉佗箕踞。」師古曰：「伸其兩脚而坐，其形如箕。」蓋古人無交椅，席地坐皆危坐，以伸其脚爲不敬。今人雖不席地，而北方多用牀上坐，謂之盤膝坐，此尚合古禮，不伸脚。若南人皆坐交椅，背及兩手皆有倚，無不伸脚者矣。《雋不疑傳》：「見暴勝之，登堂坐定，不疑據地」云云，古人所坐席皆布於地，故不疑據地致敬，知漢無椅式也。

椅本木名，見《説文》卷六上《木部》，注云：「梓也。」《毛詩・小雅・湛露》篇：「其桐其椅。」釋文：「椅，於宜反。」是也。《新五代史・晉臣景延廣傳》：「延廣進器服鞍馬茶牀椅榻。」以「椅」字爲人所坐呼若倚音，始見於此。宋王銍《默記》云：「南唐李後主被虜後，徐鉉往見，老卒取椅子相對，鉉曰：『但正衙一椅足矣。』李主出，鉉辭賓主禮，引椅偏乃坐。」又無名氏《宣政雜録》云：「宣和初，京師伎者以長竿繫椅於杪，伎者坐椅上。」又周煇《清波雜志》云：「紹興十三年，再興太學，吕縈義爲上庠録投進，倡和詩有影妻椅妾語。」〔二〕又葉夢得《石林燕語》云：「殿廬幕次，三省官爲一幕，樞密院爲一幕，兩省官爲一幕，尚書省官爲一幕，御史臺爲一幕，中司則獨設椅子，坐於隔門之内。」又張端義《貴耳録》云：「今交椅，古胡牀也。自來只有栲栳樣，秦太師始製荷葉託首曰太師樣。」據此諸文，知椅起唐末而盛於宋，假借木名之字用之。

椅非胡牀，張端義誤也。古人坐雖在地，寢固有牀，見《小雅・斯干》篇，其後則坐亦用牀矣。《三國・魏志・蘇則傳》「則從文帝獵，槎桎拔，失鹿，帝大怒，踞牀拔刀」云云，何氏焯云：「據宋本，『牀』上有『胡』字，胡牀三國已有。」何説如此，其實已起漢末。《後書・向栩傳》云：「坐板牀，積久，板乃有膝踝足指之處。」《三國・魏志・管寧傳》注引《高士傳》曰：「管寧自越海及歸常坐一木榻，積五十餘年，未嘗箕股，其榻上當膝處皆穿。」此皆危坐不伸脚，正如今所謂盤膝坐。若椅則小於牀，不可盤膝，無不伸脚者，知椅非胡牀也。

今人所用桌，蓋與胡牀同起，古人坐於地下，藉席前據几，坐席固不用椅，而几則如《書》所謂「凴玉几」、《詩》所謂「授几有緝御」之類，其制甚小，今桌甚大，俗名「八仙桌」，謂可坐八人同食，與几雖相似，實大不同。案文似从木、卓省聲，而字書皆不收。明宣德中，嘉定章黼道常作《韻學集成》第十卷「卓」字注：「古作桌。」未詳。凡文字著述從無用者，文義鄙陋，誠覺難用。《説文・木部》有「机」字，此亦木名，與「几席」之「几」無涉，而突見於《三國志・華歆傳》，彼時既有胡牀，覺小几頗不適用，别製高大者，而規制與几不同，未便仍其故，故用「机」字以代，此與借「椅」爲坐具同，與其從流俗妄造鄙陋不通之「桌」字，毋寧依《三國志》。

合而考之，周、漢以前席地坐凴几，寢則有牀，漢末三國坐始有胡牀，几制亦大變，文作「机」，然尚無小交椅，直至唐末五代始有之。

校讀記

［一］見卷十二。按原文云：「紹興十三年，再興太學，吕縈義尚在，累舉得光州助教。及摭舊記，益未備，爲八十一條，更名《上庠録》投進，而唱和詩《影妻椅妾》，蓋以影爲妻，故以椅爲妾，四篇疑後來附入者。」劉寂潮先生《校注》謂「蓋以影爲妻，故以椅爲妾」十字當爲自注。

叔孫通聖人

叔孫通爲秦二世博士，亡去，事項梁，梁敗，從懷王，王徙長沙，留事項羽，羽亡，降漢，面諛親貴，轅固所譏曲學阿世，通之謂矣。及薦諸生爲郎，賜之五百金，諸生遂稱爲聖人，歐陽子《五代史》述馮道事，乃云「當時謂之聖人」，正此意。

輿地圖

《淮南王安傳》：「日夜與左吳等按輿地圖。」蘇林曰：「輿猶盡載之意。」《後書·明八王傳·陳敬王羨傳》亦云：「案輿地圖，令[一]諸國户口皆等。」愚謂《孟子》「晉之《乘》」趙岐注：「興於田賦乘馬之事，因以爲名。」朱子兼採或説云：「取載當時行事而名。」[二]或説頗通，正與蘇林合。《孟子》本列諸子，不必拘家法，趙岐漢之俗儒，不盡可從也。宋地記家歐陽忞、祝穆、王象之等所作，皆以「方輿」、「輿地」爲名，出于此。

校讀記

[一]「令」原誤作「今」，據《後漢書》改。

[二]引《孟子》，見《離婁》下。朱子《孟子集注》卷八引或説。

爽

《賈誼傳》：「下數被其殃，上數爽其憂。」沈彤曰：爽，甚也。謂下疑上則必反，而上必甚其憂也。爽有猛烈意，是甚之義。如淳曰：「忒也。」與上文不貫。

他所

「諸侯之地其削頗入漢者，爲徙其侯國及封其子孫也，所以數償之」，師古曰：「徙其侯國，列侯國邑在諸侯王封内而犬牙相入者則正其疆界，令其隔絶也。封其子孫者，分諸侯王之國邑各自封其子孫，而受封之人若有罪黜其地皆入於漢，故云頗入也。償者，謂所正列侯疆界有侵諸侯王者，則漢償之。」南監同。沈彤云：「也」當作「他」，連下「所」字句絶，謂諸侯或以罪黜，其地被削，多入于漢者，若即其所存地建國，則國小而其子孫有不得侯者，故爲之徙其侯國，并封其子孫他所，如其被削之數償還之也。注誤。

植遺腹

顧氏曰：「植遺腹，必古有此語，所謂君死而世子生者也。季桓子命其臣正常曰：『南

孺子之子，男也，則以告而立之。』」[一]

校讀記

[一]見《日知録》卷二十七《漢書注》條。

一堂二内

《鼂錯傳》論募民徙塞下云：「古之徙民先爲築室家，有一堂二内。」張晏曰：「二内，二房也。」案鄭康成謂古者天子諸侯有左右房，大夫、士則但有東一房、西一室，無左右房。房者，旁也，在室兩旁也。其制與室不同之處，尚未能詳析，而大約總以鄭説爲可據。今此論徙民似指庶民居多而容或亦有大夫士，蓋前爲堂，後爲室，而室之東旁爲一房，此大夫至庶人皆同者。張晏混言二房，非也。此事詳《尚書·顧命·後案》，予又别有論著。

舉賢良

詔舉賢良文學士，鼂錯在選中，此事有三論：錯爲隴西太守公孫昆邪所舉，昆邪事見其孫賀《傳》，又作「渾邪」，嘗著書，見《藝文志》陰陽家。錯非隴西人，又未嘗爲隴西官屬，而隴西太守舉之，一也。詔列侯九卿郡守舉人，而錯爲平陽侯等及廷尉宜昌、太守昆邪所舉，則是一人之身，必備有三項舉主，方許其對策，一也。錯時已爲太子家令，秩八百石，又應試，唐、宋亦倣此，非如明制，一賜及第出身，終身無再對策事，三也。

古音

「配天象地，覆露萬民。絶秦之迹，除其亂法。躬親本事，廢去淫末。除苛解嬈，寬大愛人。肉刑不用，辠人亡帑。非謗不治，鑄錢者除。通關去塞，不孽諸侯。賓禮長老，愛恤少孤。辠人有期，後宮出嫁。尊賜孝悌，農民不租。明詔軍師，愛士大夫。求進方正，廢退姦邪。除去陰刑，害民者誅。憂勞百姓，列侯就都。親耕節用，視民不奢」，按此一段皆用古音，「除苛」以下八字當在「萬民」之下，如此則韻皆合。

鼂錯所緣坐

「丞相青翟等劾奏鼂錯，要斬，父母妻子同産無少長皆棄市」，錯之罪即如其劾奏之説，迴非謀反大逆可比，何至是。且上文方頌罪人亡帑，此遽斬同産耶？蓋車裂、腰斬、具五刑、夷三族，皆秦之酷法，漢初沿襲行之，韓信、彭越、英布皆受此，至《文紀》元年冬十二月盡除收帑相坐律令，十三年夏五月除肉刑法矣。然景帝於鼂錯，武帝於郭解、主父偃、公孫賀、李陵、李廣利、公孫敖、任安、田仁、劉屈氂，猶皆腰斬夷族，則《文紀》云云，徒虚語耳。

王恬咸

《張釋之傳》：「中尉條侯周亞夫與梁相山都侯王恬咸見釋之持平，結爲親友」，南監同。沈彤曰：「王恬」下「咸」字誤，據《功臣表》有山都貞侯王恬啓，《史記》作「開」，「開」即「啓」也。「咸」當作「啓」，連上句絶。

淮陽郡

《汲黯傳》拜爲淮陽太守，黯自言「棄逐居郡」云云，其下文又云「居郡政清」，又言「上令黯以諸侯相秩居淮陽」，則淮陽是郡名明矣。而今《地理志》有淮陽國，無淮陽郡，注但云「高帝十一年置，屬兖州」，絶不見其曾爲郡。愚以《異姓諸侯王表》、《諸侯王表》及《高五王》、《文三王》、《景十三王》、《宣元六王》等傳考之，高帝之子友以高帝十一年始立爲淮陽王，至惠帝元年徙王趙，是爲趙幽王，則淮陽國除爲郡矣。惠帝薨，高后以假立惠帝之子强爲淮陽王，强死，又以武代，文帝立，武被誅，則淮陽國又除爲郡矣。其後文帝之子武以文帝三年又立爲淮陽王，王十年而徙梁，是爲梁孝王，則淮陽國又除爲郡矣。其後景帝之子餘以景帝二年又立爲淮陽王，王二年而徙魯，是爲魯共王，則淮陽國又除爲郡矣。其後宣帝之子欽以宣帝元康三年又立爲淮陽王，是爲憲王，自立後傳子及孫，凡有國六七十年，至王莽乃絶。此郡始爲國，改爲郡，後復爲國，如此展轉改易凡八九次，終爲國。《地理志》以最後之元始爲據，故言國，而中間沿革則俱略去也。汲黯爲淮陽守當武帝時，而其前申屠嘉亦嘗爲之，見本傳及《爰盎傳》，此當惠帝元年以後國除爲郡之時；又司馬安亦嘗爲之，見《鄭當時傳》，灌夫亦嘗爲之，見本傳，田廣明與其兄雲中相繼皆嘗爲之，見《酷吏傳》，此則皆在武帝時；又韓延壽亦嘗爲之，此則在昭帝時。蓋自景帝四年爲郡，直至宣帝元康三年，爲郡者約九十年，故爲守之見於史者如此之多，若《鄭弘傳》兄昌爲淮陽相，此則在宣帝時憲王欽之國以後事矣。讀書貴貫串，今人憒眊善忘，顧此失彼，又性懶畏考核，宜乎史學之無人也。[二]尹齊爲淮陽都尉，見《酷吏傳》，亦在武帝爲郡之時，若國則不當有都尉。

校讀記

[一]李慈銘曰：「漢郡國之改益，此稍知讀書者皆能言之，不必張皇如是也。」

富態韻

《鄭當時傳》：「翟公署門：『一死一生，迺知交情。一貧一富，迺知交態。一貴一賤，交情乃見。』」「富」與「態」爲韻者，蓋古音未變，「富」本讀若「廢」也。

十七史商榷卷二十五

漢書十九

韓王相難

《韓安國傳》載其與王恢以伐匈奴相難，凡七往復，反覆千餘言，浮文寡要，乃後世好事者借此以騰駕蔓詞，效《戰國策》趙武靈王騎射習戰一篇，《史記》本無，班氏掇入，支贅可厭，殊不解其何取。

禮記

《藝文志》無《禮記》之名，然《説文・自序》説魯共王壞孔子宅而得壁中書，即有《禮記》，《河間獻王傳》叙王所得書中有《禮》，又有《禮記》，是前漢本有此稱，非始於鄭氏作注之時所題，但魯共王、河間獻王所得篇數多寡，則與大小戴所删未必同。

從讀縱

《李廣傳》：「將數十騎從。」張晏曰：「放從遊獵也。」師古曰：「張讀縱非，直言將數十騎自隨也。」按《史記》「將騎數十縱」，「從」字應如張解。《禮記·曲禮》篇：「欲不可從。」陸氏《釋文》云：「從，足用反。放縱也。」是也。

彌節

「彌節白檀」，李奇曰：「彌節，少安貌。」按「彌」與「弭」同，《九歌·湘君》章云：「夕弭節兮北渚。」王逸云：「弭，安也。」《司馬相如傳》：「楚王乃弭節徘徊。」郭璞曰：「弭猶低也，節所仗。節，信也。」

衛青報公孫敖

《衛青傳》言其微時大長公主執欲殺之，其友騎郎公孫敖往篡之，得不死。後爲大將軍出塞，李廣本以前將軍從，宜在前，當單于，青乃徙之出東道，使其回遠失道者，非但以其數奇，恐無功，實以公孫敖新失侯，欲令俱當單于，有功得侯以報其德，故徙廣乃私也。

終陽

《董仲舒傳》：「陽布施於上，主歲功，陰入伏于下，時出佐陽。陽不得陰之助，亦不能獨成歲，終陽以成歲爲名。」沈彤曰：「『終』上當有『陰』字，陰終陽本《易傳》地道無成而代有終義，然終陽之事即助其成功，故曰以成歲爲佐。『名』當作『佐』，形似而訛也。」按沈説近是，但《説文》無「佐」字，「又，手也」，「ナ，ナ手也」，「右，手、口相助也」，「左，手相左助也」。《周易・泰卦》「以左右民」鄭注、《尚書・皋陶謨》「左右有民」馬注皆以左右爲助，俗乃别作「佐」、「佑」，此文上下二「佐」字皆當作「左」，作「佐」者後人改，非班氏本文。未通小學不可説《五經》、《史》、《漢》。

選郎

仲舒對策云：「長吏多出於郎中、中郎，吏二千石子弟選郎吏，又㠯富訾，未必賢也。」詳翫此節，「中郎」句絶，「郎吏」句絶，其上文專言郡守縣令之重，長吏即守令，郎吏即郎中、中郎也。據其義，當云長吏多出於郎中，中郎選郎吏多出於吏，二千石子弟又以富訾，蓋選郎大約出任子筭貲二途者尤多，故未必賢，古人之文每如此，以横擔句法兼倒裝句法者也。王應麟《玉海》論此事云：「郎選其塗非一，有以父兄任子弟爲郎者，如張安世、爰盎、楊惲、霍光是也。有以富訾爲郎者，《張釋之傳》如淳注引《漢儀注》，謂訾五百萬得爲常侍郎，如釋之及司馬相如是也。有以獻策上書爲郎者，婁敬、主父偃是也。有以孝著爲郎者，馮唐是也。」愚謂《馮唐傳》但言其以孝著，非因孝行得爲郎，王説獨此條不確，其提綱是，而所舉之人多漏者，予已爲補入。其提綱亦漏者，漢有以舉孝廉爲郎者，如王吉、京房，各見本傳。孟喜見《儒林傳》。是也。有以射策甲科爲郎者，《儒林傳》云歲課甲科爲郎中如馬宫、翟方進、何武，各見本傳。召信臣見《循吏傳》。是也。有以六郡良家子爲郎者，如馮奉世是也。見本傳。大約漢之郎選，盡於此六途。應麟所舉任子、富訾兩條即是仲舒之所病，此外僅添兩條，而一條又誤，則應麟於考據之學尚疎。至於筭貲爲郎，始於漢初，事見《景紀》，並非入粟拜爵，而今人又往往誤解。竊謂後世薦舉人有身家殷實一條，乃其遺制耳。《食貨志》云：「入財者得補郎，郎選衰矣。」「郎選」二字與此同，但入財補郎，此乃武帝晚年事，仲舒對策當武帝即位初，時尚無此，不可牽以當之。

薛縣

《公孫弘傳》云：「菑川薛人。」今《志》菑川國無薛縣，薛縣乃屬魯國。彼國注云：「故秦薛郡，高后元年爲魯國。」據此注，秦時稱此郡爲薛郡者，當以其有薛縣而稱之，至漢因此郡屬縣有魯，是伯禽故國，故改爲魯國，而薛縣則不知何時曾改屬菑川，故弘得爲菑川薛人。《地理志》據最後元始爲定，故薛仍屬魯國，但各列傳每人書某郡縣人亦當據後定，乃偏據一時稱菑川薛，予前所論名字郡縣義例不定者，此亦其一也。東海郡下邳縣應劭曰：「邳在薛，其後徙此，故曰下。」所云邳在薛者，即魯國之薛也。東海下邳，今邳州。

公孫弘年

陳氏鵬年曰：「按《史記》公孫弘以建元元年辛丑徵爲博士，不合罷歸，年六十，至元光五年辛亥凡十一年，年七十一矣。是年即以博士爲左内史，元朔三年乙卯爲御史大夫，年七十五，五年丁巳十一月爲丞相，年七十七，元狩二年庚申三月薨，在相位二年餘，年八十。」[一]

校讀記

[一]王先謙《漢書補注》卷五八亦引陳氏此説。又按弘卒年實八十九，見錢大昕《三史拾遺》，參見葉廷琯《吹網録》卷一《公孫弘卒年》條。

北發

《公孫弘傳》：「北發渠搜，南撫交阯。」師古曰：「言威德之盛，北則徵發於渠搜，南則綏撫于交阯也。」此注文義極明妥，考其上下皆整對句法，則師古注是矣。渠搜有二，一在西戎，爲漢金城河關之西地名，則《禹貢》雍州所言者是；一在朔方，則此傳所言者是。此傳所言本出《禮三朝記》，《水經·河水》注引之，乃即以爲《禹貢》之渠搜則非。是古人言西北，雖往往通稱，而此既有兩地，則不可合，故《武紀》云「北發渠搜，氐羌徠服」，此以西北相對，玩彼應劭、晉灼、臣瓚注自明，而師古於彼注與《公孫弘傳》注同，其以「北發」爲地名國名者皆誤。若《史記·五帝本紀》云：「南撫交阯、北發、西戎、析枝、渠廋、氐、羌，北山戎、發、息慎，東長、鳥夷。」《索隱》以爲「北發」當作「北户」，而下三句則讀「羌」字、「慎」字、「夷」字句絶，然則彼下「發」字似衍，雖「南撫交阯」與此傳文同，而彼所謂「北發渠廋」與此傳亦皆無涉。

五百歲

《司馬遷傳》：「遷爲太史令，當太初元年，天曆始改，曰：『自周公卒五百歲有孔子，孔子至於今五百歲。』」按自孔子卒至太初元年實止三百七十七年，乃云五百歲，何也？蓋因孟子歷論道統之傳云：「由堯、舜至於湯五百有餘歲，由湯至於文王五百有餘歲，由文王至於孔子五百有餘歲。」唐、虞至周皆以五百歲爲期，故遷發此論，其言雖誇，而其尊慕孔子，則可以解先黄老後《六經》之疑矣。

亂倫

平陽公主與衛青合葬，猶之可也。館陶公主至與董偃合葬，則已甚矣，見《東方朔傳》。昭帝之姊蓋主夫亡後，私近丁外人，而詔外人侍主。江都王建女細君嫁烏孫昆莫，其孫岑陬欲尚之，主不欲而武帝詔從其俗，漢之亂倫如此。

楊惲

《楊敞傳》敞以給事霍光幕府，爲光所厚愛，致位宰相，而敞之子惲即以告霍氏反封侯，亦可謂傾危之士矣。

東閤

《朱雲傳》：「薛宣爲丞相，雲往見之，宣備賓主禮，謂雲曰：『在田野亡事，可留我東閤。』雲曰：『小生廼欲相吏邪？』」按公孫弘爲丞相，起客館，開東閤以延賢人。師古曰：「閤者，小門，東向開之，避當庭門而引賓客，以别於掾吏官屬也。」然則屬吏皆從當庭中門入，東閤相延正所以示敬，備賓主禮，非欲相吏也。而雲言乃如此，其彊項可見，但既若是之負高氣，不待其就而相請，輒先往見之，得無進退無據乎？

户牖法坐

《梅福傳》：「當户牖之法坐。」師古曰：「户牖之間謂之扆，言負扆也。法坐，正坐也。聽朝之處。」案「户牖之法坐」，即《尚書・顧命》篇所謂「牖間南嚮」是也，詳《後案》。

十七史商榷卷二十六

漢書二十

六郡良家子

「趙充國以六郡良家子善騎射補羽林」，師古曰：「六郡，隴西、天水、安定、北地、上郡、西河也。」《東方朔傳》：「建元三年，上始微行，與待詔隴西、北地良家子能騎射者期諸殿門。」則隴西、北地固在六郡之數，餘四郡無所見，而《馮奉世傳》武帝末奉世以良家子選爲郎，奉世上黨人而云良家子，然則六郡中何以無上黨？疑師古注未確。

罕幵

《趙充國傳》：「先零罕幵。」師古曰：「罕幵，羌別種。今羌姓有罕幵者。」罕幵，唐時既有此姓，則亦當有姓羌者，而書傳不載，今吾嘉定獨有此姓。

口錢

《貢禹傳》禹上書以爲古民亡賦算口錢，起武帝府藏耗竭，重賦於民，民産子三歲則出口錢，故民重困，宜令兒七歲去齒乃出口錢，年二十迺算。案《食貨志》田租口賦二十倍于古，漢取民所以比古若是之重者，半由增加口賦故也。若古之制，孟子謂「有布縷之徵，有粟米之徵，有力役之徵」三句盡之，安有口賦？《周禮·天官·太宰》「九賦」鄭康成注：「賦，口率出泉也。今之筭泉，民或謂之賦，此其舊名與？」《疏》引漢法民年二十五已上至六十，出口賦錢人百二十以筭。其實康成意不過因漢謂口錢爲口賦，故援以解「賦」字之義，見此九賦亦錢穀並出，非謂口錢三代已有也。口錢實始于漢耳。

韋傳附廟制

《韋賢》《玄成傳》末附論廟制凡四五千字，繁重已極，大非傳體。[一]《後漢書·祭祀志》蔡邕表曰：「宗廟迭毀議奏，國家大禮，班固録《漢書》，乃置《韋賢傳》末。臣以問胡廣，廣以爲實宜在《郊祀志》，去其中鬼神仙道之語，取《賢傳》宗廟事置其中，使祀事以類相從。」是古人已有議及者。劉昭又云：「國史明乎得失者也。孝武淫祀妄祭，疲耗蒼生，後王深戒。志之所取，於焉斯允。不先宗廟，誠如廣論，悉去仙道，未或易罔也。」昭此論尤佳。

校讀記

［一］《漢書知意》引西莊此條云：「按此説非也，説詳《郊祀志》。」輝按：詳具頁二十四。

魏相報仇

魏相爲河南太守，爲霍光所惡，下之廷尉獄，久繫始赦，後爲御史大夫，遂奏霍氏專權，舉發其弑許后事。雖未免報復私仇，然其言則是，未可以挾私訾之。

青紫

《夏侯勝傳》：「勝謂諸生曰：『經術苟明，取青紫如拾芥。』」師古曰：「青紫，卿大夫之服。」葉夢得曰：「漢丞相、太尉皆金印紫綬，御史大夫銀印青綬，此三府官之極崇者。勝云青紫謂此也。小顏但據當時所見，誤以爲卿大夫之服。漢卿大夫蓋未服青紫也。」［二］葉説是。《揚雄傳》：「析圭擔爵，懷符分禄。紆青拕紫，朱丹其轂。」注云：「青紫，謂綬之色。」此注則是，而二注自相歧。

校讀記

[一]見《避暑録話》卷下。

便面

《張敞傳》：「自以便面拊馬。」師古曰：「便面，所以障面，蓋扇之類。不欲見人，以此自障面，則得其便，故曰便面，亦曰屏面。今之沙門所持竹扇，上衺平而下圜，即古便面也。」《王莽傳》有雲母屏面，南齊褚淵以腰扇障日，《通鑑》注云：「腰扇，佩之於腰，今謂之摺疊扇。」[一]以上諸文參之，今之聚頭扇竹骨紙身者即此遺製。

校讀記

[一]見卷一百三十五。另參朱亦棟《羣書札記》卷二《便面》條。

孔子十四世孫

《孔光傳》：「孔子十四世之孫也。孔子生伯魚鯉，鯉生子思伋，伋生子上帛，帛生子家求，求生子真箕，箕生子高穿，穿生順，順生襄，襄生忠，忠生武，武生延年，延年生霸，霸生光。」案此言十四世乃連前後并及身而總言之，凡後人言譜牒者皆當以此爲例。沈約《宋書·自序》述其七世祖名延，延子賀，賀子警，警子穆夫，穆夫子林子，林子子璞，璞子即約，可證。蕭子顯《南齊書》以太祖道成爲漢相國蕭何二十四世孫，何生延，延生彪，彪生章，章生皓，皓生仰，仰生望之，望之生育，育生紹，紹生閎，閎生闡，闡生永，永生苞，苞生周，周生矯，矯生逵，逵生休，休生豹，豹生裔，裔生整，整生儁，儁生樂子，樂子生承之，承之生道成。雖附會不足信，而其例則同。

行内署門户

《孔光傳》：「光爲帝太傅，位四輔，給事中，領宿衛供養，行内署門户，省服御食物。」師古以「内」字句絶，注云：「行内，行在所之内中，猶言禁中也。」蔣氏杲云：字子遵，長洲人。康熙癸巳進士，户部郎中，廉州知府。疑當以「宿衛供養」爲句，「行内署門户」爲句。[一]行，巡行也。内署，諸在内給事之官如中書以下謁者是也。胡三省《通鑑注》與予意同，其以行内署門户爲宿衛事，省服御食物爲供養事，尤分明，可證師古之誤。

校讀記

[一]引蔣説起訖未詳。

每朝

「令太師毋朝，十日一賜餐。賜太師靈壽杖，黄門令爲太師省中坐置几，太師入省中用杖，賜餐十七物，然後歸老於第，官屬按職如故」，師古曰：「言十日一入朝，受此寵禮，它日則常在家自養，而其屬官依常各行職務。」南監板同。陳氏鵬年曰：「『毋朝』當作『每朝』。」〔一〕「十日」句絶，尋顔注自見，王莽、哀帝時亦十日一賜餐也。

此傳描摹光之醜狀，可云盡致矣。贊中歷舉公孫弘、蔡義、韋賢、玄成、匡衡、張禹、翟方進、孔光、平當、馬宮及當子晏，皆以儒宗居宰相位而蒙阿諛之譏。予謂馬宮、平晏遂仕莽，光幸前死，否則必爲莽臣。

校讀記

〔一〕陳説當止此。

下朝者

《王商傳》「太中大夫張匡上書願對近臣陳日蝕咎。下朝者左將軍丹等問，匡對曰」云云，師古讀「下朝者」爲句，引文穎曰：「令下朝者平之也。」孟康曰：「中朝臣也。」以文説爲是。竊謂「下」字讀微斷，「問」字句，而後接「匡對曰」云云，「下」謂下之。《王嘉傳》亦有下朝者，孟注是也。時左將軍等皆中朝臣，故目爲朝者。《朱博傳》：「詔左將軍彭宣與中朝者雜問。」與下朝者同義。

呂不韋春申君

皇太后詔問王商女，欲以備後宮，商不欲，王鳳誣構以罪，始懼而納女。張匡以呂不韋、春申君之事陷之。不韋以邯鄲姬獻子楚在質趙時，直至楚立爲王，始以不韋爲相，而匡竟謂不韋爲丞相，納有身之女于王。春申君獻有身妻所産者幽王，而匡誤言懷王，隨口附會，不顧事實。

萬歲之期

《翟方進傳》綏和二年春，李尋奏記方進，責數之，因備述星變，而云「萬歲之期，近慎朝暮」云云。師古注以「萬歲之期」爲指方進之死，言其事在朝夕。顧氏曰：「據文，萬歲之期意謂宮車晏駕，故此下郎賁麗欲以此災移於宰相也。」[二] 師古注謬處不可勝摘，先儒已著而未行世者聊出之。

校讀記

[一]見《日知録》卷二十七《漢書注》條。

大誥

《翟義傳》「莽依《周書》作《大誥》」云云，何氏焯評云：「將此篇所依據摹竊者以覆校《周書》元文，則可知漢人釋經之意。」何先生固是篤學好古之士，故有如此議論，非流俗所能及，今人所臨何評逸此一條。

户殿門

《王嘉傳》：「爲郎，坐户殿門失闌免。」師古曰：「户，止也。《左傳》曰：『屈蕩户之。』」弟諸生鳴韶曰：宣十二年《傳》作「屈蕩尸之」，注訓尸爲主。吴下錢氏所藏淳熙《九經》作「户」，疏亦作「户」，長平游御史本、巾箱本並同。宣六年《公羊傳》：「入其門，無人門焉者。」户之、門焉，一也。[一]

校讀記

[一]俞樾《古書疑義舉例》卷三《實字活用例》云：「宣六年《公羊傳》：『勇士入其大門，則無人門焉

者。』上『門』字實字也，下『門』字則爲守是門者也。中略。宣十二年《左傳》『屈蕩户之』，杜注曰：『户，止也。』户本實字，而用作止義則活矣。」

南陵

王嘉本平陵人，光禄勳于永除爲掾，察廉爲南陵丞。師古曰：「南陵，縣名，屬宣州。」按南陵，薄太后陵耳。漢南陵屬京兆，其屬宣州者係唐縣，乃漢丹楊郡之春穀縣地也。顔舛謬至此，南監板無此注，殆校者因其舛謬竟删去之。

蜀無它揚

《揚雄傳》：「周伯僑以支庶食采於晉之揚，因氏焉。周衰，揚氏還蜀峮山之陽曰郫。揚季官太守，至雄五世傳一子，故雄亡它揚於蜀。」方氏以智曰：「楊升庵謂晉有羊舌氏。叔向子伯石，食邑於楊，曰楊食我。晉既滅羊舌氏，分其田爲三縣，曰平陽，曰揚氏，則羊也、陽也、揚也同出一姓。揚子雲自以爲蜀無它揚，字不從木，班氏據之。然楊修曰：『吾家子雲』，則知揚、楊同出子雲，特好奇耳。竊謂姓亦何奇之有，古今渺莽，姓譜皆附會，其説不一，雄自言姓揚甚明。楊修少年聰穎，考究未深，且古人凡事假借詼諧，故曰『吾家子雲』，今乃欲改雄之姓，可乎？趙凡夫亦以子雲爲木旁楊，正坐此病。」[一]方説甚確，升菴蜀人，欲援子雲爲宗，唐《楊珦碑》以國忠之父而亦引子雲之祖，皆非也。[二]劉攽《後漢書刊誤》於《楊震傳》亦嘗辨之。吴仁傑《刊誤補遺》謂揚雄與楊震同是木旁之楊。此説武斷之至。

校讀記

[一]見《通雅》卷二十《姓名》。

[二]李慈銘曰：「此説亦非。」

太玄法言字數

揚雄作《解嘲》，自述：「作《太玄》五千文，支葉扶疏，獨説十餘萬言。」案今《太玄經》具存，晉范望叔明所注共十卷，後附陸績《述玄》、王涯《談[一]玄》，宋右迪功郎、充兩浙東路提舉茶鹽司幹辦公事張寔所校勘也。按其正文，大約與五千文之數合，至「説十餘萬言」則當爲《法言》，非指《太玄》。然今《法言》亦具存，凡十三篇，分爲十卷，晉李軌、唐柳宗元、宋宋咸、吴秘、司馬光注，案其正文，大約不及萬言，而此云十餘萬言，則不可解。[二]

校讀記

[一]「談」當作「説」。

[二]楊樹達《漢書窺管》卷九引西莊此條云：「雄自爲《太玄經章句》，見本傳下文及阮孝緒《七録》、《隋書·經籍志》，今其書已佚。此云十餘萬言，蓋據《章句》言之，非不可解之事也。文但云《太玄》，與《法言》無涉，而王氏牽及之，支離甚矣。」

十七史商榷卷二十七

漢書二十一

儒林刪史記

《儒林傳》「仲尼既没，弟子散游諸侯，子張居陳，子羽居楚」云云，此段皆用《史記》文，而《史記》尚有「子路居衛」一句，裴駰云：「子路死時，孔子猶在。」班氏覺其非，故刪此句。

郡國縣官

按《史記》作「郡國縣道邑」，道乃蠻夷，未必能受業，此「官」字當爲「邑」字之誤。

上屬所二千石

按當作「上所屬二千石」。

釐氂

「差以毫釐，謬以千里」，此古語，《漢書》屢見，「釐」、「里」爲韻，而或作「豪氂」，如《司馬遷傳》引此作「氂」，字相似而誤也。《説文》卷二上：「犛，西南夷長髦牛也。从牛，𠩺聲。里之切。」疑古假借「犛」作「釐」，遂誤爲「氂」耳。乃《儒林傳》有禽滑氂，《孟子》有慎子，名滑釐，則「氂」字疑亦傳寫之誤，而師古遂云「氂」音離，師古不識字如此。[一]《劉屈氂傳》字作「氂」，甚明，而《五行志》作「劉屈釐」，《後書·岑彭傳》彭之玄孫熙爲魏郡太守，輿人歌之曰：「我有枳棘，岑君伐之。我有蟊賊，岑君遏之。狗吠不驚，足下生氂。含哺鼓腹，焉知凶災。我喜我生，獨丁斯時。美矣岑君，於戲休茲。」直以「氂」字讀爲釐音，乃知漢人亦已有識別字者。

校讀記

[一]《陔餘叢考》卷二十二《釐氂》條於西莊此則有辨正。

商瞿

《儒林傳》：「魯商瞿子木受《易》孔子。」師古云：「商瞿，姓也。」司馬貞云：「商，姓。

瞿，名。」以下文魯橋庇子庸、江東馯臂子弓、燕周醜子家、東武孫虞子乘、齊田何子裝例之，司馬説是，子木其字也。《儒林傳》中每人書郡縣、書姓名、書字三項備者，多以其有傳經之功而無事蹟、無著述，故備著之，其不備者，或失傳，或隨便立文。

孟喜京房之學

《儒林傳》：「孟喜從田王孫受《易》。喜好自稱譽，得《易》家候陰陽災變書，詐言師田生且死時枕喜厀，獨傳喜，諸儒以此耀之。同門梁丘賀疏通證明之，曰：『田生絶於施讎手中，時喜歸東海，安得此事？』又蜀人趙賓好小數書，後爲《易》，飾《易》文，以爲『箕子明夷，陰陽氣亡箕子；箕子者，萬物方荄茲也』。賓持論巧慧，《易》家不能難，皆曰非古法也。云受孟喜，喜爲名之。後賓死，莫能持其説。喜因不肯仞，以此不見信。上聞喜改師法，遂不用。」「京房受《易》焦延壽，延壽云嘗從孟喜問《易》。會喜死，房以爲延壽《易》即孟氏學，翟牧、白生不肯，皆曰非也。成帝時，劉向校書，考《易》説，以爲諸《易》家皆祖田何、丁將軍，大誼略同，唯京氏爲異，黨（倘同）。延壽獨得隱士之説，託之孟氏，不與相同。」案此一篇多誣善之詞，班氏本史才，非經師，於諸經皆未能精，而《易》尤甚，劉向不通經，而班氏又誤信之，故其言如此。

孔穎達《周易疏序》云：「西都則有丁、孟、京、田，東都則有荀、劉、馬、鄭，大體更相祖述。」「更相祖述」，是異流同原矣。後世妄儒既無學識，又好苟駁前師以自標舉，遂致《易》義墜落殆盡，然丁、田雖無存，孟、京猶可考。吾友中通《易》者凡三人，惠徵士棟、褚員外寅亮、江上舍藩也。惠氏《周易述》未成而没，上舍補之，所採雖博，大旨究以孟、京爲宗，能尊信此書者，員外與予外，無多人焉。若狥班說，先貶孟、京，《易》何由明？

師法

孟喜受《易》於田王孫，田王孫受《易》於丁將軍，寬、喜之改師法，乃爲梁丘賀輩所誣耳。其實不改也。而漢人説經重師法，則於此可見。下文胡母生之弟子東平嬴公，則表其不失師法是也。《外戚傳》：「定陶丁姬，《易》祖師丁將軍之玄孫。」師古曰：「祖，始也。《儒林傳》丁寬《易》家之始師。自夫子傳至寬，寬爲大師，故以爲始師。」又《張禹傳》蕭望之奏禹經學精習，有師法。《漢·翼奉傳》元帝問善日邪時，孰與邪日善時，奉對引師法。又《李尋傳》治《尚書》，與鄭寬中同師，寬中等守師法。《五行志》朱博爲丞相，受策有大聲如鐘鳴，上問李尋，尋對引師法。《後書·卓茂傳》元帝時學於長安，事博士江生，習《詩》《禮》，究極師法。又《魯恭傳》恭弟丕上疏曰：「臣聞説經者傳先師之言，非從己出，法異者各令自説師法，博觀其義。」又《劉寬傳》注引謝承《書》曰：「寬學歐陽《尚書》、京氏《易》、《韓詩》，究極師法。」又《吴良傳》東平王蒼上疏薦良曰：「齊國吴良治《尚書》，學通師法，經任博士。」漢人重師法如此。又稱「家法」，謂守其一家之法，即師法也。沈約《宋書・百官志》漢武建元五年，初置《五經》博士，宣成之世《五經》家法稍增，經置博士一人，至東京凡十四人。《後書・儒林傳》：「光武中興，愛好經術，未及下車而先訪儒雅，採求闕文，補綴漏逸，於是立五經博士，各以家法教授。」光武好經甚於前漢武帝，明、章尤加隆焉。故東京經術盛於西都，而其守家法益嚴，《質帝紀》：「本初元年夏四月庚辰，令郡國舉明經，年五十以上、七十以下詣太學，自大將軍至六百石皆遣子受業，歲滿課試，以高弟五人補郎中，次五人太子舍人。又千石、六百石、四府掾屬、三署郎、四姓小侯先能通經者，各令隨家法。」又《魯恭傳》：「拜《魯詩》博士，由是家法學者日盛。」又《左雄傳》：「雄上言郡國所舉孝廉，請皆先詣公府，諸生試家法。」注云：「儒有一家之學，故稱家法。」又《宦者・蔡倫傳》：「元初四年，帝以經傳之文多不正定，乃選通儒謁者劉珍及博士良史詣東觀，各讐校家法。」又《鄭康成傳》論曰：「王父豫章君傳授生徒，專以鄭氏家法。」此蔚宗謂其祖父豫章太守甯，李賢注云：「言甯教授，專崇鄭學。」蓋前漢多言師法，而後漢多言家法，不改師法則能修家法矣。

兩漢尊師法，而俗學即出乎其間，劉歆移書讓太常博士，有云：「綴學之士，苟因陋就寡，分文析字，煩言碎辭，信口説而背傳記，是末師而非往古，豈不哀哉？」徐防永元十四年上疏亦云：「伏見太學試博士弟子皆以意説，不修家法。孔子稱『述而不作』，又曰：『吾猶及史之闕文。』疾史有所不知而不肯闕也。今不依章句，妄生穿鑿，以遵師爲非義，意説爲得理，誠非詔書實選本意。」觀此則知俗學之妄，古今同慨。自唐中葉以後，凡説經者皆以意説無師法。夫以意説而廢師法，此夫子之所謂「不知而作」也。

翟孟白之學

「繇是有翟孟白之學」，以上文施讎、下文梁丘賀二段例之，此當云「繇是孟有白翟之學」。

食子公

《儒林傳》：「蔡誼以《韓詩》授食子公與王吉，吉爲中尉，食生爲博士，由是《韓詩》有王食之學。」宋景文公引蕭該《音義》云：「按《風俗通》食我，韓公子也，見《戰國策》。漢有食子公，爲博士。食音嗣。」〔一〕

校讀記

[一]見《宋景文筆記》卷中。

筦路

「疏廣以《公羊春秋》授琅邪筦路，路爲御史中丞」，師古曰：「筦亦『管』字也。」宋引蕭該《音義》云：「艸下完音完，又音官。今《漢書》本却作竹下完，《風俗通·姓字》篇有莞、管二姓，云莞蘇，楚大夫，見《吕氏春秋》，漢有莞路，爲御史中丞，即此是也。又有管姓，漢有管號，爲西河太守。莞路是艸下完，非竹下完及竹下官。」[一]莞見《説文》卷一下《艸部》，筦、管見卷五上《竹部》，蕭説是。

校讀記

[一]見《宋景文筆記》卷中。

郅都

郅都得姓，見《後書·郅惲傳》注，彼又云「《前書音義》郅，之目反」，「目」當作「日」，與《史記索隱》音質合。彼引《音義》，當爲臣瓚注而師古遺之者。此音是，不當删。大約師古去取多失當,又《史記》「都,楊人」,而此云「河東大陽人」,非是。《史記正義》辨之。

貨殖

馬遷自叙既下於理,家貧財賂不足以自贖,故傳貨殖,班氏譏其「述貨殖則崇勢利而羞賤貧」,已爲不得其情,乃班又仍踵故轍傳貨殖,何也?且彼固諧語發憤之所爲作,班顧易以莊語,[一]取市井賈人臚列滿紙,范蠡、計然輩與漢無涉而亦闌入,尤非也。

校讀記

[一]《漢書知意》云:「王鳴盛謂馬本諧而班易以莊語,非也。馬語自莊,何云諧乎?」

財成

引《易》「財成輔相」,「財」與「裁」同,而師古以爲資財用以成教,非。

烏氏

「烏氏嬴」,師古云:「烏氏,姓也。嬴,名也。」《史記》注引韋昭云:「烏氏,縣名,屬安定。」師古非。

嗽

《佞幸傳》：「文帝病癰，鄧通爲嗽吮之。」師古曰：「嗽，山角反。吮，自兗反。」「嗽」字今吴中尚有山角反之音，呼若束，常熟呼角爲禄，皆古音也。

班正史記誤

《匈奴傳》上卷之前半截全用《史記》元文，叙至「天漢四年，貳師將軍李廣利將騎六萬，步兵七萬出朔方，單于以十萬騎待余吾水南，與貳師接戰，貳師乃解而引歸」之下，《史記》尚有「貳師聞其家以巫蠱族滅，因并衆降匈奴，得來還千人一兩人耳」云云，《漢書》删去，直接「遊擊亡所得，因杅與左賢王戰，不利，引歸」，蓋《史記》原訖於天漢，此段係後人附益，錯謬不可讀，貳師降匈奴是征和三年事，妄入此，大非，張守節已辨之。

趙佗年

《南粤王趙佗》「至武帝建元四年，佗孫胡爲南粤王」云云，《史記》作「至建元四年卒」，徐廣引皇甫謐云：「爾時漢興已七十年，佗百歲矣。」按佗於文帝元年已自稱「老夫處粤四十九年」，歷文帝二十三年、景帝十六年，至武帝建元四年，凡四十三年，即以二十餘歲爲龍川令，亦一百十餘歲矣。

閩中郡

《兩粤傳》云：「閩粤王無諸、東海王摇皆句踐之後，秦并天下，廢爲君長，以其地爲閩中郡。」師古曰：「即今之泉州建安是。」按《地理志》所載，秦三十六郡無閩中郡，蓋此郡之置已在始皇晚年，且雖屬秦，而無諸與摇君其地如故，屬秦未久，旋率兵從諸侯滅秦矣，故不入三十六郡之數，説已見前。

河源

《西域傳》云：「河有兩原，一出蔥嶺山、一出于闐。于闐在南山下，其河北流，與蔥嶺河合，東注蒲昌海。蒲昌海，一名鹽澤，去玉門、陽關三百餘里，廣袤三百里。其水亭居，冬夏不增減，皆以爲潛行地下，南出於積石，爲中國河。」其下又云：「于闐之西，水皆西流，注西海；其東，水東流，注鹽澤，河原出焉。」蘇林曰：「即中國河也。」按此西海即《水經》所云雷翥海也。其河原則漢人之説如此，甚分明可據，而唐杜佑、劉元鼎、元都實皆與之異，未詳。

共稟

「大月氏國，不屬都護。爲冒頓所破，乃西擊大夏而臣之，共稟漢使者」，師古曰：「同受節度也。」按月氏既不屬都護，豈有遠遷大夏反受節度之理？「稟」當爲廩給之義，「共」與供同。

高附

「大月氏有五翖侯，一曰休密翖侯，二曰雙靡翖侯，三曰貴霜翖侯，四曰肸頓翖侯，五曰高附翖侯。凡五翖侯，皆屬大月氏」，按《後書》五部翖侯曰休密、雙靡、貴霜、肸頓、都密，其後貴霜翖侯邱就郤攻滅四翖侯，自立爲王，國號貴霜。王侵安息，取高附地，諸國稱之皆曰貴霜王。漢本其故號，言大月氏云。[一] 高附在大月氏西南，亦大國，所屬無常，天竺、罽賓、安息三國，强則得之，弱則失之，而未嘗屬月氏，《漢書》以爲五翖侯數，非其實也。後屬安息，及月氏破安息，始得高附。

校讀記

［一］引《後書》止此。

捐毒

李氏光地曰：「捐毒即身毒。又作『天篤』，又作『天竺』，皆語有輕重耳，一也。明帝迎佛在班氏前，而班於此略不一及，故知其事本微，後人張大之耳」，［二］李説精絶。

校讀記

［二］見《榕村語録》卷二十一。

十七史商榷卷二十八

漢書二十二

古音

《外戚傳》武帝悼李夫人賦，以「躊躇」與「去」、「傷」與「悵」、「信」與「親」爲韻，蓋古無四聲之分，平仄通爲一音也。而師古曰「躇合韻音丈預反」，「傷合韻音式向反」，「信合韻音新」。合韻猶吴才老所謂叶韻，此字本無此音，改以叶之也。又「趙昭儀居昭陽舍，璧帶往往爲黄金釭」，師古曰：「釭音工。流俗讀之音江，非也。」釭、江皆從工得聲，何所别異，沈約以《江》居《東》、《冬》、《鍾》之後，音猶未變，至唐乃變爲「似良反」矣。師古全不通古音，不能枚舉，聊一出之。

丞相非衍

《孝成趙皇后傳》「成帝欲拜左將軍孔光爲丞相，已刻印，鄉晨，暴崩。皇太后詔大司馬莽、丞相大司空」云云，劉敞曰：「是時孔光爲丞相，未拜，又無大司空，然則衍『丞相大司空』五字也。」按即其夜於大行前拜受丞相博山侯印綬，見《孔光傳》，何云未拜？

奈何令長信聞

《外戚傳》叙趙昭儀殺後宮皇子事，有云：「奈何令長信得聞之？」顔注但云謂太后，而語意不詳。按太后是元帝王皇后，成帝之母，顧氏補注云：「奈何令長信聞之者，謂何道令太后得聞也。」[一]顧説是。

校讀記

[一]見《日知録》卷二十七《漢書注》條。

年九歲

平帝即位年九歲，見《外戚傳》及《元后傳》。劉原父曰：「衍『年』字。」愚按《王莽傳》亦有此一句，又《元后傳》于孺子嬰亦曰「年二歲」，《後漢》本紀亦云沖帝年三歲，質帝年九歲，竊恐年若干歲，古人亦自有如此句法，未必果是衍字。

第宫誤

「平帝后，莽女也。元始四年，遣大司徒宫、大司空豐、左將軍建、右將軍甄邯、光禄大夫歆奉法駕，迎皇后於安漢公第。宫、豐、歆授皇后璽紱」，宫即上文大司徒馬宫也，而師古以「第宫」爲句，注云：「本自莽第，以皇后在是，因呼曰宫。」師古之妄如此。

五女同節

元始四年，莽女入宫爲后，時平帝年十三，莽女十四。至五年，帝即爲莽毒死，后立僅歲餘，且《馮昭儀傳》謂平帝生未滿一歲，即有眚病，《元后傳》亦謂帝年九歲徵入，常年被疾，然則帝與莽女不能成好合也。莽即真，后常稱疾不朝會。莽欲嫁之，更號爲黄皇室主，令人椽餙往問疾，后大怒，鞭笞旁侍御，發病不起。莽敗，女自投火中死，曰：「何面目見漢家。」凡守節十九年，年三十三。莽乃有如此賢女，異哉。後曹操篡漢，而其女爲獻穆曹皇后，以《後書》本紀所載觀之，操女亦可謂賢，正與莽女相類。偶見近儒考證書中有一條，以莽、操女皆有節操，又宇文泰女爲西魏廢帝后，帝爲泰廢，以酖崩，后亦以忠于魏罹禍。楊堅女爲周宣帝后，帝崩，堅以大丞相專政，后知堅有異圖，意不平，及禪代，憤惋愈甚，堅内愧之，封爲樂平公主，後又議奪其志，后誓不許，堅乃止。李昪女爲吴讓皇太子璉妃，及昪篡位，封女永興公主，女聞人呼公主，必嗚咽流涕而辭。五女同節。

新都

《王莽傳》：「永始元年，封莽爲新都侯，國南陽新野之都鄉，千五百户。」新野是南陽郡屬縣，而都鄉則新野之鄉也，故名新都侯。莽罷就國，南陽太守選門下掾宛孔休守新都相。

毛詩周官

「莽奏起明堂、辟雍、靈臺，爲學者築舍萬區，制度甚盛。立《樂經》，益博士員，經各五人。徵天下通一藝教授十一人以上，及有逸《禮》、古《書》、《毛詩》、《周官》、《爾雅》、天文、圖讖、鍾律、月令、兵法、《史篇》文字，通知其意者，皆詣公車」，愚謂莽之奏，劉歆爲之也。歆當哀帝時已欲立《左氏春秋》及《毛詩》、逸《禮》、古文《尚書》，皆列於學官。哀帝令與五經博士講論其義，諸博士不肯置對，歆移書責讓之，諸儒皆悲恨，奏歆改亂舊章，由是忤執政大臣，懼誅，求出補吏，至是柄用，乃得行意。鄭康成稱劉歆識古，故能表章墜典，意良厚矣。惜乎所事非其人，重爲世所詬病，逸《禮》、古《尚書》幾存而復亡，然《毛詩》、《周官》之興則頗有力焉。君子不以人廢言，如歆是矣。

更始將軍

《王莽傳》下「王涉、劉歆、董忠等叛，更始將軍史諶行諸署」云云，考莽官本有更始將軍，但上文言「拜皇后父史諶爲寧始將軍」，其事已在劉聖公改元爲更始之後，當是「寧始」，而此乃作「更始」，并下文「更始將軍史諶度渭橋」，恐皆「寧」字之訛也。[一]

校讀記

[一]沈家本《諸史瑣言》卷八引西莊此條云：「按前文甄豐託符命文爲更始將軍，豐自殺，姚恂、孔永、侯輔、戴參、廉丹相繼爲寧始將軍。天周六年，莽下書復呂寧始將軍爲更始將軍，呂順符命，是寧始即更始，故廉丹始稱寧始，後稱更始也。迨丹戰死，而只諶爲寧始將軍，當是以漢方稱更始元年，莽惡之而復改更始爲寧始也。王以『更』爲『寧』之訛，其說是。」

史記多俗字漢書多古字

張守節《史記正義·論例》云：「《史》、《漢》文字相承已久，若『悦』字作『説』，『閑』字作『閒』，『智』字作『知』，『汝』字作『女』，『早』字作『蚤』，緣古少字通共用之。《史》、《漢》本有此古字者，乃爲好本。程邈變篆爲隸，楷則有常，後代作文，隨時改易。衛宏官書數體，吕忱或字多奇，鍾、王等家以能爲法，致令楷文改變，非復一端。歷代文字體乖日久。」顔師古《漢書注·叙例》云：「《漢書》舊文多有古字，解説之後屢經遷易，後人習讀，以意刊改，傳寫既多，彌更淺俗。今則曲覈古本，歸其真正。」慶元間建安劉之同刻跋云：「自顔氏後又幾百年，向之古字日益改易，書肆所刊衹今之世俗字耳，識者恨之。今得宋景文公所校善本，雌黄所加，字一從古。」張守節、顔師古學識皆不甚高，至於劉之同也者，不過趙宋時刻書之人尤爲浮淺，然此三家者猶知好古，故其議論如此，亦足以鍼砭俗學。今就毛板《史》、《漢》考之，《史記》多俗字，《漢書》多古字，如《史記·武帝本紀》「張羽旗，設供具」，《封禪書》同，而《漢書·郊祀志》「供」作「共」。《史記·齊悼惠王世家》「魏勃夜掃齊相舍人門，舍人伺之，得勃」，而《漢書》「伺」作「司」。又《史記·灌夫傳》「令門下候伺」，而《漢書》「伺」亦作「司」，《漢書》於《趙廣漢傳》亦云「微司丞相門内不法事」。《説文》卷八上《人部》

「伏」字注云：「司也。」徐鉉曰：「司，今人作伺。」又「伺」字在《新附》，徐鉉曰：「从人，後人所加。」《史記・留侯世家》「良爲他人言皆不省」，而《漢書》「他」作「它」。《史記・蕭何世家》「發蹤指示獸處者人也」，而《漢書・何傳》「蹤」作「縱」。《史記・酈食其傳》「臣聞其下迺有藏粟甚多」，而《漢書》「藏」作「臧」，《史記・自序》「藏之名山」，而《漢書》「藏」亦作「臧」。《史記・吴王濞傳》「袁盎見上言事，鼂錯在，請屏錯，錯趍避東廂」，而《漢書》以此事入《錯傳》，「廂」作「箱」。《漢書・董賢傳》：「太皇太后召賢，引見東箱。」義門何氏校改作「廂」，恐誤。《史記・韓長孺傳》「以慰士大夫心」，而《漢書》「慰」作「尉」，師古曰：「故尉安之字正如此，其後流俗乃加心耳。」《漢書・車千秋傳》「尉安黎庶」，《中山孝王興傳》「以尉其意」，並同。《史記・長孺傳》又有「貪嗜財」，而《漢書》「嗜」作「耆」，今《説文・火部》既有「尉」字，《心部》又收「慰」字，《老部》既有「耆」字，《口部》又收「嗜」字，此等當皆是漢俗字，或出秦人，非周所有，而許氏有之。許氏參酌古今定此書，雖好古，實則大半皆從秦漢人説，詳予所著《蛾術編・説字》門。《史記・自序》「小子何敢讓焉」，而《漢書》「讓」作「攘」，《漢・藝文志》亦云「堯之克攘」，今《尚書・堯典》云「允恭克讓」，此晉人所改。據此諸條觀之，則《史記》多俗，《漢書》多古可見。惟《史記・貨殖傳》「領南河北固往往出鹽」，古無「嶺」字，只作「領」，此古字僅存者，而《南越尉佗傳》云「兵未踰嶺」，《東越傳》云「令諸校屯預章梅嶺」，仍從俗，兩處「嶺」字，《漢書》

皆作「領」，蓋張守節雖以有古字爲好本，未及詳改，至宋而好本盡亡，《漢書》之存古，則宋景文力居多。

凡《史記》「以」字，《漢書》皆作「㠯」，《馮唐傳》唐論李齊不如廉頗、李牧，上曰「何已」，「已」即「以」也，古作「㠯」，隸變爲「已」，又旁加人，遂作「以」，又分爲二，「已」爲止，「以」爲虚字。惟《漢書》存古而傳寫成「㠯」，此云「何已」者，謂何以言之。師古曰：「已猶耳。」其謬不待言，而近代名公評云：「已與以通，《史記》作『以』。」名公全不識字。又《儒林傳》「㠯立先王之教」，「㠯」字下注「音以」二字，而無「師古曰」，考南監板本無此二字，而毛板突有之，師古雖不通小學，然陋不至此，其非師古注顯然，乃明季妄庸人所爲。

漢紀

荀悦《漢紀》自序云：「凡《漢紀》十二世，十一帝，通王莽二百四十二年。建安元年，上巡省許昌，以鎮萬國。外命元輔，征討不庭；内齊七政，允亮聖業。綜練典籍，兼覽傳記。其三年，詔給事中秘書監荀悦鈔撰《漢書》，略舉其要。悦於是約集舊書，通比其事，凡在《漢書》者，大略粗舉而求，志勢有所不能盡，凡所行之事，删略其文，爲三十卷。無妨本書，有便於用。會悦遷爲侍中，其五年書成，乃奏記云四百有一十六載，謂書奏之歲，歲在庚辰。」觀其書蓋專取班《書》，别加銓次論斷之，而班《書》外未嘗有所增益，翫自序可見，而其間或與班《書》亦有小小立異者，在悦似當各有所據。若班《書》傳刻脱誤處，藉此校改者亦間有之，然已僅矣。悦，淑之孫，儉之子，《後書》本傳稱其初辟鎮東將軍曹操府，蓋始進即依曹氏，而從弟彧又爲曹謀主，故此序有「元輔征討」云云。要之，此時獻帝僅存虚號，如悦、彧亦未足多責。「四百有一十六載」，本傳無「一十」兩字，據高祖元年未即真之元年數起。數至獻帝庚辰，恰四百有六載，「一十」兩字後人誤加之。據嘉靖戊申黄姬水刻。其篇首當言「十一世，十二帝，通王莽二百三十年」，今云云者，亦皆誤。

悦自言「志不能盡」，而其實於志文亦往往摭入，非但取紀傳者。

十七史商榷卷二十九

後漢書一

范氏後漢書用司馬彪志補

范蔚宗之前，作《後漢書》者已有數家，今皆不傳，而范氏獨存，説詳後。蔚宗著書指趣及其爲人，説詳後《南史》篇中。范書無志，梁劉昭注之，即以司馬彪《續漢書·志》補入，孫氏承澤、李氏光地皆指爲范氏書，觀陳振孫《書録解題》第四卷宋《館閣書目》已如此誤也。此志每卷首題云梁劉昭注補，不知何人題，正因以司馬《志》補范書即劉昭所爲，故後人題之如此，别本改云補注，豈司馬《志》有所闕，昭補之兼注之耶？司馬《志》無闕也，抑昭之前已有注司馬《志》者而昭又補其注耶？昭之前未見有注者也，姑再考之。又《天文志》第三卷通卷無注，必係亡失，非劉氏原本。至《五行志》第四卷通卷無注，其爲亡失更屬顯然，蓋《五行志》多伏生《鴻範五行傳》文，劉昭于貌、言、視、聽傳皆采鄭康成注，獨此卷思傳劉注亡，鄭注亦因之遂亡也。

《晉書》八十二卷云：「司馬彪，字紹統，高陽王睦之長子，出後宣帝弟敏。初拜騎都尉，泰始中爲秘書郎，轉丞。以漢氏中興，訖于建安，時無良史，記述煩雜，譙周雖已删除，然猶未盡，安順以下亡缺者多。彪乃討論衆書，綴其所聞，起于世祖，終于孝獻，編年二百，録世十二，通綜上下，旁貫庶事，爲紀、志、傳凡八十篇，號曰《續漢書》。後拜散騎侍郎，惠帝末年卒，年六十餘。」今彪書志現存，凡三十卷，篇即卷也。則其紀傳僅五十篇，未免太略。范蔚宗書紀傳共百卷，較彪且不啻倍之。觀彪自述，嫌舊史煩穢，志在删除，則彪意于志稍詳而于紀傳則甚略，所見稍偏。劉昭用范紀傳而補以彪之志，頗爲合宜。

蔚宗非不作志，未成而誅死，後爲謝儼取其稿，蠟以覆車，故惟存紀傳。事見李賢《後漢書》第十卷下《公主傳》注、洪邁《容齋四筆》第一卷、陳振孫《書録解題》第四卷。洪云：「李賢謂出沈約《宋書·謝儼傳》，《儼傳》却無之。」江祏詣謝朓，朓適作一詩，命左右取以示祏，既而曰：「正復不急。」遂已。祏以爲輕己，譖而殺之。[一]李賀平日素輕一友，賀天[二]亡，後其人取賀所作詩投溷中，故賀詩傳世者不多。以蔚宗之恃才傲物，取憎羣小，如江祏之恨謝朓者必多矣，故共誣以重罪而殺之，乃身後著述之遭厄又與李賀同。千載而下，可爲隕涕，然人皆有一死，蔚宗畢竟常在天壤，彼妬賢嫉能之小人如謝儼者亦何爲哉？

蔚宗又别自作選簿，以述百官梗槩，欽明階次詳悉，見蕭子顯《南齊書·百官志》叙首。蔚宗固非不能作志者。

校讀記

［一］事見《南史》卷十九《謝裕附其孫朓傳》。

［二］「天」疑當作「夭」。按李賀事見張固《幽閑鼓吹》。

劉昭李賢注

《梁書·文學傳》：「劉昭，字宣卿，平原高唐人。幼清警，外兄江淹早稱賞之。天監初，起家奉朝請，累遷征北行參軍、尚書倉部郎，除無錫令，歷宣惠豫章王、中軍臨川記室。集《後漢》同異，注范蔚宗書一百八十卷，世稱博悉。遷通直郎，出爲剡令，卒官。」《南史·文學傳》略同。考昭注范氏紀傳、司馬氏志，今世所行紀十二卷、志三十卷、傳八十八卷，即其本也。《梁書》所云一百八十卷，「八十」當作「三十」。唐章懷太子賢既用其本改其注矣，于志仍用昭注。注紀傳易，注志難，避難趨易也。［一］且昭所注《續志》頗有可觀，則其紀傳注必佳，仍舊可耳，何必改作？唐初諸皇子好以著述争名，太宗子承乾命顔師古注《漢書》，泰引蕭德言等撰《括地志》矣，賢又招儒臣爲此，枉使劉注零落不全，恐有意存掩美改壞舊注，并襲取舊注攘爲己有者。

爲章懷太子注范蔚宗《後漢書》者，張大安、劉訥言、格希玄、許叔牙、成元一、史藏諸、周寶寧等，見《新唐書》八十一卷章懷本傳，又見八十九卷《張公謹傳》、一百二卷《岑長倩傳》。諸人皆無所表見，學識未必佳于劉昭，或襲取，或改壞，恐皆不免。格希玄姓格，晁公武《郡齋讀書志》作革希玄，未知何據？《宰相世系表》格氏允格之後，輔元相武后，希玄即其弟，然則作「格」無疑。

唐劉知幾《史通》第五卷云：「范蔚宗之刪《後漢》，簡而且周，踈而不漏，蓋云備矣。而劉昭採其所捐以爲補注，言盡非要，事皆不急，譬人有吐果之核、棄藥之滓，愚者重加捃拾，潔以登薦，持此爲工，多見其無識也。」[二] 愚謂知幾稱蔚宗之美甚確，至其詆斥劉昭恐未必然。大約唐初人有此一種議論，所以李賢輩有事改譔，昭注遂遭廢去大半，就如知幾之言，則昭注似裴松之之於陳壽。松之雖少裁斷，其博亦有可取，此等入正文則煩猥，入注猶差可，况昭注必勝松之邪？凡著述，空際掉弄，提唱馳騁，愈多愈亂人意，紀載實事以備參考，雖多不甚可憎。

校讀記

[一]余嘉錫《四庫提要辨證》卷三《後漢書一百二十卷》條云：「王鳴盛《十七史商榷》雖知劉昭用《續志》補入，而又謂章懷于志仍用昭注爲避難就易，是蓋以爲章懷作注時，已用昭所注《續

漢·志》合爲一書，而未嘗考之《書録解題》也。惟錢大昕《養新録》卷六曰：『劉昭注《後漢志》三十卷，本自單行，與章懷太子所注范史九十卷各别。其併於范史，實始於宋乾興元年，蓋因孫奭之請。昭本注范史紀傳，又取司馬氏《續漢·志》兼注之，以補蔚宗之闕。厥後章懷太子别注范史，而劉注遂廢。惟志三十卷，章懷以非范氏書，故注不及焉。而司馬、劉二家之書，幸得傳留至今，與范史並列學官。』《潛研堂文集》卷二十八《跋後漢書》略同。其於范史與司馬志之分合，可謂明辨以晳矣。」

[二]《内篇補注》。

刊誤補遺

《兩漢刊誤補遺》十卷，前八卷皆《前漢》而《後漢》僅居其二，詳案之亦醇疵互見也。其中最精者一條《趙岐傳》「岐著《要子章句》」，《刊誤》：「『要』當作『孟』」，而不能言「孟」所以誤爲「要」之故。仁傑則云：「古文『要』作『𡕒』，與『黽』相近，疑『孟』與『黽』通。《岐傳》本作『黽子章句』，而誤作『𡕒』耳。」此條實精妙無比，似深於小學者。[一] 乃於《牙門》一條内論「車」字古皆音尺奢切，從漢以來始有居音。[二] 此則全不識古音而亂道矣。「牟」字一條據歐陽永叔《詩本義》，强指來牟爲后稷初封所賜祭器，而斥毛、鄭赤烏以牟麥俱來爲誕。大約趙宋人説經如村氓演劇、里巫降神，一派繫風捕影，如仁傑的是趙宋人口吻。《塗山》一條以《郡國志》爲范蔚宗所作，豈非目視而不見其睫者邪？

校讀記

[一]參見章炳麟《膏蘭室札記》卷一《要子》條。

[二]《牙門》凡有三條，西莊所引爲第二條，見該書卷十。

十七史商榷卷三十

後漢書二

光武先主同出

光武與蜀先主同出於景帝,《光武紀》云:「景帝生長沙定王發,發生春陵節侯買,買生鬱林太守外,外生鉅鹿都尉回,回生南頓令欽,欽生光武。」《三國志·蜀先主傳》云:「先主姓劉,諱備,涿郡涿縣人。漢景帝子中山靖王勝之後。勝子貞,元狩六年封涿縣陸城亭侯,坐酎金失侯,因家焉。」是同出也。《前書·景十三王傳》賢愚不等,賢者如河間獻王,諸侯中所僅見,其兇殘悖亂者至無復人道,而後漢與蜀則又同出於此,亦異矣。《前·地志》陸成係中山國屬縣,非涿縣亭,未詳。

六隊

《光武紀》：「與王莽前隊大夫甄阜戰。」[一]李賢注：「王莽置六隊，郡置大夫一人，如太守。南陽爲前隊，河内爲後隊，潁川爲左隊，弘農爲右隊，河東爲兆隊，滎陽爲祈隊。」按《前書·莽傳》分河東、河内、弘農、河南、潁川、南陽爲六隊郡。劉奉世謂其下文别有河南大尹改爲保忠信卿，則知六隊中無河南，「河南」二字當作「滎陽」。劉説得之李賢此注。

校讀記

[一]《後漢書》云：「與王莽前隊大夫甄阜、屬正梁丘賜戰於小長安。」西莊節其文。

淯陽

「伯升破秩宗將軍陳茂於淯陽」，注：「淯陽縣，屬南郡。」按淯陽，《地理》、《郡國》二志皆屬南陽，此作「南郡」，當是脱「陽」字。

兵法六十三家

「王莽徵天下能爲兵法者六十三家數百人」，按《莽傳》云：「徵諸明兵法六十三家術者，各持圖書受器械。」此「者」字宜在「家」字之下。司馬彪《天文志》述此事，亦云「能通兵法者六十三家」，亦誤也。

宗佻

「驃騎大將軍宗佻」，《更始傳》作「宋佻」。

破虜將軍

「更始遣光武以破虜將軍，行大司馬事」，按上文云「破虜大將軍」，此似脱一「大」字。

舞陽

「更始使舞陰王李軼屯洛陽」，注：「舞陽縣，屬南陽郡。」按《地理》、《郡國志》皆云南陽有舞陰，《帝紀》及《馮異傳》皆云李軼爲舞陰王，此注誤。《更始傳》作「舞陽王」，亦誤。

光武封更始

「建武元年，詔曰：『更始破敗，棄城逃走。今封爲淮陽王，吏人敢賊害者，辠同大逆。』」愚謂更始因伯升起，實以無罪殺伯升，光武封之，類以德報怨矣。但當如盆子，待以不死耳。

盧方

「盧方起安定」，「方」當作「芳」。

真定王揚

「建武二年，真定王揚[一]謀反」，注：「揚，景帝七代孫。」按揚，常山憲王舜七代孫，當作景帝八代孫。

校讀記

[一]「揚」，《後漢書》及注均作「楊」。

東陽津鄉

「建武三年，建義大將軍朱祐與延岑戰於東陽，斬其將張成」，按《續志》育陽有東陽聚，注：「朱祐破張成處。」又「五年，征南大將軍岑彭伐田戎於津鄉」，按《續志》南郡江陵有津鄉。

喬扈

「建武七年，雲中太守喬扈降」，按《盧芳傳》作「僑扈」。

高句驪

「建武八年，高句驪王遣使奉貢」，按王莽更名高句驪王爲下句驪侯，至是復故。

下辯

「中郎將來歙破公孫述將王元、環安於下辯」，注：「縣名，屬武都郡。」按下辯，道名，《地理志》有下辯道，《續志》脱「道」字，《隸釋》武都丞等題名有下辯道長任詩，[一]則知後漢仍爲道，注縣名非也。

校讀記

[一]見《隸續》卷十一。

三校尉

「建武十五年，復致屯騎、長水、射聲三校尉官」，注：「七年罷。」按此紀凡「置」字皆誤作「致」，不知何故，此「致」字亦誤，但《本紀》七年僅云「省長水、射聲校尉官」，不言屯騎，此注恐尚有小誤。

葉

「建武十七年，幸葉、章陵」，注：「葉縣，屬南郡。」按葉、章陵俱屬南陽，注脱「陽」字。

復南頓田租歲

「建武十九年，幸汝南南頓縣舍，復南頓田租歲」，按據文不見歲數，係「歲」上脱一字，其下文「父老叩頭言願復十年，帝笑，增一歲」，而其下文「二十年，復濟陽六歲」，南頓當與濟陽同，則此當爲初復五歲，增一歲爲六，所脱疑「五」字。

中郎

「建武二十二年，匈奴薁鞬日逐王比請和親，使中郎李茂報命」，按《匈奴傳》作「中郎將」，此疑脱一字，比後爲南單于，自此世爲漢用矣。

中元元年

「中元元年夏四月己卯，改年爲中元」，按《祭祀志》：「四月己卯，大赦天下，以建武三十二年爲建武中元元年。」此用四字紀元，亦見《東夷·倭國傳》，傳寫誤脱「建武」二字。鍾淵映《歷代建元考》采《通鑑考異》及胡三省注引洪適《隸釋》辨之甚詳。〔一〕

校讀記

〔一〕見《建元考》卷四。

光武年

「中元二年二月戊戌，帝崩於南宮前殿，年六十二」，按光武二十八歲起兵，中更更始二年、建武三十一年、中元二年，則崩時年六十三，此「二」字傳寫誤也。

吴常

《顯宗紀》：「永平八年，初置度遼將軍。」注：「以吴常行度遼將軍。」按「吴常」當作「吴棠」。

良成

「永平十五年，帝耕于下邳。徵琅邪王京會良成」，注：「良成，縣名，屬東海。」按《續志》，良成屬下邳。

西河王敏

「永平十六年，大司農西河王敏爲司徒」，注：「《漢官儀》曰：『敏字叔公，并州隰城人。』」按據此則王氏在并州者尚有西河一望，不止太原。

兩二月

「永平十七年二月乙巳，司徒王敏薨。二月癸丑，汝南太守鮑昱爲司徒」，兩「二月」，

下衍。[一]

校讀記

[一]下「二月」，《後漢書》作「三月」。

司寇

「永平十八年，詔：『令天下亡命，自殊死以下贖，死罪縑三十匹，右趾至髡鉗城旦舂十匹，完城旦至司寇五匹。』」一本「寇」下有「作」字。按此上文十五年詔亦有此三條，「寇」下亦無「作」字，而《和熹鄧后紀》亦云「右趾以下至司寇」，但《章帝紀》建初七年詔先言「繫囚鬼薪、白粲以上皆減本罪各一等，輸司寇作」，然後繼之以「亡命贖，死罪」云云，章和元年詔同，如此則「寇」下可省「作」字，而元和元年詔亦有輸司寇作之文，若永平十五年、十八年詔，其上文絶無「輸司寇作」字樣，何得但言司寇，實屬不成文理，此非脱「作」字，乃史家因吏牘之文而失者。

今城

《肅宗紀》：「建初二年，燒當羌[一]叛，今城太守郝崇討之。」「今城」當作「金城」。

校讀記

［一］「燒當羌」原作「燒當作羌」，「作」字衍，據《後漢書》删。

産子復

「元和二年，詔：『人有産子者復，勿算三歲。』」按《前·高紀》：「七年，令民産子復，勿事二歲。」此多一歲。

諱肇

《和帝紀》：「帝諱肇。」注：「伏侯《古今注》曰：『肇之字曰始。肇音兆。』臣賢按：許慎《説文》肇音火可反，［一］上諱也。但伏侯、許慎並漢時人，而帝諱不同，蓋應别有所據。」愚考《説文》卷十二下《戈部》「肈」但云「上諱」，並無火可反之音，亦無解釋，惟徐鉉注云：「後漢和帝名也。李舟《切韻》云：擊也。从戈，肁聲。直小切。」卷三下《攴部》「肇」字則注云：「擊也，从攴，肈省聲。治小切。」卷十二上《户部》「肁」字注云：「始開也。从户，从聿。治小切。」《釋詁》：「肈，始也。」又：「謀也。」《釋言》：「肈，敏也。」《大雅·江漢》：「肇敏戎公。」毛傳用謀訓。合而考之，此字訓始者當作「肁」，不當从攴，今伏侯既謂諱和帝名曰始，而字又爲肇，非也。从攴者訓擊，則从戈者不訓擊，李舟之言亦非，至和帝名既訓始，則音兆者是。《説文》反切用孫愐，雖出於徐氏，而當李賢時蓋已有附入者，但音肇爲火可反，殊屬舛謬。[二]

校讀記

[一]火可反，《後漢書》李賢注作「大可反」。又西莊所引《後漢書·和紀》及李賢注，「肇」並應作「肈」。

[二]《廿二史考異》卷十云：「按《説文》云上諱者，乃从戈之肈，非从攴之肇。且《説文》無反切，乃後人所增益。章懷以爲《説文》有音者，非也。今本《説文》用孫愐《唐韻》切音，讀肈爲直小切，與北音同，不知何以有大可切之音，疑即『直小』兩字之訛。」

二月壬辰

《和紀》云：「章和二年二月壬辰，即皇帝位。」按《章紀》章帝以正月壬辰崩，而此紀和帝即位在二月壬辰，二者書日必有一誤。[一]

校讀記

[一]章帝實以章和二年二月壬辰崩，西莊以爲正月者誤，參見中華書局標點本《後漢書》一五九頁

二行《校勘記》。

阜陵王种

「永元三年夏六月辛卯，尊太后母比陽公主爲長公主。辛丑，阜陵王种薨」，注：「阜陵王种之子。」按「太后」上脱「皇」字，「比陽」當作「泚陽」。种，阜陵王延之子，注中「种」字傳寫誤，傳作「冲」。毛板脱誤不悉出，聊偶著之。

租更

「永元九年，詔：『今年秋稼爲蝗蟲所傷，皆勿收租、更、芻稾[一]。』」「更」謂踐更之役也。

校讀記

[一]「稾」原誤作「稾」，據《後漢書》改正。

趙世

「燒當羌寇隴西，遣越騎校尉趙世等討破之」，「趙世」，《西羌傳》作「趙代」，彼避唐諱。[一]一書中有避有不避，疏略也。今不悉出，聊一見之。

校讀記

[一]《廿二史考異》卷十云：「《西羌傳》作『趙代』，蓋章懷避唐諱改之，《趙熹傳》亦作『代』，此紀作『世』，又唐以後人回改。」

遼東昌黎

「復置遼東西部都尉官」，注：「西部都尉，安帝時以爲屬國都尉，在遼東郡昌黎城。」按《地理志》「遼西郡交黎縣」應劭注曰：「今昌黎。」昌黎之名始見於此，而西漢實無昌黎縣，應劭於後漢雖言昌黎，而《郡國志》亦無此縣。唐貞觀八年置此縣，隸營州都督，地在異域，茫昧難知。今之昌黎縣隸永平府者，則金所改移之名，又非唐之昌黎縣也。若漢遼東之西部都尉治無慮縣，不治交黎縣，李賢以漢遼西交黎之名被之遼東，殊誤。若韓文公自稱昌黎，《舊唐書》亦云昌黎人，而韓實南陽人，非昌黎，再考。

龍眼

「元興元年，南海獻龍眼、荔支」，注：「《廣雅》曰：『益智，龍眼也。』」按龍眼與益智非一物，《廣雅》誤，説詳唐慎微《經史證類備用本草》第十三卷，文多不載。

十七史商榷卷三十一

後漢書三

史書五十五

《安帝紀》：「好學史書。」注：「周宣王太史籀所作書，五十五篇。」按《藝文志》，《史籀》十五篇，此云「五十五」，上「五」字衍。

清河王

「十二月甲子，清河王薨」，按清河王慶不名，殆以其爲安帝之父故耳，然勃海王鴻，質帝之父，仍名，何也？例亂矣。

犍爲南部

「永初元年春正月戊寅，分犍爲南部爲屬國都尉」，按《續志》云：「犍爲屬國，故郡南部都尉，永初元年以爲屬國都尉，别領二城。」

兩三月

永初元年書「三月丙午」，其下書「丁卯」，又其下書「三月癸酉」，上「三」字當作「二」。

不調會稽

「調揚州五郡租米，贍給他郡」，注：「五郡，謂九江、丹楊、廬江、吴郡、豫章也。揚州領六郡，會稽最遠，蓋不調也。」按下文「七年，調零陵、桂陽、丹楊、豫章、會稽租米」，則會稽或但此役不調，非以遠故免。

遼蔣

「永初四年，遼蔣太守耿夔討南單于」，「蔣」當作「東」。

元初元年多誤

元初元年一年中紀事多脱誤，如「三月己卯，日南地坼」，「三月癸酉，日有食之」，連書三月既無理，己卯與癸酉相距五十五日，日亦有誤。[一]其下文又書「冬十月戊子朔，日有食之」，一歲再日食，恐亦誤。其下文又云：「十一月，是歲，郡國十五地震」，「十一月」下又有脱。

校讀記

[一]「三月己卯」，《後漢書·五行》四同，《安帝紀》作「二月己卯」。

太僕山

「元初二年，太僕山太山馬英爲太尉」，上「山」字衍。

無慮夫犂

「八月，遼東鮮卑圍無慮縣。九月，又攻夫犂營」，注：「無慮縣屬遼東郡。慮音閭。有醫無閭山，因以爲名焉。夫犂，縣名，屬遼東屬國。」按志，遼東郡及遼東屬國皆有無慮縣，醫無閭山則在屬國之無慮縣，不在郡所屬之縣，至夫犁則郡與屬國皆無此縣，注於二者皆有誤。

聽行三年喪

「元初三年，初聽大臣、二千石、刺史行三年喪」，按《劉愷傳》云：「舊制，公卿、二千石、刺史不得行三年喪，由是内外衆職並廢喪禮。元初中，鄧太后詔長吏以下不爲親服者，不得典城選舉。」謂此事也。建光元年三月鄧太后崩，安帝始親政，其年十一月復斷大臣二千石以上行三年喪矣，其後桓帝永興二年又聽刺史、二千石行三年喪服，延熹二年復斷刺史、二千石行三年喪，此事反覆乃爾，國將亡，必多制也。

與馬城

「建光元年，鮮卑圍烏桓校尉與馬城」，按「與」當作「於」。

春秋

「延光二年，詔選三署郎及吏人能通古文《尚書》、《毛詩》、《穀梁春秋》各一人」，按「春秋」上脱「左氏」二字。

北海樂安二王

「延光三年，北海王普、樂安王延來朝」，北海王普於上年薨，此乃恭王嗣位來朝，「普」當作「翼」。何氏焯已辨之。[一]愚考樂安王此時名鴻，「延」字亦誤。

校讀記

[一]按《義門讀書記》未見此條。

右校令左校丞

「初復右校令、左校丞官」，按志，左右校皆有令丞，劉昭注並云安帝復，此當作「右校、左校令丞官」。

高王

「延光四年，濟南王香薨」，注：「光武曾孫高王錯之子。」按「高王」當作「簡王」。

琅邪王遵

「永和三年，琅邪王遵薨」，按本傳及《安帝紀》，「遵」俱作「尊」。

濟北王

「永和四年，封故濟北惠王壽子安爲濟北王」，按安爲濟北王，安本傳作「安國」。

馮赦

「建康元年，揚徐盜賊掠城邑，遣御史中丞馮赦討之」，按《隸釋》曰：「以馮緄爲馮赦，紀之誤也。」[一]此事亦見緄本傳，而袁宏《後漢紀》第十九卷又作「馮放」，「放」、「赦」字相似，殊不可解。

校讀記

[一]見卷七《車騎將軍馮緄碑》後按語。又錢大昕《廿二史考異》卷十亦謂「馮赦」當作「馮緄」。

質帝紀宜補一條

「沖帝永嘉[一]元年春正月戊戌，帝崩。清河王蒜徵至京師」，其下叙質帝「封爲建平侯，即皇帝位」之下，當補一條云「清河王蒜罷歸國」，則上文「蒜徵至京師」之句方有下落。

校讀記

[一]「永嘉」當作「永憙」，見錢大昕《三史拾遺》卷四引史繩祖《學齋佔畢》説。

堂邑曲陽東城

《質帝紀》：「廣陵賊張嬰反，攻殺堂邑、江都長。九江賊徐鳳攻殺曲陽、東城長。」按「堂邑」下當有「令」字，《隸釋·費鳳碑》有堂邑令，[二]是也。但《順帝紀》「海賊曾旌殺句章、鄞、鄮三縣長」，此三縣未必皆是長，恐當有令，則是令長通稱。至注云：「曲陽縣，屬九江郡，故城在今豪州定遠縣西北。東城縣，故城在定遠縣東南。」考曲陽縣，《前志》九江、東海二郡皆有之，《續志》東海曲陽改屬下邳，九江曲陽加「西」字，此處不知是范氏誤脱去「西」字邪，抑李賢誤以爲九江所屬也。又考東城縣，《前志》屬九江，《續志》則無此縣，今據此紀及注，則似後漢實有此縣矣。未詳。

校讀記

[一]《隸釋》卷九有《費鳳别碑》。

馬勉稱皇帝

「九江賊馬勉稱皇帝，九江都尉滕撫討斬之」，按監本「皇」作「黄」，《滕撫傳》亦作「皇」，後華孟稱黑帝，則此宜作「黄」。

帝弟顧

《桓帝紀》：「建和二年，封帝弟顧爲平原王。」按顧，本傳作「碩」。[一]

校讀記

[一]顧，《後漢書》無傳，卷五十五《章帝八王河間孝王開傳》云：「建和二年，更封帝弟原作「兄」，據中華書局標點本改。都鄉侯碩爲平原王。」西莊殆據此，云本傳者誤。《廿二史考異》卷十亦引《河間王開傳》，謂其與紀互異。

長沙國

「永壽三年，長沙蠻叛，寇益陽」，注：「縣名，屬長沙國。」按長沙是郡非國。

己酉

永壽[一]八年先書「春正月」云云，其下即書「丙申晦，日有食之」云云，又其下又書「己酉」云云。按既云「丙申晦」，則「己酉」上脱「二月」二字。[二]

校讀記

[一]「永壽」當作「延熹」。

[二]《後書》云：「己酉，南宫嘉德署黄龍見。」《廿二史考異》卷十云：「按此上承正月丙申晦日食，則『己酉』上當脱『二月』兩字，《五行志》亦云二月也。」

涇陽

《靈帝紀》：「建寧元年，破羌將軍段熲破先零羌於涇陽」，注：「涇陽，縣名，屬安定。」按《前志》涇陽屬安定，《續志》安定無涇陽。

建寧五年

袁宏《後漢紀》第二十三卷「建寧五年春正月，車駕上原陵，諸侯王、公及外戚家婦女、郡國計吏、匈奴單于、西域三十六國侍子皆會，如會殿之儀」云云，案紀，建寧五年夏五月己巳，大赦天下，改元熹平，則此事當書於熹平元年。

甘陵王恢

「熹平元年，甘陵王恢薨」，按「恢」當作「理」，章帝六世孫，清河王蒜之子。

中山王暢無子

「熹平三年三月，中山王暢薨，無子，國除」，按《中山王本傳》云「暢薨，子節王稚嗣」，紀傳不同。[一]

校讀記

[一]《廿二史考異》卷十云：「按《中山王焉傳》：『穆王暢立三十四年薨，子節王稚嗣，無子，國除。』是暢本有子，而國亦未即除也。」

河間王建孫

「熹平四年，封河間王建孫佗爲任城王」，按《任城王傳》以佗爲建之子，非孫，紀傳

不同。[一]

校讀記

[一]《廿二史考異》卷十説同。

東平王瑞

「光和二年，東平王瑞薨」，按「瑞」當作「端」。

安平王續

「中平元年，鉅鹿人張角反，安平人執其王應之」，注：「安平王續。」按「續」，本傳作「績」。

十月庚寅

「中平二年冬十月庚寅」云云，按是年十月朔日爲丙申，則是月中不得有庚寅日，此書「庚寅」，誤也。

叙事無根

《靈帝紀》末突書宦官殺何進，嫌無來歷，宜言進謀誅宦官，謀泄，爲所害。又「并州牧董卓殺執金吾丁原，董卓自爲司空」，其下即書「董卓廢少帝爲弘農王」，而其上文未書明大將軍何進召董卓入，則叙事無根，亦其失也。

鄧泉

「興平二年，李傕、郭汜等殺光禄勳鄧泉」，按《五行志》作「鄧淵」，此作「泉」者，唐人避諱改。

爲輔國將軍

《獻帝紀》：「建安元年，封衛將軍董承爲輔國將軍，伏完等十三人爲列侯。」按「董承」下「爲」字衍。[一]

校讀記

[一]李慈銘曰：「慈銘案：伏完早襲爵不其侯，本列侯也，據《獻帝伏皇后紀》：『建安元年，拜完輔

國將軍，儀比三司。』然則此紀當云：『以執金吾伏完爲輔國將軍，封衛將軍董承等十三人爲列侯。』紀文傳寫脱誤，王氏但云衍『爲』字，亦失之未考。」

稾

《皇后紀》：「光武郭皇后，真定稾人也。」按《地志》真定國有稾城縣，此但作「稾」，未詳，或省文耳。

竇后比吕后

章德竇皇后，竇憲之妹，崩後，太尉張酺等請依光武黜吕太后故事，貶其尊號，不合葬先帝。按竇后私幸都鄉侯劉暢及憲女壻射聲校尉郭舉，事見《竇傳》，與吕后私辟陽侯審食其正同，故以爲比。

儀比敬園

和帝之母梁貴人爲竇后所忌，以憂卒，和帝立，廼改殯於承光宫，葬西陵，儀比敬園。注：「敬園，安帝祖母宋貴人之園也。」案《和紀》「章和二年三月癸卯，葬孝章皇帝于敬陵」，

即所謂「敬園」也。注反以後事爲比，大謬。[一]

校讀記

[一]《廿二史考異》卷十説同，且較西莊爲詳，文多不録。

和熹鄧后紀

《和熹鄧皇后紀》「諒闇既終」下有「久旱，太后比三日幸洛陽，録囚徒，理出死罪三十六人，耏罪八十人，其餘減罪死右趾以下至司寇」凡三十八字，此脱，監本脱同。

卑整

虞美人、陳夫人皆以梁氏，故榮寵不及，議郎卑整請加尊崇，注引《風俗通》「卑氏，鄭大夫卑諶之後」，則作「卑」信矣。而袁宏《後漢紀》第二十四卷作「畢整」，《蔡邕集》有雁門畢整，爲胡廣掾，即此人，二者未知孰是。

改姓薄

「桓帝鄧皇后，后少孤，母改嫁梁紀。紀，梁冀妻孫壽之舅也。后隨母冒姓梁氏，及立爲后，帝惡梁氏，改姓爲薄」，按《五行志》「薄」作「亳」。

父諱武

「桓思竇皇后，父諱武」，按后父不當言諱，「諱」字衍。[一]

校讀記

[一]李慈銘曰：「慈銘案：此條已見顧氏炎武《日知録》第二十六卷《史文衍字》條下。」

太后后

「熹平元年，太后卒于比景，后感疾而崩」，按「太后」之下脱「母」字，「后」之上脱「太」字。

曹后薨年

「獻穆曹皇后諱節，曹操女。建安十八年，操進女爲夫人，十九年，拜爲貴人。伏后被弑，明年立爲皇后。后在位七年。魏氏既立，爲山陽公夫人，自後四十一年，魏景初元年薨」，案「在位七年」者，通爲貴人至降爲山陽夫人之年總數之，故得七年也。「景初」當作

「景元」，傳寫誤耳。《三國·魏志·三少帝紀》「陳留王奂，景元元年夏六月己未，故漢獻帝夫人節薨，使使持節追謚夫人爲獻穆皇后」是也。自魏氏初立，后降爲山陽公夫人，數至此恰四十一年。又《武帝紀》叙操之祖曹騰事，裴松之注引司馬彪《續漢書》曰：「騰父節，字元偉」云云，宦官有曹節而騰之父亦名節，蓋同姓名者，然則於獻穆皇后爲高祖，不應獻穆命名上同之，二者必有一誤。

舞陽長公主

「世祖光武皇帝長女義王，建武十五年，封舞陽長公主，適延陵鄉侯太僕梁松」。注：「松，梁統之子。其傳云：『尚光武女舞陰公主。』又《鄧訓傳》：『舞陰公主子梁扈，有罪，訓與交通。』此云舞陽，誤也。」按《章德竇皇后傳》亦作「舞陰」。

十七史商榷卷三十二

後漢書四

續志所本

梁劉昭注晉司馬彪紹統《續漢書志》自序云：「司馬《續書》總爲八志，《律曆》之篇仍乎洪、邕所搆，《車服》之本即依董、蔡所立，《儀》、《祀》得於往制，《百官》就乎故簿，并藉據前修，以濟一家。范志全缺，序例所論頗褒其美，廼借疑當作「仿」。前志，注以補之。分爲三十卷，以合范史。」此序汲古閣毛氏不載，遂令讀者茫昧，宛平孫氏、安溪李氏皆以司馬《志》爲范書矣。洪者，劉洪也。邕者，蔡邕也。董者，董巴也。蔡即邕也。據此序則知范史有序例，今刻亦無。京房論律以候氣爲主，其説受之焦贛，此《易》學與律曆之微言，必出於孔門七十子之徒，乃不見於《前志》而司馬氏特詳著之，蓋蔡邕所取也。《禮儀志》注引謝承《後漢書》曰：「太傅胡廣博綜舊儀，立漢制度，蔡邕因以爲志，譙周後改定爲《禮儀志》。」

《祭祀志》注云：「謝沈《書》曰：『蔡邕引中興以來所修者爲《祭祀志》，此志即邕之意也。』」[一]《天文志》云：「明帝使班固叙《漢書》，而馬續述《天文志》，今紹《漢書》作《天文志》，起王莽，迄獻帝。」注云：「蔡邕撰建武已後，星驗著明，以續《前志》，譙周接繼其下者。」考馬續字季則，馬援之從孫，嚴之子，融之弟也，附見《後書・援傳》末。《五行志》云：「《五行傳》説及其占應，《漢書・五行志》詳矣，故泰山太守應劭、給事中董巴、散騎常侍譙周并撰建武以來災異，今合之以續《前志》。」《百官志》云：「故新汲令王隆作《小學漢官篇》，諸文倜説，較略不究。唯班固《百官公卿表》差有條貫，然皆孝武奢廣之事，世祖節約之制宜爲常憲，故依其官簿，以爲《百官志》。」

校讀記

[一]《祭祀志》注：「謝沈《書》曰：『蔡邕引中興以來所修者爲《祭祀》，志即邕之意也。』」盧文弨校云：「案本傳，邕撰十意，必補二字，語方明。」輝按：盧校補「意此」二字，西莊所引「祭祀志」當作「祭祀意」。

甲子

《續・律曆志》云：「記稱大橈作甲子。」劉昭注引《呂氏春秋》曰：「黄帝師大橈。」《月令章句》："大橈探五行之情，占斗綱所建，於是始作甲乙以名日，謂之幹，作子丑以名日，謂之枝，枝幹相配，以成六旬。"[一]按《周禮·春官》："馮相氏掌十有二辰、十日之位。"注云："十二辰，子丑之等也。十日，甲乙之等也。"[二]

校讀記

[一]按《月令章句》亦劉昭注引。

[二]按此爲賈公彦疏中語，非注。

季冬臘

《禮儀志》："季冬之月，大享臘。"注："高堂隆曰：『帝王各以其行之盛而祖，以其終而臘。火生於寅，盛於午，終於戌，故火家以午祖，以戌臘。』"按漢家行夏時已久矣，此季冬月豈戌月乎？高堂隆説非也。

甘石

《續·天文志》云："魏石申夫、齊國甘公皆掌天文之官。"劉昭於石申夫下注云："或云石申父。"按《前志》於槍欃棓彗諸星及二十八宿與五星皆引甘氏、石氏經，而此志則與萇弘、梓慎、裨竈並稱，當爲戰國時人。予所見前明隆萬間人彙刻書中有《星經》，分爲上、下兩卷，首題云「漢甘公石申著」，壹似并二人爲一人者，已屬大謬，其第一行又題云「原缺文一張」，亦未詳。《前志》所采甘石説，此經中皆無之。

危八度

《續五行志》：「建武二年正月甲子朔，日有食之，在危八度。」案袁宏《後漢紀》「危八度」作「十度」，此下所載説與袁宏《紀》大同小異，不知宏所取即司馬氏《續志》文乎，抑或别有所取也。

三史

《郡國志》：「今録中興以來郡縣改異，及《春秋》、三史會同征伐地名。」按「三史」謂《史記》、《前·後漢書》，而《後漢》則指謝承或華嶠書。[一]

校讀記

[一]按此條非是，參見本書整理弁言。

省并朔方

司隸校尉自爲一部，其餘豫、冀、兗、徐、青、荆、揚、益、凉、并、幽、交分爲十二州，州各刺史總統之，合司隸共爲十三部，此制已詳《前書》，後漢同。惟朔方刺史於建武十一年省并交州，見《光武紀》及《郭伋傳》，與前漢異。

郡國太守刺史治所

《郡國志》叙首云：「凡縣名先書者，郡所治也。」郡太守所治之縣自宜先書，此例甚當。《前志》每郡先書者不必定太守治，則太守所治宜逐郡詳書之，乃都尉治則書，太守治不書，此《前志》之不如《續志》者。至刺史治，《續志》皆詳書之，而《前志》亦不書，説已見前。若都尉，《前志》有治所，《續志》無者，《百官志》言「建武六年，省諸郡都尉，并職太守」，注云：「每有劇賊，郡臨時置都尉，事訖罷之。」[二]故《郡國志》無其治所。

司隸校尉部獨爲一卷，其治所自當在雒陽，故不注。劉昭於卷尾註引《漢書舊儀》曰「司隸治所」，此例之異者。《漢舊儀》或出衛宏，或出應劭，或出蔡質，皆不可知。「書」字誤衍。至交州部蒼梧郡所屬廣信縣下注云：「《漢官》曰：『刺史治，去雒陽九千里。』」此

「刺史治」三字疑是司馬彪原注，蓋劉昭既用小字注此志，乃以司馬氏原注進爲大字，見昭自述，則此「刺史治」似當爲大字，在注之上，傳寫誤移入注矣，非司馬氏獨漏此州也。若九江郡所屬歷陽侯國，大字云「刺史治」，而壽春縣下小字云「《漢官》云『刺史治，去雒陽千二百里』」，與《志》不同。二説之所以不同者，何氏焯謂《志》據中興以後，《漢官》據末年。[二]考《志》據永和五年，而交州注引王範《交廣春秋》云：「交州治嬴陵縣，元封五年移廣信縣，建安十五年治番禺縣。」元封，前漢武帝號，以此例之，可見《志》據永和而《漢官》亦不據末年，若據末年，何不書交州刺史治於番禺乎？何説未的。

各州皆書刺史治，惟益州廣漢郡雒縣、涼州漢陽郡隴縣獨書州刺史治，多一字，亦宜刪歸畫一。

校讀記

[一]按此爲劉昭注引應劭曰。

[二]見《義門讀書記》第二十五卷。

世紀荒誕

《郡國志》劉昭注所引皇甫謐《帝王世紀》：「禹九州之地二千四百三十萬八千二十四

頃，定墾者九百二十萬八千二十四頃，不墾者千五百萬二千頃。」又言：「民口一千三百五十五萬三千九百二十三人。周公相成王，致治刑錯，民口一千三百七十一萬四千九百二十三人，多禹十六萬一千人。」又言：「齊桓公二年，周莊王之十三年，五千里內，非天王九儐之御，自世子公侯以下至於庶民，凡千一百八十四萬七千人，除有土老疾，定受田者九百萬四千人。」此等實數，皇甫謐從何處得來，乃言之鑿鑿如是，試思虞夏及周成王年數尚且不可知，乃詳述其地之頃數、民之口數，豈不可笑？謐之謬妄乃爾，而劉昭信之，可謂愚矣。又云：「元始二年，郡國百三，縣邑千四百八十七，民户千三百二十三萬三千六百一十二，口五千九百一十九萬四千九百七十八人，多周成王四千五百四十八萬五十五人。」按班《志》縣邑一千三百一十四，户千二百二十三萬三千六十二，口五千九百五十九萬四千九百七十八，與謐言俱不合。謐之荒誕肆臆妄造，幸其著述多不傳，而引見他書者尚足惑人，故辨之。

郡國建置沿革非劉昭注

河南尹下小字注云「秦三川郡，高帝更名，世祖都雒陽，建武十五年，改曰河南尹」，其下繼以「應劭《漢官》曰『尹，正也』」云云，又其下則大字云：「二十一城，永和五年户二十萬八千四百八十六，口百一萬八百二十七。」各郡國仿此，但河南雒陽是京師，故各郡國於沿革下又多「去雒陽若干里」一句。愚謂《前志》每郡下必小字系以建置沿革，其下若有顔注，則以「師古曰」三字别之，其下則大字書户口若干，蓋《前志》凡班氏本注亦用小字，因顔注既有「師古曰」三字爲識别，不慮其相溷也，而户口數却作大字書之。《續志》既取司馬氏本注進爲大字，而各郡國名下小字建置沿革即班氏遺規，故仍其舊，不進大字，若以「秦三川郡」云云爲劉昭注則非矣。

郡國名下本注亦作小字，與昭注無别，而仍有别者，本注不引他書，昭引他書以隔之。其有不引者，濟北國加「臣昭案」字，琅邪國遼東郡下加「案」字，其清河國「桓帝」云云，丹楊郡「孫權」云云，犍爲郡「劉璋」云云，益州郡「諸葛亮」云云，張掖郡「獻帝」云云無識别，例有小出入，要皆彪語，非昭注，而大字則專主永和五年，但濟北國、琅邪國既插入「臣昭案」云云，而其末雒陽里數一句仍彪本注，間厠錯襍，殊爲眩目。

郡國去雒陽里數

各郡國皆注在雒陽東西南北若干里，此《前志》所無而甚有理，但又有闕書者，右扶風、魯國、常山國、北海國、太原郡、上郡、五原郡、雲中郡、定襄郡、朔方郡、廣陽郡凡十一郡國，此自亂其例也。又凡屬國皆不注去雒陽若干里一句，而遼東屬國獨有之，例皆不定。《舊唐書·地理志》各州府下皆言至京師里數，法《續漢志》也。

刺史治去雒陽里數

太守所治既注去雒陽里數，而刺史總統一部，反不注，此司馬之闕漏，故劉昭每條輒采《漢官》注之。乃又有如山陽郡昌邑縣兗州刺史治，東海郡郯縣徐州刺史治，齊國臨菑縣青州刺史治，九江郡歷陽侯國揚州刺史治，廣漢郡雒縣益州刺史治，太原郡晉陽縣并州刺史治，凡六處，皆失注去雒陽若干里，此似劉昭之自亂其例矣。詳考之，昌邑、郯縣、臨菑、雒縣、晉陽皆先書者，則皆太守治也，而刺史亦治之，又有如廣陽郡薊縣、蒼梧郡廣信縣皆刺史、太守同治一縣者，此制似後漢則然，而前漢未必爾，俟再考。昌邑等四縣既爲刺史、太守同治，則注於郡下，不必復注於縣下，此不得謂劉之自亂其例也。并前條所摘廣陽之薊縣既注於縣下，亦不必復注於郡下，亦不得謂劉之自亂其例矣。但太原之晉陽，郡下、縣下皆無此一句，則何以解乎？蒼梧之廣信，郡下注「雒陽南六千四百一十里」，縣下注「去雒陽九千里」，彼此不同，則又何以解乎？司馬氏既多罅漏，劉昭欲推明司馬氏之指，而反滋疑竇如此，可見古人著述能無遺恨者亦少。

城即縣

《前志》大字户口下提行重起，書縣若干，《續志》則郡國名小字沿革之下即用大字先書若干城，然後連書户口若干，城即縣若干。

志據永和

河南尹下户口據永和五年。永和，順帝號也，則疑郡國建置亦據此年，但《志》宜據最後爲定，故《前志》據元始。永和以下，漢運尚有八十年，不知何以據此。《志》尾總論亦言順帝，蓋司馬氏偶得永和之籍，遂據之，而以後之籍未之得故也。劉昭云：「豈此是順朝時書，後史即爲本乎？」此意昭已見之，今歷考郡國下小字本注各屬縣下，大字本注或言某帝所置，或言某帝所更名，或言某號某年改，皆在永和五年以前，間有下及永和三年者，而從無五年以下，則知此志以永和五年爲定。至漢末事仍有偶見者，要無害於大字之爲專主永和，如清河國注「桓帝建和二年改爲甘陵」，然大字仍書清河則可見。

國隨郡次

《前志》每郡注屬某州，既不如《續志》徑分各州之直捷，而將各國總聚於各郡之後，遂致東西間隔、南北錯互，亦不如《續志》隨各國道里附近之郡編次爲愜當。

十七史商榷卷三十三

後漢書五

郡國襍辨證

「河南尹穀城瀍水出」，「瀍」字，《説文・水部》無，《新附》亦無，今《禹貢》、《洛誥》、《前》、《後漢》皆有，此漢俗字，或出魏晉，古當只作「廛」。

河南尹之末，監本有平縣，汲古脱此一縣，則與上文二十一城不合。

「河内郡州平睪」，「州」下當空一格，誤連。

「修武有潰城」，「潰」當作「隤」，注同。

「共本國。淇水出」，注引《博物記》曰：「有緑竹草。」即《衛風・淇澳》「菉竹」。

「河東郡濩澤有祁城山」，按「祁城」，《前志》作「析城」，此誤。

「京兆尹長安」，注：「長安城方亦十三里，十三城門。」按「亦」當作「六」，「十三」當作

「十二」。又安帝永初四年置京兆虎牙都尉，居長安，此志不載。

「有蘭池」，注：「刻石爲鰈魚。」「鰈」當作「鯨」。

錢大昭曰：「《隸續·劉寬碑陰》永安長京兆下圭駱□伯彦，又有京兆下圭六人，《前志》京兆有下邽，今《郡國志》無，疑司馬氏脱此一縣，或中葉以後省。」〔一〕按鄭縣注引《黄圖》云：「下邽縣并鄭，桓帝西巡復之。」此志本據永和五年，其時已省下邽，至桓帝始復，而《劉寬碑》立於靈帝中平二年。錢云司馬脱，非也。謂中葉省是也。據此益可見《郡國》皆載永和五年。

「右扶風，汧有吴嶽山，本名汧，汧水出」，按今《禹貢》作「岍」，《説文》無「岍」字，此云「本名汧」，謂山名汧也。

安帝永初中置扶風都尉，居雍縣，獻帝省都尉，分置漢安郡，此志於都尉本略不載，故雍縣下無都尉，而獻帝所置則以此志據永和，故不載。

「美陽」，注：「成王有岐山之蒐。」「山」當作「陽」。

「周城」，注：「南有周源。」「源」當作「原」。

「潁川郡潁陰有岍亭」，「岍」當作「岍」。

「梁國碭山出文石」，按碭，縣名。「山出文石」，注也。後漢未嘗改縣名，後人誤讀，遂謂後漢改名碭山，非也。

「薄故屬山陽，所都」，按《梁王傳》云：「建初四年，以濟陰之薄益梁。」「濟陰」二字誤。此刻「所都」上脱「湯」字。

「沛國」，注：「秦泗州郡。」按沛國即前沛郡所屬縣，以《前志》參對不見者，多疑皆光武所省。「泗州」，據《前志》當作「泗水」。

「沛縣」，《孔宙碑陰》作「小沛」。[二]

「蘄」，注：[三]「高祖擊黥布於會甄。」「甄」當作「甀」。

「公丘本膠國」，「膠」當作「滕」。

「紅縣」，注：「《地道記》云：『《左傳》昭八年「大蒐于紅」。』」按紅，《前志》作「虹」，與虹同。昭八年：「蒐于紅。」杜曰：「紅，魯地。沛國蕭縣西有紅亭遠。」[四]據此，不當在虹縣，注恐非。

「太丘」，按故敬丘，明帝更名。

「陳國」，注：「高帝置爲淮陽，章和二年改。」屬縣扶樂無注。案此當注云故屬汝南，建武三十年以汝南之扶樂益淮陽國。

「長平故屬汝南」，案建武三十年以汝南之長平益淮陽國。

魯國所屬有魯國，下空一格，又云奄國。案當以「魯」字爲句，下脱「本」字，「國」下「奄」上是「故」字，誤空一格。

「豫州刺史部，郡、國六，縣、邑、侯國九十九」，按「侯國」上疑脱「公」字，以宋爲公國也。

「常山國高邑刺史治」，注：「法雒陽一千里。」「法」當作「去」。

「中山國母極」，「母」當作「毋」。

「安國」，無注。按延熹元年屬博陵郡，此永和後事，故不載，下倣此。

「蠡吾，故屬涿」，按延熹元年屬博陵郡。

「安平國」，注：「故信都，高帝置。明帝名樂成。延光元年改。」屬縣首列信都。按信都，延熹元年屬博陵郡。

「觀津」，司馬氏無注，按當注云：「故屬清河，建初四年以清河之觀津益樂成。」

「饒陽，故名饒，屬涿。安平，故屬涿。南深國，故屬涿」，按南深國，「國」當作「澤」，建初四年，以涿郡之饒陽、安平、南深澤益樂成國，故此三縣皆注云「故屬涿」也。安平、南深澤，延熹元年又屬博陵郡。

「河間郡」，「郡」當作「國」。

「高陽故屬涿」，案延熹元年屬博陵郡。

「陳留郡濟陽」，注：「光武王。」「王」當作「生」。

「酸棗」，注：「東有地烏巢。」「地」下少「名」字。

「祭城」，注：「僖二十八年會盟宛濮，注曰：『近濮水。』」「會」上脱「衛」字。「注曰」當作「杜預曰」，下倣此。

「東郡臨邑有沛廟」，「沛」當作「泲」。

「竿城」，注：「《前書》故發干城。」「城」當作「縣」。

「東平國章壽張」，「章」下當空一格，誤連。

「泰山郡茌侯國」，「國」下當空一格，此與下「萊蕪」誤連。

「萊蕪有原山，潘水出」，按此「潘水」當作「淄水」，傳寫誤作「潘」，但《説文》亦無「淄」字，《前志》只作「甾」。

「濟北國茌平」，「茌」當作「茬」。[五]

「山陽郡鉅野有大野澤」，注：「縣西南有郥亭。」按「郥」當作「溴」。

「濟陰郡戍陽」，「戍」當作「成」。

「兖州刺史部，郡、國八」，案《前》淮陽國屬兖州，今《續志》無其縣，有入陳留者。

「琅邪國琅邪」，注：「《越紀》。」或改「《越絶》」，其實此書名《越紐》。

「廣陵郡」，注：「建武中省泗水國，以其縣屬。」而所屬淩縣本注云：「故屬泗水。」案此所言泗水國，與秦所置之泗水郡無涉，但《前志》泗水國所屬有三縣，今惟淩改屬，餘皆不見，疑光武省。

「東陽故屬臨淮」，此下誤空一格，當與下文「有長洲澤」云云連書。

「濟南郡」，注：「故齊。」此所謂「故」者，指秦時言之，非西漢也。蓋濟南郡之地在秦時本齊國地，文帝分爲濟南國，景帝又爲濟南郡耳。至此志又有齊國，注云「秦置」者，意與濟南注同而小異其文，以濟南與齊國雖同爲齊地，而齊國治臨菑，乃其本都故也。《續漢》之齊國即《前漢》之齊郡，蓋西漢改國爲郡，後漢又改郡爲國耳。若王莽又改前漢之齊郡爲濟南，則任意紛更，淆亂名實，殊爲可憎。

「鄒平東朝陽」，「平」下當空一格，誤連。

「北海國」，注：「建武有菑川、高密、膠東三國，以其縣屬。」「有」當作「省」。

「下密，安帝復拒」，「復」下當空一格，誤連。

「東萊郡牟平惤」，「平」下當空一格，誤連。

「盧鄉長廣」，「鄉」下當空一格，誤連。

「齊國」，即《前》齊郡，但所屬之縣有光武省去者，此類多有，不悉出。

「南郡江陵」，注：「孫叔敖冢在城中四十里。」「中」當作「東」。

「中盧」，注：「皋厭可小小便。」「皋」當作「皋」，上「小」當作「少」，見《水經注》。

「印侯國」，「印」當作「邛」。

「江夏郡沙羨邾」，「羨」下當空一格，誤連。

「下雉蘄春」，「雉」下當空一格，誤連。

「鄂平春」，「鄂」下當空一格，誤連。

「零陵郡零陵」，注：「雍水。」當作「灌水」。

「洮陽都梁」，「陽」下當空一格，誤連。

「長沙郡湘南」，注：「禹案其文治水。」「文」下脱「以」字。

「下雋羅」，「雋」下當空一格，誤連。

「丹楊郡丹楊」，疑郡縣名俱當作「楊」。

「涇歙」，「涇」下當空一格，誤連。

「廬江郡襄安皖」，「安」下當空一格，誤連。

「安豐」，注引杜預曰：「有雞備亭。」「備」或改「人」，今注疏本仍作「備」。

「會稽郡」，注：「秦置。本治吴，立郡吴，乃移山陰。」「立郡吴」當作「立吴郡」。

「鄮烏傷」，「鄮」下當空一格，誤連。又注：「分縣南鄉爲長山縣。」「長」當作「常」。

「餘姚句章」，「姚」下當空一格，誤連。

「鄞章安」，「鄞」下當空一格，誤連。

「吴郡吴震澤」，注：「中有句山。」「句」當作「包」。又：「大雷小雷，周處曰：『舜漁澤之所。』臣昭案：『此僻在成陽是也。』」愚謂昭辨舜漁在成陽不在此，何得反言是也？必有誤。

「餘杭」，注：「顧來。」當作「顧夷」。

「毗陵北江在北」，閱此益知《前志》但云江在北，無北江之稱者，實脱落也。

何氏焯曰：「《吴郡圖經續記》漢順帝永建四年分會稽爲吴郡，以浙江中流爲界，故餘杭、富春皆屬吴郡，但《前書》有錢唐，靈帝時朱儁封錢唐侯，而今志無之。按《戴就傳》揚州刺史歐陽參收就于錢唐獄，明當時未嘗并省，蓋闕文也。」〔六〕愚謂「順帝永建」云云，乃本志文，何氏不引，而但引《圖經續記》朱長文之言，稍嫌無根，錢唐蓋於後漢初曾并省，《郡國志》係據順帝永和，永和以後蓋又復置，靈帝之事不足相難，而何氏據之，何氏似不知志據永和者。至戴就見《獨行傳》，因揚州刺史歐陽參遣部從事薛安案會稽太守成公浮臧罪，收就繫獄，及事白，就爲後會稽太守劉寵所舉。考《循吏傳》寵自會稽太守徵爲將作大匠，轉宗正大鴻臚，延熹四年代黄瓊爲司空。延熹是桓帝號，四年，上距永和五年已二十二年，則就在錢唐獄必是永和五年以後復置錢唐縣耳。當永和五年前，錢唐固嘗并省，故志無之，何云未嘗并省而志闕文，恐誤。歐陽參爲揚州刺史，成公浮爲會稽太守，疑亦必在永和以後，但未有據，俟再考。

「豫章郡南野有臺領山」，「臺」下誤空一格，當與「領」字連書。

「歷陵有傅易山」，當作「傅易山」。

「彭澤縣」下空一格，然後書「彭蠡澤在西」，誤，當連書。

「平都侯國，故安平。石陽」，「安平」下當空一格，誤連。

「漢中郡上庸本庸國房陵」，「庸國」下當空一格，誤連。又「房陵」，注：「建安十三年别蜀新城郡。」「蜀」當作「置」。

「巴郡」，注：「劉綽分巴。」「綽」當作「璋」。

「江州」，注引杜預曰：「有塗山，禹娶塗山。」按塗山在今鳳陽府懷遠縣，古今沿革不常，異説已不勝其繁，若依杜預則又在巴郡矣。或疑娶塗山與會諸侯之塗山是兩處，予則直疑杜説乃妄造耳。

「廣漢郡雒縣州刺史治」，案《劉焉傳》「益州刺史郤儉在政煩擾，益州賊馬相殺綿竹令，進攻雒縣，殺郗儉」，是州刺史治雒縣之證也。

「蜀郡瀌氏道」，「瀌」當作「湔」。

「犍爲郡江陽」，注：「漝從縣南流至漢嘉縣入大穴，中通剛山下，因南漝出。」「剛」當作「峒」，「因」當作「西」。

「越嶲郡莋奏」，「奏」當作「秦」。

「益州郡滇池黑水祠」，注：「水是温泉，有白蝟山，淮有蝟。」「淮」字當作「涯」。

「石室山出錫。監町山出銀、鉛」，按「錫」下誤空一格，宜連書。

「梇棟」，「梇」一作「弄」。

「永昌郡邪龍雲南」，「龍」下當空一格，誤連。

「蜀郡屬國漢嘉故青衣，陽嘉二年改。有蒙山」，「改」下誤空一格，當連書。又注：「洙水從西來。」「洙」疑當作「沬」，「西」當作「邛」。

「嚴道有邛僰九折坂」，「僰」疑當作「崍」。又注：「王陽行步。」「步」當作「部」。

「隴西郡河關故屬金城。積石山在西南」，「金城」下誤空一格，當連書。

「漢陽郡冀有緹羣山。有雒門聚」，「山」下誤空一格，當連書。

「西」，注引鄭康成《尚書注》：「西在隴西西，今謂之八充山。」「八充山」當作「兑山」，傳寫誤分一字以爲二，又於从口、从儿之上誤加亠，詳《後案》。

「武都郡上禄故道」，「禄」下當空一格，誤連。

「安定郡朝那」，注：「涇水出縣西丹頭山。」「丹」當作「幵」。

「武威郡鸇陰」，「鸇」當作「鶉」。

「祖厲」，當作「祖厲」。

「酒泉郡安彌故曰緩彌」，「緩」當作「綏」。

「敦煌郡敦煌古瓜州」，「古」上誤空一格，當連書。

「張掖居延屬國」，注：「安帝别領一郡。」「郡」當作「城」。

「涼州刺史部，郡十二」，「郡」下脱「國」字。

「上黨郡長子」，注：「《山海經》曰：『有發鳩之山，章水出焉。』《上黨記》曰：『關城，都尉所治。』」又「屯留絳水出」，注：「《上黨記》曰：『有鹿谷山，濁漳所出。』」案若論水道，「鹿谷山濁漳出」云云亦當在長子之下，不當入屯留，酈道元亦誤。劉昭不足以知之，詳予《尚書後案》。

「銅鞮」，注：「晉别宫墟關猶有北城。」「猶」下脱「存」字。

「沾縣」，注：「《山海經》『有少山』云云。郭璞云在沾。」按當云「在此」。

「壺關」，注：「今名無睪。」當作「平睪」。

「泫氏有長平亭」，注：「《史記》曰：『白起破趙長平。』《上黨記》曰：『白城在郡南山中百二十里。』」按「白城」「白」字衍。

「穀遠」，注：「羊頭山，沁水所出。」「沁」當作「沁」。

「太原郡晉陽晉水」，注：「杜凱曰」。「杜」下脱「元」字。

「榆次」，注：「《左傳》曰謂塗水。」「曰」字衍。

「于離玆氏」，「離」字下當空一格，誤連。

「慮虒」，當注云：「音盧夷。」

「西河郡」，注：「雒陽北千二百里也。」「也」字衍。

「五原郡父國」，「父」當作「文」。

「成宜」之下、「西安陽」之上，當空一格，此誤空二格。

「鴈門郡埒」，當作「埒」。

「馬邑」，注：「秦人築城，城崩數矣。有馬馳走其地，周旋反覆，依以築城，乃不崩。」

「其地」當作「一地」。

「朔方郡大城」，「城」當作「成」。

「廣陽郡」，注：「高帝置，爲燕國，昭帝更名爲郡。世祖省并上谷，永平八年復。」按據《前志》，「昭帝更名」當句絶，「爲郡」當句絶，此下當增一句云「宣帝更爲國」，然後接「世祖」云云，「復」字下當增「爲郡」二字。

「上谷郡潘永元十一年復。甯」，按「復」字下當空一格，誤連。「甯」當作「寧」。

「廣甯」，當作「廣寧」。

「涿鹿」，注：「張宴曰。」「宴」當作「晏」。

「右北平郡俊靡無終」，「靡」下當空一格，誤連。

「遼東郡汶」，當作「文」。

「玄菟郡西蓋鳥」，「鳥」當作「馬」。

「樂浪郡湨水」，「湨」當作「浿」。

「遼東屬國賓徒」，「徒」當作「從」，因下有徒河，相涉而誤。

「交趾郡定安」，《前》作「安定」。

「九真郡無功」，《前》作「無切」。袁宏《後漢紀》第七卷光武帝建武十九年作「無功」，疑以「功」爲正。

〔一〕見《後漢書辨疑》卷四。
〔二〕見《隸釋》卷七。
〔三〕「注」字據文義補。按「高祖擊黥布於會甀」係劉注引《史記》曰。
〔四〕「遠」字當屬下讀，西莊引失句。
〔五〕李慈銘曰：案：「今作『荏』，因其音也，此流俗誤造之字，不可從。」
〔六〕見《義門讀書記》第二十五卷。

總論劉注抵牾

志尾總論劉注多所抵牾，總論云：「至於孝順，民户九百六十九萬八千六百三十，口四千九百一十五萬二百二十。」注引應劭《漢官儀》曰：「永和中，户至千七十八萬，口五千三百八十六萬九千五百八十八。」永和，孝順帝號也，此數已與大字總論不合，此下又引《帝王世紀》「永嘉元年，永嘉，沖帝號。「元年」，汲古作「二年」，從義門何校改。户則多九十七萬八千七百七十一，口七百二十一萬六千六百三十六」，「應載極盛之時，而所殊甚衆，舍永嘉多，取永和少，良不可解。皇甫謐校覈精審，復非謬記，未詳孰是」。〔一〕愚謂志例應載極後，非極盛。永嘉既在後，且又較盛，固應載。或偶得永和籍，不得永嘉亦可，但皇甫謐慣造僞言，爲鬼爲蜮，比應劭更難憑依。劉乃云「校覈精審」，愚矣。此下又引伏无忌所記，永嘉元年户九百九十三萬七千六百八十，口四千九百五十二萬四千一百八十三。按以應劭數皇甫加若干筭，應户一千一百七十五萬八千七百七十一，口六千一百八萬六千二百二十四，又與伏无忌不合。劉昭總爲皇甫謐所誤耳。豈知謐專以夸誕欺人，高祖父太公尚爲製名字，詭妄如此，其言何足信。前所云汲古以元年爲二年，必又是南宋書坊妄改，因數不合，以此彌縫之。

校讀記

[一]按從「應載極盛之時」至此爲劉注。

博陵郡

《前漢·地理志》涿郡屬縣有安平，遼東郡屬縣有西安平，菑川國屬縣有東安平。按遼東地大約在涿郡之北耳，未必在其西，是以王莽改名北安平，而師古於東安平下引闞駰云：「博陵有安平，故此加東。」博陵安平即涿郡安平也。蓋涿郡安平不言方向，是最在前，餘兩安平則以東西分列之，但《漢志》實無所謂博陵郡，闞駰特借後名以言前事耳。趙明誠《金石録》、洪适《隸釋》有《博陵太守孔彪碑》，立於靈帝建寧中，而《續漢·郡國志》亦無所謂博陵郡，惟《後書·桓帝紀》「延熹元年六月，分中山置博陵郡」，李賢注云：「博陵郡，故城在今瀛州博野縣，後徙安平。」唐博野縣，據《皇輿表》乃兩漢蠡吾縣，今之蠡縣，與今之博野縣名同地異。二縣今并屬直隸保定府。博陵郡名實始於此。《水經》第十一卷：「滱水東過博陵縣南。」酈道元注云：「博陵縣即古陸城，漢武帝元朔二年，封中山靖王子劉貞爲侯國。《地理風俗記》曰：博陵縣，《史記》蠡吾故縣矣。漢質帝本初元年，繼孝沖爲帝，追尊父翼陵曰博陵，因以爲縣，又置郡焉。漢末，罷還安平。」酈説如此。考《後書》，質帝乃勃海孝王鴻之子，翼乃桓帝之父，置郡乃桓帝事，非質帝。酈注於此大謬，而其餘亦多可疑，并《後書·桓帝紀》亦有疏漏，何則？《孔彪碑陰》及《靈臺》、《楊著》等碑陰所列博陵郡所屬之縣，有連署博陵者，上爲郡名，下爲縣名，而此縣外又有安國、蠡吾、信都、安平、南深澤、高陽，凡七縣，碑乃當時所刻，必不誤。惟《楊震碑陰》列有博陵三人，此乃指郡名非縣名，不可據。今《續志》無博陵縣，而安國、蠡吾二縣屬中山國，高陽屬河間國，惟此外三縣屬安平國耳。然則酈何以但言罷還安平，而不及中山、河間乎？意者《續志》但據順帝永和五年，其時諸縣分隸三國，而漢末罷還之時又俱割入安平乎？可疑一也。酈謂博陵縣即蠡吾縣，博陵郡實置於此，是説下與李賢合矣，但又以爲即陸成縣，而《前志》陸成屬中山國，《王子侯表》有陸城侯貞，其蠡吾縣自屬涿郡，則非一地，無論陸成是縣，《三國志》以爲涿縣之亭，誤不待言，而如酈説，則是博陵也、陸成也、蠡吾也，三者實一矣。恐非。此縣似與陸成無涉，且《續志》之所以無博陵郡博陵縣者，以其據永和不及延熹所置故也。而亦無陸成縣，豈後漢初又併陸成入蠡吾乎？可疑二也。姑勿論，又據各碑陰所列博陵郡屬縣以考，《前志》蠡吾、安平、南深、澤、高陽皆屬涿郡，安國屬中山國，信都屬信都國，若《續志》所列則與《前志》不同，已詳上文，此永和制也。延熹當無大異，然則《桓紀》當言分中山、安平、河間置博陵，何以但言中山乎？故曰亦疏漏也。至博陵本治漢蠡吾、唐博野，而李賢云後徙安平者，據《皇輿表》，安平縣，漢屬涿郡，東漢屬安平國，曹魏仍屬博陵郡，晉爲博陵國治，元魏屬博陵郡，高齊爲博陵郡治，故李賢云云也。桓帝暫立此郡，不久即罷，乃魏晉以下則復置之，遂使博陵之名甚著且久，而安平實爲所治，故唐人遂錯互言之，如崔玄暐封博陵郡王，其從孫戎，李商隱稱爲安平公而哭以詩云「丈人博陵王名家」是矣。予始問錢坫，坫善讀書，稍開予，予又自考得其詳。

十七史商榷卷三十四

後漢書六

令長

《前·百官表》云：「萬户以上爲令，萬户以下爲長。」《續志》云：「每縣、邑、道，大者置令一人，千石；其次置長，四百石；其次置長，三百石；侯國之相，秩次亦如之。」應劭《漢官儀》又云：「三邊，武帝所開，縣户數百而或爲令。荆揚江南七郡，惟有臨湘、南昌、吴三令耳。及南陽穰中，土沃民稠，四五萬户而爲長。桓帝以江南陽安爲女公主邑，改號爲令，主薨復其故。」[一]錢大昭作《郡國令長考》，據紀傳及碑碣并《隸釋》、《隸續》，考某縣爲令、某縣爲長，當讓其單行，西都則未之及。

校讀記

[一]亦《續漢書·百官志》引。又按：江南陽安，《後漢書集解》引惠棟説，謂「江」當作「汝」，陽安，

汝南縣也。

周官

《續·百官志》云：「昔周公作《周官》，分職著明，法度相持，王室雖微，猶能久存。今其遺書，所以觀周室牧民之德既至，又其有益來事之範，殆未有所窮也。」司馬彪此論表明《周官》之美，實爲篤論。後世無知鄙儒紛紛疑且非之，即能信者亦從未舉此志以評定，何也？

十四博士

「博士十四人，《易》四，施、孟、梁丘、京氏；《尚書》三，歐陽、大小夏侯氏；《詩》三，魯、齊、韓氏；《禮》二，大小戴氏；《春秋》二，《公羊》嚴、顔氏。掌教弟子。國有疑事，掌承問對。」此條最明析。終兩漢之世，常立學者不出此。今綜而論之，狃于所習，蔽于所見，選擇去取之間，未爲公明。如梁丘賀乃忌賢嫉能之小人，歐陽、大小夏侯皆漢之俗儒，爲鄭康成所賤，三家《詩》魯爲近之，而齊、韓則疏甚矣，乃皆得立，至若《尚書》有孔氏古文，杜林、衛宏、賈逵所傳乃孔壁真本，《詩》毛氏出於子夏，《春秋左氏》親受孔門，《周官》

及逸《禮》三十九篇皆周公、孔子之真本也，反不得立，禄利之路每少真賞，在漢已然，惟《易》立孟、京爲最善，下至宋、元，僅存京房《易傳》、伏生《尚書大傳》、王伯厚所輯三家《詩》及《韓詩外傳》而已，然皆非全本。然則雖謂十四家之學皆亡亦可也。亡之最可惜者孟、京《易》也。

《朱浮傳》注引《漢官儀》曰：「博士，秦官也。武帝初，置《五經》博士，後增至十四人。太常差選有聰明威重一人爲祭酒，總領綱紀。其舉狀曰：『生事愛敬，喪没如禮。通《易》、《尚書》、《孝經》、《論語》，兼綜載籍，窮微闡奥。隱居樂道，不求聞達。身無金痍痼疾，世六屬不與妖惡交通、王侯賞賜。行應四科，經任博士。』下言某官某甲保舉。」又《徐防傳》：「永元十四年，防上疏曰：『漢承亂秦，經典廢絶。收拾缺遺，建立明經。博徵儒術，開置太學。孔聖既遠，微旨將絶。故立博士十有四家，設甲乙之科，以勉勸學者。』」李賢注引《漢官儀》曰：「光武中興，恢弘稽古。《易》有施、孟、梁丘賀、京房，《書》有歐陽和伯、夏侯勝、建，《詩》有申公、轅固、韓嬰，《春秋》有嚴彭祖、顔安樂，《禮》有戴德、戴聖，凡十四博士。」與《百官志》同。

《三國・魏志・王朗傳》注引《魏名臣奏》載朗節省奏，謂西京學官博士七千餘人。其盛如此，東京可知。

皇后太子官

執金吾之後次太子太傅、大長秋，次太子少傅，皆皇后、太子之屬官，自宜聚於一處。太子少傅之下方次以將作大匠，甚明析。《前志》以將作大匠褋於太子太傅、少傅之後，詹事、大長秋之前，殊爲失之。

掌樹桐梓

「將作大匠掌樹桐梓」，案《周禮》：「庶民不樹者無棺椁。」[一]此以見天子亦必自樹以爲宮室器用。

校讀記

[一]《地官·閭師》文。按「棺」字衍。

越騎

「越騎校尉」，如淳曰：「越人内附，以爲騎。」晉灼曰：「取其才力超越。」劉昭取晉說。案胡騎、越騎相對爲名，以示威服之遠，非必善騎也，如說是。

官奉

《百官志》末載百官受奉例：「大將軍、三公奉，月三百五十斛。中二千石奉，月百八十斛。二千石奉，月百二十斛。比二千石奉，月百斛。千石奉，月八十斛。六百石奉，月七十斛。比六百石奉，月五十斛。四百石奉，月四十五斛。比四百石奉，月四十斛。三百石奉，月四十斛。比三百石奉，月三十七斛。二百石奉，月三十斛。比二百石奉，月二十七斛。一百石奉，月十六斛。斗食奉，月十一斛。佐史奉，月八斛。凡諸受奉，皆半錢半穀。」劉昭注引《古今注》曰：「建武二十六年四月戊戌，增吏奉如此志。」考《光武紀》「建武二十六年春正月，詔有司增百官奉」，彼李賢注即引《續漢・志》以釋之，則與此志之文宜無不同矣。今以二者參對，彼千石月九十斛，比千石月八十斛，與此不同。考其上下，二千石有比二千石，六百石有比六百石，四百石有比四百石，三百石有比三百石，二百石有比二百石，何以千石别無比千石，明係《百官志》傳寫者於「千石奉」之下誤脱落「月九十斛比千石」七字耳，但彼文比六百石月五十五斛、四百石月五十斛、比四百石月四十五斛三者皆與此文互异，則殊不可解。至於西京官奉之例，《前書》不見，而顔師古注乃於《百官公卿表》題下詳述其制，今以李賢所引《續志》細校之，内惟比六百石，顔云六十斛，李賢云五十五斛，此爲小異，而其餘一槩相同。夫顔師古所述前漢制也，李賢所引後漢制也，何相同乃爾？且《光武紀》文於「增百官奉」之下即繼云「其千石已上減於西京舊制，六百石已下增於舊秩」，今以校顔注，則是千石已上建武固毫無所增，而六百石已下僅有比六百石一條不同，而如顔説，則建武反減於西京五斛，何云增乎？此必師古失記建武增奉之事，直取《續漢・志》以注《百官表》，以後漢制當前漢制也。要之，顔與李賢同時，所見《續漢書志》本與劉昭所據之本傳録參差，未知孰是，而西京官奉之制則已無可考。

奉既錢穀各半，而劉昭又引荀綽《晉百官表注》備陳漢延平中自中二千石下至百石錢米之數，以《續志》并李賢、顔師古二條細參，乃知各條所説數皆是立法如此，臨時尚須按照當時穀價之貴賤以錢代給其半也。《前・貢禹傳》：「禹上書曰：『臣禹爲諫大夫，秩八百石，奉錢月九千二百。爲光禄大夫，秩二千石，奉錢月萬二千。』」今荀綽所説中無八百石之秩，而二千石止錢六千五百，比二千石止錢五千，多寡相懸如此。延平乃後漢殤帝號，如荀説，後漢奉減於前漢遠矣，何云增乎？但《前・蓋寬饒傳》「寬饒爲司隸校尉，奉錢月數千」，司隸校尉秩二千石，而云月數千，則又與貢禹所言不同，存疑備考。

十七史商榷卷三十五

後漢書七

卒吏

《劉盆子傳》：「屬右校卒吏劉俠卿。」「卒吏」當作「卒史」。[一]

校讀記

[一]按説已見《刊誤》。

山東山西

河北之山莫大於太行，故謂太行以東爲山東。《後漢·鄧禹傳》：「光武安集河北，在鄗。及王郎起兵，光武自薊至信都，使禹别攻樂陽，從至廣阿。」以上所説皆在今河北之彰德、大名、廣平、真定等府，而其下文則言赤眉西入關，光武籌長安必破，欲乘釁并關中，而方自事山東，未知所寄，是謂河北爲山東也。下至李唐，尚有以河北爲山東之言，詳見後第九十卷。《鄧禹傳》於此下又述禹率諸軍大破樊參、王匡等軍，遂定河東。光武使使持節拜禹大司徒，策曰「前將軍禹斬將破軍，平定山西」云云，是謂河東爲山西也。漢河東、太原、上黨諸郡皆在太行之西，即今山西省太原、平陽、蒲州、潞安、汾州、澤州等府，自漢以來名稱不易，近儒乃謂惟河東一郡在山西，殊非。

又《鄭興傳》更始諸將皆山東人，勸留洛陽，勿遷都長安，興説更始曰「陛下一朝建號，山西雄桀争誅王莽，開關郊迎」云云，注：「山西，謂陝山以西也。」陝，隘也。侯夾切。見《説文》十四下《𨸏部》。大約《鄧禹傳》之山東、山西，總據太行分東西，《鄭興傳》之山西即謂關中，今陝西西安等府是。其指陝山以西固不待言，而所云山東者亦指陝山以東，注雖未及，可以意揣，與《鄧禹傳》之山東、山西皆無涉。

《陳元傳》：「元上疏曰：『若先帝所行而後主必行，則陛下不當都山東也。』」此謂洛陽爲山東，其實亦是指陝山以東。

又《寇恂傳》：「高祖任蕭何於關中，無西顧憂，所以得專精山東。」又《鄭康成傳》：「造太學受業，又從東郡張恭祖受諸經，以山東無足問，乃西入關，事扶風馬融。」此山東與《史記·秦本紀》太史公引賈生言秦并兼諸侯山東三十餘郡，又「山東豪俊遂並起而亡秦」之山東同，亦皆謂陝山以東。

若《吴蓋陳臧傳》論：「山西既定，威臨天下。」注：「謂誅隗囂、公孫述。」則隴蜀皆得名山西，又不但如《鄭興傳》以關中爲山西矣。

進見東向

「顯宗即位，以禹先帝元功，拜爲太傅，進見東向，甚見尊寵」，李賢注：「臣當北面，尊如賓，故令東向。」愚謂室中以東向爲尊，其在堂上，則君南面以臨，臣北面拜。後分侍兩傍，固以在左而西向者爲尊，在右而東向者爲卑也。三代以上，君燕其臣皆在室中，則臣固有居賓位而東向者矣，或君東向，臣南北向，其賤者西向立侍亦可，如鴻門之會是。明章之際，敬大臣，禮師傅，禹進見東向，蓋在室中，待以賓禮，帝蓋南向也。李賢不分堂上、室中而混言之耳。説詳《前書・尚右》一條。

鄧禹論

論曰：「鄧公功雖不遂，道亦弘矣。及威損栒邑，兵散宜陽，褫龍章於終朝，就侯服以卒歲，榮悴交而下無二色，進退用而上無猜情，君臣之美，後世莫窺其間」云云。蔚宗此論不甚貶禹，而亦深許光武，最爲平允。袁宏《後漢紀》第七卷爲禹論，乃深責光武以功高不賞，反覆爲禹惋惜呼冤。愚謂禹粗定長安，旋爲赤眉所敗，廢然而返，功頽業喪，雖歸大司徒印，仍封侯食邑。及中元元年復行司徒事，爲幸多矣。宏此論殊不平。

侍中將

《鄧禹傳》末云：「鄧氏中興後，累世寵貴，侯者二十九人，公二人，大將軍以下十三人，中二千石十四人，列校二十二人，州牧、郡守四十八人，其餘侍中、將、大夫、郎、謁者不可勝數。」案「侍中」下當有脱字，蓋單言「將」不足以成文也。疑當爲「中郎將」，五官中郎將、左右中郎將、虎賁中郎將、羽林中郎將，皆光禄勳屬官，宿衛之職，故可以中郎將概之。鄧氏勳戚家，正當爲此。《耿弇傳》末亦云：「耿氏自中興已後，迄建安末，大將軍二人，將軍九人，卿十三人，尚公主三人，列侯十九人，中郎將、護羌校尉及刺史、二千石數十百人，遂與漢興衰。」二者文勢正同。凡傳刻脱誤顯然者不悉出，疑似者著之。

《竇憲傳》：「竇氏父子兄弟並居列位，充滿朝廷。叔父霸爲城門校尉，霸弟褎將作大匠，褎弟嘉少府。其爲侍中、將、大夫、郎吏十餘人。」此條「將」字之上疑亦脱「中郎」二字。

急況發兵

《寇恂傳》：「爲上谷太守耿況功曹，王郎起，遣將徇上谷，急況發兵。」按當作「急發況兵」。[一]

校讀記

[一]宋文民《後漢書考釋》云：「王説非。《書·洪範》：『日急。』鄭注云：『急促自用也。以謀者用人之言，故急爲自用己也。』是傳言急況發兵，以爲自用也。」

護軍將軍

《馮異傳》：「異遣校尉護軍將軍將兵，與寇恂合擊蘇茂。」「將軍」二字衍。[一]

校讀記

[一]按説已見《刊誤》。

駱蓋延

《馮異傳》於赤眉既破之後，叙述餘寇之竊據者凡十二人，其十一人皆一字爲名，而中有駱蓋延，「蓋」字當是衍文。蓋延乃光武之虎牙將軍。當時同名者，王莽有太師王匡，更始亦有定國上公王匡；赤眉賊帥有樊崇，鄧禹西入關，所部亦有驍騎將軍樊崇，如此非一，然此則當是駱延，傳寫誤衍。

封牟平侯

《耿弇傳》：「弇父況與弇弟舒攻彭寵，寵死，天子嘉況功，使光禄大夫持節迎況，賜甲第，奉朝請，封牟平侯。」案「牟平」之上脱「舒爲」二字。

大彤

尤來、大槍，皆賊之名號，而《耿弇傳》兩處皆作大彤，《劉植傳》、《伏隆傳》亦然，未詳。[一]

校讀記

[一]沈家本《諸史瑣言》卷十引西莊此條云：「按大彤亦賊之名號，《光武紀》與大槍並列，非傳文之誤。」按《後書》紀、傳亦作「大彤」。

車騎都尉

《耿弇傳》：「弇之從子夔，永元初爲車騎將軍，竇憲假司馬，北擊匈奴，轉車騎都尉。」劉攽曰：「案文，車騎都尉之『車』字衍。」[一]愚謂此車騎將軍之都尉，劉謂衍文，非也。[二]

校讀記

[一]見《刊誤》。

[二]沈家本《諸史瑣言》卷十引西莊此條云：「按將軍官屬無都尉，恐當以劉説爲是。」

高密侯

《李忠傳》：「父爲高密都尉。」李賢注以高密是國非郡。郡乃有都尉，國但有中尉，無都尉，引《郡國志》高密侯爲證，「侯」字當作「國」。[一]

校讀記

[一]《刊誤》已謂「侯」當作「國」。

信都尉

《萬修傳》：「更始時爲信都尉，與太守任光、都尉李忠共迎世祖。」案此事見前《任光李忠傳》，「信都尉」當作「信都令」。

庫鈞

《竇融傳》：「金城太守庫鈞。」注：「《前書音義》：庫姓，即倉庫吏後。今羌中有姓庫，音舍，云承鈞之後也。」舍古音若庶，西域則奢上聲，而其音開口呼之，唐以後佛書盛，故其音變。今松江府有庫公山，考《説文》卷九下《广部》：「庫，兵車藏也。」而《厂部》無「厙」字，此流俗妄造，正如角里别造「甪」字代之。鄭樵《通志·氏族略》載厙氏音舍，天台括蒼有此姓。此樵妄據委巷小人之姓，遂欲以爲典實，不足信。

寫

《竇融傳》：「融作書與隗囂，勸降。漢光武嘉美，詔之曰：『從天水來者寫將軍所讓隗囂書』」云云。案《曲禮》：「器之溉者不寫，其餘皆寫。」注：「謂傳之器中。」漢人因借爲傳鈔書寫之字，《前書·藝文志》：「孝武世建藏書之策，置寫書之官。」

竇憲論

《竇憲傳》因論憲，遂及士之不用，以此致慨。蔚宗議論如此，信骯髒之士乎？自負傑思，有以也，但未合危行言孫之宜耳。

自搏

《趙憙傳》：「憙欲報兄仇，挾兵往。仇家疾病，無相距者，皆卧自搏。」注：「自搏，猶叩頭也。」考《三國志·吴·韋曜傳》孫皓[一]收曜付獄，曜上辭曰：「謹叩頭五百下，兩手自搏。」裴松之雖無注，然上文既言叩頭，下文即言自搏，則自搏非叩頭，李賢注殊誤。叩頭以首叩地，自搏以手自搏擊，悔過而痛自責之意也。

校讀記

[一]「皓」當作「晧」。

大司徒司直[一]

《杜林傳》：「林從隴坻歸三輔，徵拜侍御史，後代王良爲大司徒司直。」袁宏《後漢紀》第八卷作「遷司馬直」，脱去下「司」字，固屬顯然，而「司徒」之作「司馬」，亦傳寫之誤無疑。《王良傳》亦作「大司徒司直」，蓋司直乃司徒掾屬，見司馬彪《百官志》，司馬無之。

校讀記

［一］李慈銘曰：「慈銘案：大司徒司直，即西京丞相司直也。應劭《漢官儀》：『哀帝元壽二年，改丞相爲大司徒，司直仍舊。』《光武紀》：『建武十一年，省大司徒司直官。』」

掌樂大夫

《桓譚傳》：「當王莽居攝篡弒之際，天下之士莫不競褒稱德美，作符命以求容媚，譚獨自守，默然無言。莽時爲掌樂大夫。」按《前書·翟義傳》：「莽依《周書》作《大誥》，遣大夫桓譚等班行諭告當反位孺子之意，還，封譚爲明告里附城。」是譚黨於莽，曾受其封爵，非揚雄素不與事可比。

代郡中尉

《蘇竟傳》：「拜代郡中尉。」「中尉」當作「都尉」。又：「武王伐紂，上祭於畢，求助天

也。」「助天」當作「天助」。[一]

校讀記

[一]宋文民《後漢書考釋》云：「求助天謂求助於天，與上句互對，王説泥。」

于吉

《襄楷傳》：「順帝時琅邪宫崇詣闕，上其師于吉所得神書。」注引《江表傳》吉爲孫策所殺事。案《吴志・策傳》裴注亦引此，而云順帝至建安中五六十歲，吉是時已百年。策死在建安五年之四月，大約距殺吉時不久。

竇固軍云云

《蘇章傳》：「章祖父純，永平中，爲奉車都尉竇固軍，出擊北匈奴、車師有功，封中陵鄉侯。」案「竇固軍」云云，此文上下必有脱誤。

東園

《羊續傳》：「靈帝欲以續爲太尉。時拜三公者，皆輸東園禮錢千萬，中使督之，名爲左騶。」案「東園」當作「西園」。

永平之初

《樊宏傳》:「宏族曾孫準,遷御史中丞。永平之初,連年水旱」云云。案「永平」當作「永初」。

王嘉數年改刑法百餘事

《梁統傳》:「統上疏曰:『哀平繼體,丞相王嘉輕爲穿鑿,虧除先帝舊約成律,數年之間百有餘事。』」注謂:「《嘉傳》及《刑法志》並無其事。統與嘉時代相接,所説固不妄矣,但班固略而不載也。」近儒謂王嘉以建平二年十月爲御史大夫,三年四月爲丞相,元壽元年三月下獄死,爲相不過二期,安得數年之間虧除百餘事,宜乎班史之不取。[一]愚則以嘉爲相出入三年矣,《祭遵傳》「大漢累世十餘,歷載數百」,注云:「漢興至此二百餘年,言數百者,謂以百數之。」須知古人自有此等文法,二百年可稱數百載,三年何不可言數年?班史紕漏多矣,不害爲良史,若以耳食之見,有意尊班抑范則非也。

校讀記

〔一〕近儒指何焯,説見《義門讀書記》第二十二卷。

張純

張純之六世祖湯,酷吏也。父放,佞倖也。純少襲爵土,哀平間爲侍中,列侯九百二人爲莽求九錫,純列名於首。王莽時至列卿,則又仕異姓者也。既以敦謹保全前封,又以議禮爲中興名臣,異哉。〔一〕

校讀記

〔一〕李慈銘曰:「慈銘案:純所議禮爲宗廟、禘祫、辟雍、封禪四事。宗廟謂建武中興,宜以宣、元、成、哀、平五帝四世代南頓以上四親廟,殊不當,此事予别有論。明堂、辟雍則坿合讖緯以投時好,封禪更近於諂,乃既以此位至大司空,薨,謚曰節侯,而子奮嗣爵,復至司空,更傳子甫、孫吉,始以無子國除。自安世至吉,凡九世而爵始絶,何其幸也。又按:《漢書·恩澤侯表》失書純節侯之謚。」

幅巾

《鄭康成傳》:「大將軍何進辟之,州郡以進權戚,遂迫脅,康成不得已詣之。進爲設几杖，禮待甚優。康成不受朝服，以幅巾見，一宿逃去。」案《韋彪傳》：「彪之族孫著，入山采藥，不就徵。靈帝即位，中常侍曹節白帝就家拜著東海相，不得已，解巾之郡。」注：「巾，幅巾也。既服冠冕，故解幅巾。」《馮衍傳》：「衍審知更始已没，乃幅巾降於河内。」注：「不加冠幘，但以一幅巾飾首而已。」《鮑永傳》：「永知更始亡，封上將軍列侯印綬，悉罷兵，但幅巾詣河内。」注：「幅巾，謂不著冠，但幅巾束首也。」《周磐傳》：「公府三辟，皆不應。臨終戒其子，斂用濯衣幅巾。」注：「幅巾，不加冠也。」《符融傳》：「融幅巾奮褎，談辭如雲。」注：「幅巾者，以一幅爲之也。」《逸民・韓康傳》：「亭長見康柴車幅巾，以爲田叟也。」又《法真傳》：「恬静不交人事，太守請見之，乃幅巾詣謁。」《三國・魏志・華歆傳》：「孫策略地江東，歆幅巾奉迎。」沈約《宋書》第十八卷《禮志》云：「漢末王公名士多委王服，以幅巾爲雅。」是也。

康成注經

「康成注《周易》、《尚書》、《毛詩》、《儀禮》、《禮記》、《論語》、《孝經》」云云，案康成所注諸經，《周禮》尤其精者，此但言《儀禮》、《禮記》，不言《周禮》，蓋傳寫脱去。又注云：「謝承《書》載康成所注與此略同，不言注《孝經》，唯此書獨有。」今所行《十三經注疏》内《孝經注》，據《疏》云是唐開元中御製，而《疏》則但題宋邢昺奉敕較定，當非昺撰。《新唐書》第二百卷《儒學·元行沖傳》云：「玄宗自注《孝經》，詔行沖爲疏，立于學官。」然則此疏是行沖作明矣。若《藝文志》所列梁皇侃、唐賈公彦、孔穎達與行沖皆有《孝經疏》，彼三家所疏蓋用鄭康成注也。鄭注自魏晉以來有之。又有孔安國注，則出於隋劉炫，殆即炫作。行沖於御製序疏中謂孔、鄭二家皆非真實，又引齊陸澄説，謂鄭注非康成所注，又於篇首疏中歷詆鄭注爲僞，其驗有十二。又載開元七年劉子玄、司馬貞兩家議，子玄欲行孔廢鄭，貞則以鄭爲優，孔爲僞。行沖雖並黜兩家，而其意則尤不許者鄭也。又有傳注者，不知何人作序一篇，云子玄駁鄭有十謬七惑，大約行沖十二驗即祖子玄餘唾。觀范蔚宗以爲出康成，則可信矣。乃自唐以來，孔、鄭並亡已久，近日孔注從日本傳至中土，而鄭注獨不可得，誠恨事也。

「康成經傳洽孰，稱爲純儒，齊魯間宗之」，[一]案考之《北史》及《三國·王粲傳》，鄭學天下所宗，豈但齊魯？蔚宗此言稍陋。然論云：「鄭康成括囊大典，網羅衆家，删裁繁誣，刊改漏失，自是學者略知所歸。」贊云：「玄定義乖，孔書遂明。」其推重如此，則蔚宗非不知康成者，「齊魯間」一語，或偶承謝承、華嶠之舊耳。

其次於張純、曹褒之後，此有深意，正是極盡尊崇。[二]蓋純、褒皆漢名臣，手定典禮。

康成終身處士，未嘗一日登朝，乃躋之使與並列，自康成外，何休、服虔、許慎皆但入《儒林》，不升列傳，此與司馬子長進孔子於世家義同。王安石全不知三代貴貴尚爵制度，輒譏子長，誠妄人也。[三]

校讀記

[一]劉咸炘《後漢書知意》云：「鄭傳稱齊魯間宗之，王鳴盛謂鄭學天下所宗，豈但齊魯，此言稍陋。黄山曰：『洙泗之傳莫盛於齊魯，言齊魯間宗之，他可知矣。此立言之體，不得遽疑爲陋。』按當時天下何嘗皆宗鄭，王氏自佞鄭耳。」

[二]《後漢書知意》又云：「張純、曹襃皆東京定禮之人，合傳康成者，以鄭學在禮，惜其未定禮也。史傳叙人，不依人品之高下。王鳴盛乃謂純、襃皆名臣定禮，康成終身處士，乃躋之並列，正是極盡尊崇，自康成外，何修、服虔、許慎皆但入《儒林》，不升列傳，此與司馬子長進孔子於世家義同。此則陋矣。純、襃諂諛希世，豈足爲康成重，古史列傳原不以官位分合，無所謂躋，散傳彙傳本無高下，范特爲漢禮立此篇，故不入《儒林》，即入《儒林》，亦豈遂卑。王氏不通史法而好佞鄭，故有此陋語。」輝按「何修」當作「何休」。

[三]參本書卷四《孔子世家》條。

十七史商榷卷三十六

後漢書八

晦日食

《鄭興傳》："建武七年三月晦，日食。興上疏曰：『日月交食，數應在朔，而頃年日食，每多在晦，先時而合，月行疾也。日君象，月臣象，君亢急則臣下促迫。』"此條足與《洪範》鄭注相發。

度尚

《度尚傳》："尚爲郡上計吏，拜郎中，除上虞長，遷文安令。延熹五年，自右校令擢荆州刺史。"案縣長四百石或三百石，令千石，右校令，將作大匠屬官，六百石。尚爲上虞長，立曹娥碑，時爲桓帝元嘉元年，歲在辛卯，見《古文苑》。[一]自辛卯至延熹五年壬寅凡十二年，始遷至此。

校讀記

［一］卷十九。

范矯班失

班彪、固父子傳論云：「彪、固譏遷，以爲是非頗謬於聖人，然其論議常排死節，否正直，而不叙殺身成仁之爲美，則輕仁義，賤守節愈矣。」此雖華嶠之辭而蔚宗取之，故蔚宗遂力矯班氏之失，如《黨錮》、《獨行》、《逸民》等傳，正所以表死節，褒正直，而叙殺身成仁之爲美也。而諸列傳中亦往往見重仁義、貴守節之意。善讀書者當自知之，並可以想見蔚宗之爲人。

袁宏論佛法

《楚王英光武子傳》叙英奉浮屠事，李賢注引袁宏《後漢紀》云：「浮屠者，佛也。西域天竺有佛道焉。佛者，漢言覺也，將以覺悟羣生也。其教以修善慈心爲主，不殺生，專務清淨。其精者號爲沙門。沙門者，漢言息心，蓋息意去欲而歸於無爲也。又以爲人死，精神不滅，隨復受形，生時所行善惡皆有報應，故所貴行善修道，以鍊精神而不已，以至無生而得爲佛也。佛身長一丈六尺，黄金色，項中佩日月光，變化無方，無所不入，故能化通萬物而大濟羣生。初，帝夢見金人長大，項有日月光，以問羣臣。或曰：『西方有神，其名曰佛，其形長大，陛下所夢得無是乎？』於是遣使天竺而問其道術，遂於中國而圖其形象焉。有經數千萬言，以虚無爲宗，苞羅精粗，無所不統。善爲宏闊勝大之言，所求在一體之內，而所明在視聽之外，世俗之人以爲虚誕，然歸於玄微深遠，難得而測，故王公大人觀死生報應之際，莫不矍然自失。」此段內有脱落處，既據袁本書以補之矣，而「有經」以下則李賢所未及引，「千萬言」「言」字，予以意增也。試詳味之，乃知佛法大意已盡於此。明帝感夢事亦見《西域傳》，亦見《魏書·釋老志》、唐《聖教序》。要之，袁宏最在前。

《魏書·釋老志》謂漢哀帝元壽元年，博士弟子秦景憲受大月氏王使伊存口授浮屠經，未之信了也。後孝明帝遣郎中蔡愔、博士弟子秦景等使天竺，得佛經不過《四十二章》而已。襄楷當桓帝時上封事，所引天神獻女於佛，李賢注以爲出《四十二章經》是也。今此書具存，尚覺平實，但就楷所言繹之，漢末佛書恐不止此一種。若止此一種，則楷安得言之娓娓如此？又路粹誣奏孔融，謂與禰衡放言，父之於子，當有何親，論其本意，實爲情慾發耳。子之於母亦復奚爲，如寄物缻中，出則離矣。此等邪説，不出佛書而何。至袁宏是東晉人，言佛經有千萬言，則較多於漢世矣。然猶未熾盛也。王巾簡栖卒於梁天監四年，所撰《頭陀寺碑》，李善注所引經僅有《維摩經》、僧釋肇注又序，又竺道生注，又羅什注。《華嚴經》、《法華經》、一名《妙法蓮華經》，劉虬注。《涅盤經》、《瑞應經》、《勝鬘經》、《金剛般若經》、謝靈運注。《大品經》、《泥洹經》、《摩訶摩耶經》、《頭陀經》、《金光明經》、《彌勒成佛經》、《大灌頂經》、《不退轉法經》、《發迹經》，凡十六部。所引論僅有《涅盤論》僧肇、《大智度論》、《百法論》、僧叡師《十二法門序》，凡四部。所引律僅有《僧祇律》、《曇無羅讖》，凡二部，如是而已。若《圓覺》、《楞嚴》等之精深者，猶未著也。《釋老志》又言：「熙平元年，詔遣沙門惠生使西域，採諸經律。正光三年冬，還京師，得經論一百七十部，行於世。事亦見《資治通鑑》一百四十八卷。自魏有天下，至於禪讓，佛經流通，大集中國，凡有四百一十五部，合一千九百一十九卷。」則其猥冗支蔓亦已甚矣。至唐玄奘法師往遊西域十有七年，窮歷道邦，得三藏要文凡六百五十七部以歸，貞觀十九年二月六日，奉勅於弘福寺翻譯，布之中夏。見《聖教序》。則較之南北朝蓋已數倍之。自開元以後，南能北秀迭爲廢興，下迄宋元，益不勝其緐矣。

秀水朱檢討謂太原縣西五里有山曰風峪，風穴存焉。中有北齊天保時所刻佛經，凡石柱一百二十有六。又謂太原傅山行平定山中，見洞口石刻佛經林立，與風峪等，皆北齊天保間刻。又房山亦有之。[一]隋人刻此三種，今皆不可見，然皆在魏後，不知有出於一千九百一十九卷之外者否？武林盧學士文弨搨得風峪佛經，予未見。

校讀記

[一]見《曝書亭集》卷六十七《風峪石刻佛經記》。

胡廣傳叙次顛倒

《胡廣傳》自少至老，歷叙事實，及叙至靈帝立，陳蕃被誅，代爲太傅，時年已八十而心力克壯，其下文則云「繼母在堂，朝夕瞻省，言不稱老。及母卒，居喪盡哀」云云，其下文則繼以「性温柔謹素，常遜言恭色」，直至「陳蕃等朝會，避廣，時人榮之」，此段乃是總叙廣一生大略，而其下文乃云「年八十二，熹平元年薨」，其下則盛稱死後褒贈之榮、喪儀之美，而結之曰：「漢興以來人臣之盛，未嘗有也。」以下則又盛陳其著述之富以終之。夫八十而有繼母，人事之常，不足爲怪，然則自「居喪盡哀」云云以上俱是按年順叙之文，而「性温柔」云云一段實係總叙，宜在「未嘗有也」之下，今横亘其間，叙次顛倒，稍覺失倫，此蔚宗偶不檢處。[一]

校讀記

〔一〕劉咸炘《後漢書知意》云：「王鳴盛謂『性温柔』以下乃總叙之詞，當在『未嘗有也』下，蔚宗不檢，叙次顛倒。此不識史傳錯綜法之言也。」

刺廣寓於褒頌

西京張禹孔光、東都胡廣皆以文學著，皆小人之至，無耻而享大福者。孟堅於張、孔直筆詆斥，盡醜描摹，洵不愧良史矣。而蔚宗於胡乃别换一種筆墨，冷譏毒刺，寓於褒頌誇譽中，其黨惡誤國，反爲藏過，讀之輒爲擊節嘆賞，亦不覺捧腹絶倒。夫質帝爲梁冀所弑，時李固爲太尉，與杜喬執議必欲立清河王蒜，冀以蒜年長有德，恐爲後患，貪蠡吾侯志童昏，欲立之，廣與司空趙戒附會成之，是爲桓帝。於是李固罷黜，卒死冀手，而廣即代固爲太尉。廣之罪於是爲大。桓帝立，亂政亟行，後雖誅冀，而宦官之權轉盛，漢亡實兆於此。原廣之心，非必欲亂漢也，特貪位懼禍耳。但鄙夫之誤人國家，正爲患得患失使然，當時廣若能與李、杜同心立清河王，無桓則亦無靈矣。蔚宗作此傳全用美詞，其前但叙順帝欲立皇后，有寵者四人，莫知所建，欲探籌定選，廣與尚書郭虔、史敞上疏諫，乃立梁貴人，則已明著廣之黨於梁氏矣。時權在尚書，郭、史乃戚宦之黨，廣又首先刱議，冀勳德比周公，錫之山川土田附庸，見《黄瓊傳》。及叙至質帝崩之下，但云：「代李固爲太尉，録尚書事。以定策立桓帝，封育陽安樂鄉侯。」夫傾固而奪其位，又以定策受封，黨惡之罪顯然矣。下叙冀誅，則云「廣坐不衛宮，減死一等，奪爵土，免爲庶人」，深惡其倖免，罪重而所坐輕也。《黄瓊傳》則云廣坐阿附梁氏。其總叙云「共李固定策，大議不全」，大議不全者何謂也？至劣之行，以蕴藉出之，其下即云：「在公台三十餘年，每遜位辭疾，及免退歸里，未嘗滿歲，輒復升進。」鄙夫情狀，曲曲道破，通讀一遍，此傳若有美無刺者，而已不啻鑄鼎象之，然犀照之，且各傳中互見已多矣。「肆而隱，微而彰」，其范史之謂乎？[一]

《太平御覽》引《世説》云：「胡廣本姓黄，五月生，父母惡之，乃置之甕，投之於江。胡翁見甕流下，聞有小兒啼聲，往取，養之以爲子。登三司，流中庸之號。廣後不治本親服，云我於本親已爲死人也，世以此爲深譏焉。」按今《世説》不載此條，疑晏元獻削去之。夫求忠臣必於孝子，廣之不忠，自當不孝，而傳中乃稱其朝夕瞻省繼母，名高位極，而瞻省小節，可以爲孝乎？又言居喪率禮無愆，率禮無愆，譽詞入妙，此傳故作揚筆，而浮泛其語以示意。

生平忠言嘉謨只三事，一是爲梁氏作地，一則駁左雄改察舉制，議論冗陋，而亦與郭虔、史敞同上，其與二人比周可知。又載他人薦廣者只一事，而其人亦即同黨之史敞也。蔚宗之筆刻毒至此。

總敘稱廣所薦舉皆天下名士，而其前又言爲濟陰太守，以舉吏不實免，其事詳見《左雄傳》中。

校讀記

[一]《後漢書知意》引此條。

班超論有脱

《班超傳》論：「時政平則文德用，而武略之士無所奮其力能，故漢世有發憤張膽，争膏身於夷狄以要功名，多矣。」案「力能」之下疑脱落四句。[一]

校讀記

[一]李慈銘曰：「案：此論文辭完美，王説非也。」

殷人遷洛

《楊終傳》：「殷人近遷洛邑，且猶怨望。」此指周公遷殷頑民於洛邑，殷民廸屢不靜，惟逸惟頗，事見《多士》、《多方》等篇。李賢注乃引「盤庚五遷，將治亳」，殷亳與洛非一地，此注非。

風俗通

《應奉傳》：「奉子劭，撰《風俗通》，以辯物類名號，識時俗嫌疑。文雖不典，後世服其洽聞。」論曰：「劭撰著篇籍，甄紀異知。雖云小道，亦有可觀者焉。」案劭著述今存者惟《風俗通》，前明新安吴琯刻僅四卷，予所藏有十卷，元大德丁未無錫州守劉平父刻，係三衢毛希聖所攜本，有太中大夫、行都水監李果序，比俗刻多且倍之。然由今考之，此書卷帙甚富，此刻亦非全本，即如李賢注所引出於此刻外者甚多，則知佚者多矣。劭，漢俗儒也。《風俗通》，小説家也。蔚宗譏其不典，又云異知小道，可謂知言。《王充傳》云：「著《論衡》八十五篇，釋物類同異，正時俗嫌疑。」此與《風俗通》品題略同，尤爲妙解。蓋兩書正是一類，皆摭拾謏聞，郢書燕説也。

十七史商榷卷三十七

後漢書九

王充稱孝

《王充傳》：「充少孤，鄉里稱孝。」案充《論衡·自紀》篇歷詆其祖、父之惡，且又直呼父名不言諱，而盛自誇譽。其言如此，恐難稱孝，此史文之謬者。[一]

校讀記

[一]錢大昕《十駕齋養新録》卷六《王充》條説同。按此本劉知幾《史通》之言，又參《困學紀聞》卷十，劉咸炘《史學述村》卷三《史通駁議》辨之。

仲長統傳注

《仲長統傳》統《昌言》曰：「漢二百年遭王莽亂，民户殘滅，倍乎秦、項。」此下注説平帝時郡國、縣邑、道、侯國及地東西南北廣袤之數及民户口數，皆據《前·地理志》，但「道三十四」，「四」，彼作「三」，「地東西九千三百二里」，「二百」，彼作「三百」，「南北一萬三百六十八里」，「萬」下彼有「三千」，此脱，當以彼爲正。

臺閣

《昌言》曰：「光武忿彊臣竊命，矯枉過直，雖置三公，事歸臺閣。自此以來，三公備員而已，權移外戚近豎，怪異數至，水旱爲災，皆戚宦所致。反以策讓三公，至於死免。」李賢曰：「臺閣，謂尚書也。」愚按李注甚確。漢世官府不見臺閣之號，所云臺閣者，猶言宫掖中秘云爾。《蔡邕傳》：「邕上封事云：『司隸校尉、諸州刺史弛縱，莫相舉察，公府臺閣，亦復默然。』」〔一〕以公府與臺閣並稱，所謂宫中、府中也。蓋尚書令、尚書僕射與尚書皆宦者與士人迭爲之，權歸於此，有事可直達上前，故三公無權，有事反藉尚書以達于上。自成帝以災異令丞相翟方進自殺，終漢世，三公以災異死免者至多，不可枚舉，皆散見諸傳中，最爲可笑。〔二〕直至魏黄初二年，方詔天地眚勿劾三公耳。統論切中其弊。

《黄瓊傳》云：「遷尚書僕射。初，瓊隨父在臺閣，習見故事。及居職，達練官曹。」《文苑·黄香傳》云：「香遷尚書令，上疏曰：『臣弱冠特蒙徵用，連偕累任，遂極臺閣。』」皆謂尚書爲臺閣也。又《袁紹傳》紹檄曹操云:「坐召三臺,專制朝政。」注云:「漢官尚書爲中臺,御史爲憲臺,謁者爲外臺,是爲三臺。」據此則知臺閣者尚書也。又《酷吏・陽球傳》:「舉孝廉,補尚書侍郎,閑達故事,其章奏常爲臺閣所崇信。」

《三國・魏志・王肅傳》:「太和四年,上疏曰:『除無事之位,損不急之禄,止浮食之費,並從容之官。使官必有職,職任其事,事必受禄,禄代其耕,乃往古之常式,當今之所宜也。官寡而禄厚,則公家之費鮮,進仕之志勸。各展才力,莫相倚仗。敷奏以言,明試以功。能之與否,簡在帝心。是以唐虞之設官分職,申命公卿,各以其事,然後惟龍爲納言,猶今尚書也,以出内帝命而已。夏殷不可得而詳,《甘誓》曰「六事之人」,明六卿亦典事者也。《周官》則備矣,五日視朝,公卿大夫並進,而司士辨其位焉,其《記》曰:「坐而論道謂之三公,作而行之謂之士大夫。」及漢之初,依擬前代,公卿皆親以事升朝。故高祖躬追反走之周昌,武帝遥可奉奏之汲黯,宣帝使公卿五日一朝,成帝始置尚書五人。自是陵遲,朝禮遂闕。可復五日視朝之儀,使公卿尚書各以事進,廢禮復興。』」肅立言雖若爲欲汰冗員,其實則專爲防壅閉,蓋尚書之官,漢以宦者士人迭爲之,公卿之權分于近倖,而君臣不相接見,上下否隔,禍有不可勝言者。王肅所論正仲長統所謂「事歸臺閣,三公備員而已」者也。

尚書固爲權要，而漢又別有中書，爲尚書者士人多宦者少，中書則皆宦者也。以尚書與三公對言，三公權不及尚書；以尚書與中書對言，尚書又不及中書矣。《前漢·蕭望之傳》望之以前將軍領尚書事，而弘恭、石顯則中書令僕射也，望之卒爲恭、顯所殺矣。尚書、中書皆管機密，出納王命，其職皆要而官則微。《百官公卿表》篇首叙九卿，其於少府之屬官有尚書及中書謁者，皆爲屬官，其品秩皆不高，而表中並無尚書、中書官也。望之官之尊在前將軍，而其要則在尚書，故恭、顯使張朋告其罪，必候其假歸洗沐方上之。要之，士人必不如宦人之尤親密，故恭、顯終能殺望之。萬斯同《補東漢將相大臣年表》有尚書令，尚無中書，蓋此官侍直宫禁，不在朝廷大臣之列，其後魏文帝黄初中改秘書爲中書，以劉放爲監、孫資爲令，各加給事中，遂掌機密，見《三國志·放傳》，中書令之爲宰相始於此矣。《王肅傳》注：「明帝太和中，秘書丞薛夏以公事移蘭臺。蘭臺自以臺也，秘書署耳，謂夏爲不得移，〔三〕當坐。夏報曰：『蘭臺爲外臺，秘書爲内閣，臺閣一也，何不相移之有。』」然則臺閣之名本在尚書也，而又屬之中書矣。官不論貴賤，惟視其職之閑要，而閑要惟視時主之意向。其制無時不改，是以書之史籍，紛若亂絲，使人眩目，因論臺閣連及之。

校讀記

[一]按蔡邕封事曰：「夫司隸校尉、諸州刺史，所以督察姦枉，分別白黑者也。中略。或有搶罪懷瑕，與下同疾，綱網施縱，莫相舉察，公府臺閣亦復默然。」西莊節略殊甚，幾難句讀。

[二]李慈銘曰：案：「《徐防傳》：『防遷太尉，安帝即位，以災異寇賊策免就國。凡三公以災異策免，始自防也。』注引《東觀漢記》：『防比上書自陳過咎，遂策免。』是東漢本無此制，防以自陳，後遂爲例，且亦僅罷免，未有死者，王氏云云，皆謬。」

[三]「移」原作「儀」，據《三國志》注改。

柴門

《楊震傳》：「使者策收震太尉印綬，於是柴門絕賓客。」李賢無注。愚謂此柴門與杜詩「柴門不正逐江開」、「相送柴門月色新」之「柴門」不同。彼謂以茅柴橫木爲門，此則當爲杜塞之意。《說文》：「柴，小木散材。」徐鉉曰：「師行野次，豎散木爲區落，名曰柴籬，後人別作『寨』，非是。」[一]《宋書·柳元景傳》：「程天祚柴未立。」此正以柴爲寨，區落柴籬，有杜塞義也。《酷吏·周紆傳》：「紆爲洛陽令，令屬吏折辱皇后弟黃門郎竇篤。免官，後竇氏貴盛，紆自謂無全，乃柴門自守，以待其禍。」是也。

校讀記

〔二〕六篇上《木部》文。

奏收彪下獄

震曾孫彪傳：「曹操誣奏彪欲圖廢置，收下獄。」《魏志·滿寵傳》作「故太尉楊彪收付縣獄」，時彪已以疾罷，而天子都許，彪亦在許，寵方爲許令。縣獄者，許縣獄也。

修渝淳則

楊彪子修爲曹操所殺，而贊云：「修雖才子，渝我淳則。」愚謂震、秉、賜、彪四世名德，彪爲操所忌，幾死得免。修當遠去權勢，韜晦以避之，反爲操謀主，總知内外，且與丕、植親昵，又數炫其才於操，死非不幸，贊語最爲平允。袁宏《後漢紀》第三十卷言「自震至彪，皆儒素相承，孝友篤誠，不忝前列。修有俊才，而德業之風盡矣」，意與范氏同。

曹騰説立桓帝

永嘉元年，沖帝崩。李固欲立清河王蒜，既已徵至京師，而梁冀與太后定策，舍蒜而立質帝，蒜遂罷歸國。及質帝又爲冀所鴆弑，則公卿皆歸心於蒜，欲必立之，乃中常侍曹騰又力勸冀勿立蒜而立桓帝，此見於《沖》、《質本紀》、《章八王傳》及《梁冀》、《李固》各傳中者也。漢之亡，實騰此舉爲之，而騰養子嵩，實生操以代漢。曹氏固世爲漢賊者。《宦官傳》敘云：「自曹騰説梁冀，竟立昏弱。魏武因之，遂遷龜鼎。」此數言最爲扼要。

趙騰

《張皓傳》：「順帝即位，清河趙騰上言災變，譏刺朝政。章下有司，收騰繫考。」案《楊震傳》，河間男子趙騰詣闕上書乃安帝時事，此乃以爲順帝。又彼言河間，此云清河，彼言騰伏尸都市，此言皓諫，帝悟，減騰死罪一等，亦不合。[一]

校讀記

[一]錢大昕《廿二史考異》卷十二説與此略同。

張衡論史

《張衡傳》：「衡條上班固所敘不合者。又以爲《王莽本傳》但應載篡事而已，至於編年月，紀災祥，宜爲《元后本紀》。又更始居位，人無異望，光武初爲其將，然後即真，宜以更始之號建於光武之前。」[二]愚謂衡兩説皆迂謬不可從。以更始之號建於光武之前者，衡意直謂宜別作更始本紀耳，非如今書以更始元二年書於《光武紀》，而更始自爲列傳也。范蔚宗固未嘗用衡之謬説。

更始雖立，而力不能一天下，若守臣節則漢業墮矣。且伯升首義，而更始信讒殺之，是固不當臣附。王郎既誅，遂貳於更始，至河北、關西略定，方建尊號，可無慚德。乃袁宏《後漢紀》第三卷宏爲論曰：「王莽乘權，竊有神器。劉氏德澤，實繫物心。於斯時也，君以義立，更始之起，乘義而動，號令稟乎一人，爵命班乎天下。及定咸陽而臨四海，清舊宮而饗宗廟，成爲君矣。世祖經略，受節而出，奉辭征伐，臣道足矣。然則三王作亂，勤王之師不至；長安猶存，建武之號已立。雖南面而有天下，道未盡也。」宏此論竟以光武即尊號爲大非，其迂謬又出張衡之下。[二]

校讀記

[一]「前」，《後漢書》作「初」。

[二]關於更始，前人頗多聚訟，詳見劉咸炘《後漢書知意》頁二十四以下，文多不能備引。

馬融傳叙事顛倒

《馬融傳》歷叙其事，至順帝陽嘉間上疏言征西羌之下即云「三遷，桓帝時爲南郡太守」，下又追敘「先是，以事忤梁冀」，然後接「冀奏融在郡貪濁，髡徙朔方。赦還，復拜議郎，以病去官」，下接「融才高博洽」云云一段，總説一生性行著述，下又追敘「初，融懲於鄧氏，遂爲冀草奏李固」云云，其下則接「年八十八，延熹九年卒」云云，其下則接族孫日磾事云云，敘事顛倒，錯雜眩目。竊謂爲冀草奏李固，據《固傳》是質帝朝事，忤冀而爲其髡徙，據《冀傳》是桓帝元嘉時事，於《融傳》亦宜挨年敘入。今以草奏李固抽出另敘，又置於總敘一段之下，則錯亂眩目殊甚，當於敘完言征羌下即接草奏李固事，其下接忤冀事，下接累遷南郡太守，冀奏免官云云，至「以病去官」下即接「年八十八」云云，其下接總敘一段，其下接「日磾」云云，方明白。[一]

校讀記

[一]《後漢書知意》引王補，謂鳴盛説。

蔡質

《蔡邕傳》：「邕叔父衛尉質與將作大匠陽球有隙。球即中常侍程璜女夫。璜使人飛章言邕、質私事。」注：「質字子文，著《漢職儀》。」愚謂《邕傳》末宜附質事，此不言，質反不得比馬融之日磾乎？遺漏也。

十意

「邕撰《後漢記》，會遭事流離，不及成，因上書自陳，奏其所著《十意》」，注云：「猶《前書》十志也。」又引《邕别傳》，載其上書全文，中云：「臣欲删定者一，所當接續者四，《前志》所無臣欲著者五。《律曆意》第一，《禮意》第二，《樂意》第三，《郊祀意》第四，《天文意》第五，《車服意》第六。」案此下疑脱落四句，即以司馬氏志八篇較此，已有《五行》、《郡國》、《百官》三種爲此目所無，且《前志》所無邕欲著者五，而此六者之中僅有《車服》一種爲《前志》所無，其爲脱落甚明。

邕無子

「臣年四十有六，孤特一身」，案邕無子孫，故云然。《列女·董祀妻傳》：「曹操素與邕善，痛其無嗣。」

馬蔡論贊

《馬融》、《蔡邕傳》各爲一卷，而論分贊合，變例也。[二]馬論雖貶之，實惜之，反覆有

味。蔡論則全是申雪矣。贊亦抑馬揚蔡，平允而意致深長。[二]

校讀記

[一]劉咸炘《後漢書知意》云：「王鳴盛曰：『馬、蔡傳各爲一卷，而論分贊合，變例也。』按此説謬也。此本一篇，范書一篇中各論而合贊者多矣，後人分爲兩卷，適值二人事均，故各占一卷耳，豈變例耶？」

[二]《後漢書知意》又云：「王鳴盛曰：『馬論雖貶實惜，蔡論則全是申雪，贊亦抑馬揚蔡，平允而意致深長。』蘇輿曰：『蔚宗蓋咎邕厭困阨而屈節，懷爵禄而忘義，與馬融同，但以允誅之爲過耳。』按夫豈無懷，非爲開脱，乃是惜詞，謂雪與咎皆非也。」

延熹四年

《周舉傳》：「延熹四年，辟司徒李郃府。」「延熹」當作「延光」，安帝號。[一]

校讀記

[一]錢大昕《廿二史考異》卷十一説同。

李杜相薦舉

李固爲將作大匠，上疏稱侍中杜喬學深行直，當世良臣。喬守光禄大夫，徇察兗州，亦表奏太山太守李固政爲天下第一。君子以同道爲朋，豈不然乎？二人同傳，贊亦並推，而論但言固，蓋言固則喬自見矣。至云「顧視胡廣，猶糞土也」，《廣傳》皆爲微詞，至此則痛詆不能忍矣。

盧植傳有遺漏

靈帝崩，何進謀誅宦官，於是張讓等刼少帝走河津，盧植追帝從之。此植一生大節，傳中宜一見，而云詳《何進傳》，今竟無一語，而突見論中，非也。〔一〕

校讀記

〔一〕劉咸炘《後漢書知意》引西莊此條，又引王補曰：「《史記》論贊指意辭事，必取之本傳之外，義法森然，未嘗稍亂，即昌黎碑志銘詞，亦未有義具於本文者，或體制所宜，事至覆舉，則必補本文之間缺，夾漈鄭氏、望溪方氏言之綦詳，鳴盛之説，其蔽甚焉。植之追帝河津，詳見《何進傳》，再舉於此，則爲複矣，固可互文以見義也。且追帝誠爲大節，孰與固止董卓，抗議廢立，此詳彼略，正史法嫡傳，鳴盛乃云傳無一語，突見論中，所謂强語不知者邪？」又引李慈銘曰：「事見《何進傳》而論中獨著此事，史家詳略不苟如是，《晉書》以下鮮識此法矣。」

長吏

《陳蕃傳》：「蕃爲太尉，奏宦官罪。宦官疾蕃甚，選舉奏議，輒以中詔譴卻，長吏以下多至抵罪。」案「吏」當作「史」，太尉府有長史，因蕃抵罪也。[一]

校讀記

[一]按《刊誤》已謂「吏」當作「史」。

陳蕃傳論

《陳蕃傳》論推明忠義心事，悲憤壯烈，千載下讀之，凜凜猶有生氣。以王允與蕃合傳，其與允也至矣。

鄭公業

《王允傳》：「允與司隸校尉黄琬、尚書鄭公業等謀共誅董卓。」此鄭泰，而稱其字爲公業者，蔚宗父名泰，故諱之。太本傳篇首一見其名，以不没其實，而仍改「泰」爲「太」，其餘俱稱字，《郭泰傳》同。泰謀誅董卓，事亦見《三國·魏志·泰之弟渾傳》。

十七史商榷卷三十八

後漢書十

黨錮傳總叙

《黨錮傳》首總叙説兩漢風俗之變，上下四百年間瞭如指掌，下之風俗成於上之好尚，此可爲百世之龜鏡。蔚宗言之切至如此，讀之能激發人。袁宏《後漢紀》第二十二卷論黨錮一段，蔚宗雖亦稍取之，然彼乃深斥黨人之非，用意與蔚宗不同。[一]

校讀記

[一]《陳寅恪讀書札記二集》論袁宏《後漢紀》云：「二十二論黨錮即《後漢書·黨錮傳》論所從出。」頁七十五。又云：「此范蔚宗《黨錮傳》序論之所本，前人似尚無言及之者。否則，不獨意皆全同，且多用矣字，決無此偶合之事也。」頁八七—八八。輝按：西莊此條已謂《黨錮傳》序論本於《後漢紀》，陳云前人無言及之者，蓋偶爾失考。惟西莊謂其用意不同，則又與陳氏領會各異

耳。又劉咸炘《後漢書知意》云：「此序乃用袁氏《後漢紀》之論而删之，袁氏本文舉遊説、任俠、守文、肆直四風，明其得失，並論觀風之術，舉義精卓，此篇意全本之，王鳴盛謂稍取之，用意不同，非也。後漢黨人本有戰國任俠之風。」

范滂傳宜補一句

《范滂傳》叙至滂就逮辭母，母訓滂之下，宜補一句云「滂竟被害」，然後繼以「行路聞之，莫不流涕」云云。

滂母以其子與李、杜同禍爲幸，皇甫規以不得與黨錮爲耻，光武、明、章尊儒勸學，其效乃爾，得蔚宗論贊，以悲涼激壯之筆出之，足以廉頑立儒。

外黄令

《張儉傳》：「儉亡命，流轉東萊。外黄令毛欽操兵到門。」顧氏曰：「『外黄』，『外』字衍。」[一]

校讀記

[一]見《日知録》卷二十六《史文衍字》條。

孔融傳論

前《陳蕃傳》論以漢亂而不亡百餘年爲蕃等之力，《孔融傳》論以曹操之不敢及身篡漢爲融之功。至《儒林傳》論則又以漢經學世篤，故桓靈以後，國勢崩離而羣雄不敢遽篡者，皆爲儒學之效，蔚宗之表揚節義，推獎儒術如此。沈約《宋書·鄭鮮之傳》云：「後漢亂而不亡，前史猶謂數公之力。」「前史」即范史。

改刺史爲牧

《劉焉傳》：「靈帝政衰，四方兵寇，焉以爲刺史威輕，建議改置牧伯。」案此事在中平五年，《酷吏·樊仲華傳》仲華當光武時，而傳言拜揚州牧，此追言之，不必泥。[一]

校讀記

[一]李慈銘曰：「慈銘案：《前漢書》：『成帝綏和元年，從翟方進言，罷部刺史，更置州牧，秩二千石。哀帝建平二年，復爲刺史。元壽二年，復爲牧。王莽、更始皆仍之。光武建武十八年，始罷州牧，置刺史。』然則樊仲華所云拜揚州牧，正光武時制，王氏以爲追言之，大謬。」

曹騰

曹騰，宦者中之最姦狡誤國者，而傳中不著其惡，反多美詞，以《三國志》注校之，乃知皆司馬彪之文而蔚宗襲之。司馬氏或因《東觀記》元文，觀《孫程傳》注引《東觀記》可見。或魏代人潤飾也。〔一〕

校讀記

〔一〕《後漢書知意》引西莊此條，又引李慈銘曰：「《三國志》引《續漢書》曰：『嵩質性敦慎，所在忠孝。』不言其貨賂之事，范氏削其美詞，著其醜迹，甚有識見，特於騰事猶襲舊文，然序論云『自曹騰説梁冀，竟立昏弱，魏武因之，遂遷龜鼎。』數言凜然，騰之大惡亦已明著，雖存其微善，罪無所逃矣。」

趙典

「潁川堂谿趙典」，案「趙」字衍，據《三國志·魏武紀》校。

單超等

桓帝欲圖梁冀，以語單超等，超曰：「圖之不難，但恐陛下復中狐疑。」昏懦爲若輩窺見。一語道破。

將軍侍御史

「單超葬，發五營騎士，將軍侍御史護喪」，案「將軍」二字衍。[一]

校讀記

[一]按《刊誤》已謂二字衍。

閹黨

《明》有《閹黨傳》，製名特妙，蓋不目之爲佞倖爲姦臣者，以其人又在佞倖、姦臣之下也。讀《宦者傳》，乃知漢已有之。

齊魯韓毛尚書[一]

後漢立《五經》十四博士，已詳《百官志》，而《儒林傳》云：「光武立《五經》博士，《易》有施、孟、梁丘、京氏，《尚書》歐陽、大小夏侯，《詩》齊、魯、韓、毛，《禮》大小戴，《春秋》嚴、顏，凡十四博士。」此衍一「毛」字，時《毛詩》未得立也。且如此乃十五，非十四矣。其下文即云：「又詔高才生受古文《尚書》、《毛詩》、《穀梁》、《左氏春秋》，雖不立學官，然皆擢高第爲講郎。」若「毛」非衍字，則自相矛盾矣。又《靈帝本紀》云：「光和三年，詔公卿舉能通《尚書》、《毛詩》、《左氏》、《穀梁春秋》各一人，悉除議郎。」「尚書」上脱「古文」二字，蓋此皆不立學，故能通爲難，若立學者，則博士所恒習，何煩特舉乎？合三條考之益明。

校讀記

[一]李慈銘曰：「慈銘案：此條亦已見顧氏《日知録》第二十六卷《史文衍字》一條下。」

世世相傳

「濟南伏生傳《尚書》，授千乘歐陽生，歐陽生授同郡兒寬，寬授歐陽生之子，世世相傳，至曾孫歐陽高」，案《前書》云「寬授歐陽生子，世世相傳」，近人遂有以上「世」字屬上讀爲歐陽生子名世者，此增一「之」字，則知讀爲世世相傳，世非名。[一]

校讀記

[一]朱睦㮮《授經圖義例》卷五《書》云：「舊圖有歐陽世。按本傳兒寬傳歐陽生子，世世相傳，至曾孫高始爲博士，世非名也，故不載。」據朱氏自序，舊圖指章俊卿《山堂考索》。

都亭

《獨行·陸續傳》：「續，會稽吴人。仕郡户曹史。歲荒民饑，太守尹興使續於都亭賦民饘粥。」案唐陸廣微《吴地記》：「都亭橋，壽夢于此置驛，招四方賢客，基址見存。」宋范成大《吴郡志·橋梁門》：「閶門有都亭橋，在吴縣西北，故傳吴王壽夢嘗於此作都亭以招賢士。今遺址尚存。」范言遺址尚存，而今相去又六七百年，橋固尚存，土人仍以故名呼之，仍在閶門内，吴縣之北，此即壽夢招客、陸續賦民粥地也。但此特是吾吴之都亭耳。張皓子綱傳云：「遷侍御史，埋車輪于洛陽都亭。」《李充傳》云：「充，陳留人。署縣都亭長。」《王喬傳》云：「喬爲葉令。每朝門下，鼓不擊自鳴。帝迎取其鼓，置都亭下。」《列女傳》云：「酒泉龐淯母趙娥，父爲同縣人所殺，娥後遇讐于都亭，刺殺之。」然則都亭處處有之，不獨吴。《三國·魏志·太祖紀》「九錫」下注列勸進諸臣名，有都亭侯二人王忠、蔣洪，又列傳魏吕布、公孫瓚、任峻、徐晃、臧霸、龐悳、曹仁、蜀馬超，俱嘗封都亭侯，各見其本傳。晉庾亮亦封都亭侯，見《晉書·亮傳》。又沈約《宋書·文帝紀》首上表諸臣名有都亭侯綱。又宋王淮之、梁裴之平柳偃俱嘗封都亭侯，見《宋書·王弘》、《梁書·裴邃》《柳惲》等傳，又《宋書》沈約《自序》其王父林子居建康都亭里，可知是都邑亭名之通稱。

松江

《方術·左慈傳》：「曹操顧坐客曰：『今日高會，所少吴松江鱸魚耳。』」注：「松江在今蘇州東南，首受太湖。」「吴」字當略讀，不與松江連文，唐宋以下皆誤連，近人則並加水傍作「淞」矣。

梁鴻雪父恥

梁鴻之父讓，仕莽爲城門校尉，封修遠伯。鴻之終身不仕，所以雪其父之恥也。

鮑宣妻傳宜增一句

鮑宣妻入《列女傳》，傳末云：「宣，哀帝時官至司隸校尉。」此下宜增一句云「以不附王莽見殺」。

字繫姓

曹世叔妻班昭，字惠班；陰瑜妻荀采，字女荀。蓋古人有從夫姓者，如昭稱曹大家之類，故於字繫姓。

馬融從昭受漢書

「班昭就東觀臧書閣踵成《漢書》。《漢書》始出，多未能通者，同郡馬融伏於閣下，從昭受讀」，案觀此可以見漢人讀書之法與後世不同。漢人讀書必有師傳，無師不能讀，故千里步擔尋師，既得師，貧無資用，或執厮養之役，從而聽講受業焉。及其既通，終身守師法不敢改，而終身所得力亦盡在此書矣。文章議論、功名事業皆從此出，其術則似約而實廣，其功則初難而後易，即如伏生當秦亂，壁藏《尚書》，漢興已求得其書，是時除挾書之律，文帝但當下詔濟南，從伏生檄取其書，上之秘府足矣，何必特使人往受。不特此也，鼂錯此時已以文學爲太常掌故，秩六百石，赫然爲當代名臣，非如初就傅之童子未通句讀者，文帝欲使人往受，必妙選俊異，如錯方可使，若庸碌之人仍不能往受。錯至，伏生老不能正言，門徒各散，嗣子尚幼，無人代爲講授，然而簡策具存，伏生略説大意，錯似能領會，乃若有萬不得已者，不避男女之嫌，而必使其女傳言教錯，此其故何也？漢人傳經，其文字音讀、章句訓詁必有明師面授方能承學，無師不能自讀也。若如後世人讀書，一介小夫，馬醫夏畦之子，略識租牛券中字，便可抗顔爲師而教弟子。爲弟子者即三家邨中至頑鈍小兒，一聞「欽，恭敬也； 明，光明也； 文，文章也； 思，意思也」，便自謂了然矣，安用此僕僕不憚煩哉？ 然此猶曰傳經不可苟也。 至於班固以漢人記漢事，有何難解？ 馬融又與班固同代之人，且融聰明特達，卓然有名，乃必伏於閣下，從女子受讀，而不敢自以己意讀。《三國・吳志・吳主五子傳》：「孫權之長子登既立爲太子，權欲使讀《漢書》，知近代事，以張昭有師法，重煩勞之，乃令昭之子休從昭受讀，還以授登。」可見孫權尚知讀書之法，而宋明人不知也。 動輒妄爲大言，高自位置，蔑棄前人，而胸馳臆斷，其實但可欺庸人耳。自有識者觀之，曾不足以當一笑，後之學者尚其戒之。

曹娥碑

《曹娥傳》注引《會稽典録》，盛誇邯鄲淳碑文之美，蔡邕題云：「黄絹幼婦，外孫虀臼。」謂絶妙好辭也。 今觀其文，淺陋荒率，何絶妙之有？ 皆文士增飾耳。

吕榮

「許升妻吕榮遭寇，賊欲犯之，不從，爲所殺。 是日疾風暴雨，靁電晦冥，賊惶懼叩頭謝罪，乃殯葬之」，《曝書亭集》以爲許昇妻爲黄巾所殺，麋府君歛錢葬之，不引正史而但以

爲傳聞之言，名字事迹又皆互異。[一]

校讀記

[一]《曝書亭集》卷五十八《吕冢考》云：「按漢末黄巾之亂，吴有許昇妻吕榮，不辱于賊，为所殺，縻府君斂錢葬之。」是名字未嘗有異也。

雕

《西南夷傳》：「冉駹夷，武帝開，爲汶山郡。宣帝省並蜀郡爲北部都尉。依山居止，累石爲室，高者十餘丈，爲邛籠。」李賢曰：「今彼土夷人呼爲雕也。」案今四川徼外大金川、小金川諸土司有碉房，「碉」字字書不見，殆李賢所謂「雕」矣。

詣實降

《西羌傳》：「鍾羌良封等寇隴西、漢陽，拜前校尉馬賢爲謁者，鎮撫諸種。良封親屬詣實降。」案「實」當作「賢」。

楚王英桓帝

《西域傳》：「天竺國一名身毒。其人修浮圖道。世傳明帝夢金人，長大。或曰：『西方有神，名佛。』於是遣使天竺問佛道法。楚王英始信其術，中國因此頗有奉其道者。後桓帝好神，數祀浮圖、老子，後遂轉盛。」案英以反誅，桓實亡漢，其效可覩矣。

李氏光地曰：「此傳論前叙佛説所自來，多有微詞。又言道書之流，又言鄒衍、莊周未足槩其萬一，與宋景文公《李蔚贊》所云『大抵與黄老相出入，而譎誕華人取莊、列之説以助其高，因而層累騰架，直出其上』者同意。」[一]《魏書》：「太平真君七年詔曰：『雖言胡神，問今胡人，共云無有，皆是前世漢人無賴子弟劉元真、吕伯强之徒，乞胡人之誕言，用老莊之虚假，附而益之，皆非真實。』」《李蔚贊》又出於此詔文，載《魏書·釋老志》。

校讀記

[一]按見《榕村集》卷二十二《書後漢書西域傳論後》。西莊以意裁取，與原文頗有出入。又按《李蔚贊》者，謂《新唐書》卷一百八十一《李蔚傳》後宋祁之贊曰也。

後漢無二名[一]

《前書·匈奴傳》：「王莽奏令中國不得有二名，因使使者風單于，宜上書慕化，爲一名。單于從之，上書言：『樂太平聖制，臣故名囊知牙斯，今謹更名曰知。』」考《禮記·曲禮》上篇「二名不偏諱」，鄭注云：「偏謂二名不一一諱也。」然則古未嘗有二名之禁，而莽爲此制，此其乖謬也。乃後漢人遂沿爲定制，趙明誠《金石録·跋學生題名殘碑》謂後漢無二名者，碑多二名，以此辨其非是。[二]今觀《後漢書》人名兩字者惟蘇章族孫名不韋、梁商子名不疑，與古人同名，當是別有所取。任文公、謝夷吾、公沙穆、樊志張、費長房、薊子訓、許子勳、上成公、解奴辜、王和平，皆《方術傳》中人耳。

校讀記

[一]李慈銘曰：「慈銘案：趙與旹《賓退録》卷九云：『張清源《雲谷雜記》辨歐陽《集古録目》，謂後漢人亦有複名者，然僅載蘇不韋、孔長彦兄弟、劉騊駼、丘季智、案：丘靈舉字季智，見《郭林宗傳》注甚明，清源乃倆其字，誤矣。張孝仲、范特祖、召公子、許偉康、司馬子威十人而已。考之范曄《書》，蓋不止此，如延岑護軍鄧仲況，見《蘇竟傳》，鄭玄師事京兆第五元先，又從東郡張恭祖，玄之子名益恩，桓榮族人桓元卿，陳忠薦士，其一曰成翊世，翊世字季明，見《杜根傳》後，《陳

敬王曾孫寵傳》注引謝承《書》「袁術使將張闓陽殺陳相駱俊」，梁冀之弟名不疑，越巂太守李文德素善延篤，《黨錮傳序》有北海公族進階，注云：「公族，姓也，名進階。」李膺欲按宛陵大姓羊元羣，《孔融傳》有太傅馬日磾，案：日磾名先見《靈帝紀》及《馬融》、《蔡邕》、《盧植傳》。皇甫嵩子名堅壽，《酷吏·李章傳》有安丘大姓夏長思，宦者曹節弟名破石，王逸子名延壽、字文考，《方術傳》謝夷吾字堯卿之類，清源皆未及也。』以上皆趙説。今考趙氏尚有未及者，如廣宗殤王萬歲、清河恭王延平、廣川王常保、清河愍王虎威、齊惠王無忌、阜陵恭王便親見《帝紀》及《諸王本傳》，鄧禹曾孫河南尹鄧萬世見《桓帝紀》、《桓帝鄧皇后紀》及《鄧禹傳》後，耿文金見《耿弇傳》，趙無忌字世卿見《趙岐傳》注，韓伯仲、季子春見《趙憙傳》，李固壻趙伯英見《李燮傳》，平原楊太伯見《馬嚴傳》，薛漢弟子會稽澹臺敬伯、鉅鹿韓伯高見《儒林傳》，扶風魏齊卿見《黨錮傳序》。此外恐尚有未能悉憶矣。若盜賊見《本紀》者，有海賊張伯路，勃海、平原劇賊劉文河，周文光、九江賊蔡伯流，南陽黄巾張曼成，湟中義從胡北宫伯玉，更不足數也。又案：魏晋紀載，多稱人字，范《書》亦往往仍之，以上所舉，如孔長彦、張孝仲、范特祖、召公子、許偉康、司馬子威、鄧仲況、第五元先、張恭祖、羊元羣、趙伯英、楊太伯、韓仲伯、季子春、澹臺敬伯、韓伯高、魏齊卿等，蓋皆字而非名。李文德、夏長思、公族進階、皇甫堅壽四人，亦不能定其爲名爲字也。又《來歷傳》有長樂未央廄令鄭安世，與歷同上疏争順帝之廢者，所叙凡十七人，皆系官書名，此則爲二名無疑。慈銘案：謝夷吾以儒學爲循吏，歷官清顯，不得以《方術傳》中人概之。至後漢人二名者，宋張淏《雲谷雜記》、趙與峕《賓退録》皆已辨之，王氏偶未考此兩書耳。又案：公沙穆者，係複姓公沙，單名穆，非二名也，王氏亦誤。又案：馬援幼子名客卿，援以爲將相器，故以名之，正王氏所謂别有所取者。」

[二]見卷二十。

後書多脱誤

何義門云：「《後漢書》傳刻脱誤，較《前書》多且倍之。觀劉氏《刊誤》諸條，乃知北宋時已無善本。至李賢注，嘉靖中南國子監刻者已經删削，毛板猶完書，故是一長。」

校讀記

[一]見何焯《跋後漢書》，見《義門先生集》卷九。

翟公巽重修

《困學紀聞》翟公巽謂蔚宗書冗陋，别作《東漢通史》。[一]吁，史裁如范，千古能有幾人？公巽何物，妄加譏貶重修，王氏妄載之何爲，無識甚矣。

校讀記

［一］見卷十三《考史》第一則。

後漢紀

晉東陽太守袁宏《後漢紀》三十卷，其著述體例及論斷全仿荀悦《前漢紀》爲之，但悦書在班之後，全取班書宜也，宏書則在范之前，然亦皆范書所有，范所無者甚少，何邪？宏自序云：「予嘗讀《後漢書》，煩穢雜亂，睡而不能竟也，聊以暇日，撰集爲《後漢紀》。其所綴會謝承《書》、司馬彪《書》、華嶠《書》、謝忱《書》、《漢山陽公記》、《漢靈獻起居注》、《漢名臣奏》，旁及諸郡耆舊先賢傳凡數百卷。前史闕略，多不次叙，錯謬同異，誰使正之。經營八年，疲而不能定，始見張璠所撰書，其言漢末事差詳，故復探而益之。」據此則宏所採者亦云博矣，乃竟少有出范書外者，然則諸書精實之語，范氏摭拾已盡。「謝忱」當作「謝沈」，《晉書》第八十二卷《沈傳》云：「字行思，會稽山陰人。博學多識。會稽内史何充引爲參軍，以母老去職。康帝即位，以太學博士徵。母憂去職，服闋，除尚書度支郎，遷著作郎，撰《晋書》三十餘卷。卒，年五十二。沈先著《後漢書》百卷。」是也。又九十二卷《文苑傳》云：「袁宏，字彦伯，侍中猷孫。父勗，臨汝令。宏爲安西將軍、豫州刺史謝尚參軍，遷大司馬桓温府記室。自吏部郎出爲東陽郡。太元初，卒於東陽，年四十九。撰《後漢紀》

三十卷。」《文選》第四十七卷録其《三國名臣序贊》，李善注引檀道鸞《晋陽春秋》云：「陳郡人。爲東郡守。」「陽」字當在「東」字之下，傳寫誤耳。太元是孝武帝號，上距康帝即位初約二十餘年，則謝沈書在袁宏之前，故宏得引之。

後漢書年表

《後漢書年表》十卷，宋右迪功郎、前權澧州司户参軍事熊方譔。以范蔚宗但作紀傳，劉昭補注舊志，又不及表，故補之。自序云：「一據范、劉舊文，不敢復取他説。」今觀其取材，於范、劉外惟《三國志》，其餘一無所采，誠爲固陋，但讀史宜專心正史，世之學者於正史尚未究心，輒泛涉稗官褉説，徒見其愚妄，且稗史最難看，必學精識卓，方能裁擇參訂，否則殺訛汨亂，雖多亦奚以爲。熊氏在宋人中實矯然出羣者，惟是於本書亦多脱漏，則不無遺恨。

《前書》同姓王侯分爲二，熊氏則以王侯合而爲一，自言「西漢之王者連城數十，或戴黄屋，東漢之王，所食不及十一二，僅與西漢侯等」，故不分也。前漢有功臣、外戚、恩澤等侯，熊氏亦不分析，槩以異姓諸侯，以其以功者或親，以恩者或功，多互見難分，故併之，而各書其狀於始封之下。熊氏亦已自言之。此皆特變前例而可通者。惟是宦者封侯之濫，後漢爲甚，前漢未之有也。今乃一槩攙襍，總名異姓諸侯，太覺不倫，殊非類族辨物之道，宜別立「宦者侯」一門。

凡都亭侯之下方，或注郡邑名，或不注郡邑名，蓋以都亭各處多有，知爲某處之都亭者書之，不知則不書，但都鄉疑亦都亭之類，而概云常山，則不可解。

第八卷異姓侯有壽亭侯關羽，其下格注云「武陵」。考《蜀志》本傳，曹操表封羽爲漢壽亭侯，此傳寫誤脱去「漢」字，説詳後第四十一卷。

《前漢·百官公卿表》以三公、三師、將軍、九卿皆聚於一篇之中，按年而臚列之。後漢官制與前略同，乃熊《表》自大鴻臚以上爲一截，宗正以下爲一截，離析殊覺無謂，或以其累墜，欲圖輕省尚差可，又復以順帝而下劃分卷帙，彌嫌煩碎。

進表云：「陛下奮神武而撥亂，致太平而中興。」蓋其時爲高宗朝也。自述云：「臣迂疏蹇淺之末學，奇窮艱苦之餘生。荒松菊而出遊，駐桑榆而筮仕。」又進狀云：「昨嘗投進，未蒙指揮。」時進書受賞者多，方獨如是，信識真之難遇。今書幸巋然特存，惜未有刻板行世。[一]

校讀記

[一]《鄭堂讀書記》卷十五《年表》條全本此。

漢制考

王應麟《漢制考》四卷，所采惟三《禮》、《詩》、《書》、《論語》、《孟子》、《國語》、《公羊》注疏及《説文》，取材既嫌太簡，又此制宜分門編次，以類相從。今乃即以原書所出爲次，蓋隨手抄撮未成之書。

十七史商榷卷三十九

三國志一

陳壽史皆實録

《晉書》八十二卷陳壽本傳：「字承祚，巴西安漢人。少師同郡譙周，仕蜀爲觀閣令史。入晉，累官至治書侍御史。元康七年卒，年六十五。」元康是惠帝紀年，壽當生于癸丑，是蜀後主建興十一年。計蜀亡之歲，壽年已三十有一，舊君故國之思最爲真切，具見篇中，可一一尋繹而得之。

《晉書》稱壽作《三國志》，善叙事，有良史之才。語氣已足。其下又稱：「或云丁儀、丁廙有名于魏，壽向其子索千斛米，不與，竟不爲立傳。壽父爲馬謖參軍，謖爲諸葛亮所誅，壽父亦坐髡，壽爲《亮傳》，謂『將略非長，無應敵之才』，議者以此少之。」《晉書》好引雜説，故多蕪穢，此亦其一也。索米一説，周柳虯、唐劉允濟、劉知幾皆信之，近朱氏彝尊、杭氏世駿辨其誣，謂壽于魏文士惟爲王粲、衛覬五人立傳，粲取其興造制度，覬取其多識典故，若徐幹、陳琳、阮瑀、應瑒、劉楨僅于《粲傳》附書，今《粲傳》附書云「沛國丁儀、丁廙、弘農楊修、河内荀緯等亦有文采」，又于《劉廙傳》附見，云「與丁儀共論刑禮」，如此亦足矣，何當更立專傳乎？且壽豈特不爲立傳而已，于《陳思王傳》云「植既以才見異，而丁儀、丁廙、楊修等爲之羽翼」，于《衛臻傳》云「太祖久不立太子，方奇貴臨菑侯，丁儀等爲之羽翼」，是奪嫡之罪，儀、廙爲大。又毛玠、徐奕、何夔、桓階之流皆鯁臣碩輔，儀等交構其惡疏斥之，然則二人蓋巧佞之尤，安得立佳傳？然此猶陳壽一人之言也。王沈撰《魏書》，一則曰「奸以事君」，一則曰「果以凶僞敗」。魚豢撰《魏略》，稱：「文帝欲儀自裁，儀向夏侯尚叩頭求哀。」張騭撰《文士傳》，稱：「廙盛譽臨菑侯，欲以勸動太祖。」則知壽所書儀、廙事皆實，而壽之用心實爲忠厚。毛玠，儀所譖也。玠出見黥面，其妻子没爲官奴婢者曰：「使天不雨者蓋此也。」壽不屬之儀而第曰「後有白玠者」。白者爲誰？非儀則廙，壽爲之諱也，尚得謂因索米不得而有意抑之乎？街亭之敗，壽直書馬謖違亮節度，爲張郃所破，初未嘗以私隙咎亮，至謂亮「將略非長」，則張儼、袁準之論皆然，非壽一人之私言也。朱、杭所論最爲平允。壽入晉後，撰次《亮集》，表上之，推許甚至，本傳特附其目録并上書表，創史家未有之例，尊亮極矣，評中反覆盛稱其刑賞之當，則必不以父坐罪爲嫌。廖立、李平爲亮廢竄，尚能感泣無怨，明達如壽，顧立、平之不若耶？亮六出祁山，終無一勝，則可見爲節制之師，于進取稍鈍，自是實録。

壽本傳論曰：「丘明既没，班、馬迭興。奮鴻筆于西京，騁直詞于東觀。自斯已降，可以繼明先典者，陳壽得之。江漢英靈，信有之矣。」其推許至此。索米等説，特史家好采稗野，隨手掇拾，聊助談資耳。壽史才之高，作《晉書》者固已知之，非有意欲抑之也。《晉書·王沉傳》：「正元中，遷散騎常侍、侍中，典著作，與荀顗、阮籍共撰《魏書》，多爲時諱，未若陳壽之實録也。」此條虞世南《北堂書鈔》第九十九卷引之。

《困學紀聞》十三卷邵公濟《謁武侯廟文》，謂壽「姦言非公，與誤國不忠之譙周並貶」。此等亂道，的是宋人聲口，王應麟無識，妄載之。

《綱目》改《通鑑》斥魏帝蜀，誠屬定論。第此論習鑿齒已争之，見《晉書》本傳，不始于朱子也。漢絶而復續，則黜新莽，魏滅蜀後，禪晉前尚有二年，予晉則已蚤，不予晉則無所繫，此《通鑑》不奪魏之意耶？

司馬温公《與劉道原書》云：「周、秦、漢、晉、隋、唐皆嘗混一天下，傳祚後世，子孫微弱播遷，猶承祖宗之業，今全用天子法，臨統諸國，其餘蜀、魏、吴、宋、齊、梁、陳、魏、齊、周、五代諸國，地醜德齊，不能相一。名號匹敵，本非君臣者，皆用列國法。至如劉備雖曰承漢，然族屬疏遠，不能紀其世數名字，亦猶宋高祖自稱楚元王後，李昇自稱吴王恪後，是非難明，今並同之列國，不得以漢光武、晉元帝例爲比。」載章俊卿《山堂考索·前集》十六卷。此論甚允，《通鑑》尚且如此，况《三國志》乎？

裴松之注

《宋書》六十四卷《裴松之傳》云：「字世期，河東聞喜人。年二十，拜殿中將軍、員外散騎侍郎。義熙初，爲吴興故鄣令，入爲尚書祠部郎。高祖北伐，領司州刺史，以松之爲州主簿，轉治中從事史，召爲太子洗馬，除零陵内史、國子博士。太祖元嘉三年，出使湘州，轉中書侍郎、司冀二州大中正。上使注陳壽《三國志》，松之鳩集傳記，增廣異聞，既成，奏上，上喜曰：『此爲不朽矣。』出爲永嘉太守，入補通直爲常侍，復領二州大中正，尋出爲南琅邪太守。十四年，致仕，拜中散大夫，尋領國子博士，進太中大夫，博士如故。二十八年，卒，時年八十。」松之當生于晉簡文帝咸安二年，計晉亡之歲，松之年四十九。

劉知幾《史通》第五卷云：「裴松之《三國志注》，廣承祚所遺，而喜聚異同，不加刊定，恣其擊難，坐長煩蕪，觀其書成表獻，自比蜜蜂兼採，但甘苦不分，難以味同萍實矣。」[一]知幾譏松之與譏劉昭同，要之皆未可廢。

校讀記

［一］見内篇《補注》。

十七史商榷卷四十

三國志二

武帝生出本末

《魏·武帝紀》前既云「漢相國曹參之後」，其下即言「中常侍曹騰養子嵩生太祖，莫能審其生出本末」，乍讀之似自相矛盾者，此正陳壽立文之妙。陳琳爲袁紹作檄，目操「姦閹遺醜」，見《後漢·紹傳》及《文選》。雖敵國詆譏，乃道其實也。《史通》云：「周之亶父、季歷，晉之仲達、師、昭，位乃人臣，跡參王者，追尊建名，比之天子可也。當塗所出，宦官攜養，帝號徒加，人望不愜，故《國志》所録，無異匹夫。」[一]愚謂虞、夏、商、周廟制已詳《尚書·盤庚·後案》、《咸有一德·後辨》矣。漢太上皇崩後，竟未加尊號，太上皇以上，亦不知以何人充四親之數，竟無可考。至於曹騰雖追尊，[二]而騰以上只有節，節以上亦無可見，追尊先世及定四親，皆至司馬氏而後粗爲明審，至唐立九廟，則又變禮之甚者。

帝王之興，不容無本。據傳聞者書之，聊復爾爾。《孫破虜傳》云：「孫堅，字文臺，吴郡富春人。蓋孫武之後也。」蓋者疑詞，正與《魏武紀》同。評云：「孤微發迹，安得追考其先世若是之遠邪？」

范《書》以劉表爲魯恭王後，陳壽不取，是矣。至《夏侯惇傳》則云「夏侯嬰之後」，案《漢書》滕公之後皆隨外家姓爲孫氏，則此爲附會，此固不可與《武紀》爲曹參後之言一例論。

校讀記

[一]見《史通》内篇《稱謂》。按「位乃人臣，跡參王者」八字應在「周之亶父」之上。

[二]李慈銘曰：「慈銘案：《魏文帝紀》：『黄初元年，追尊皇太祖太王曰太皇帝。』太王者，即操父太尉嵩，延康元年，先尊爲太王者也。至明帝太和三年，始追尊高祖大長秋曰高皇帝，夫人吴氏曰皇后，大長秋者，即騰也，是年始迎高皇帝、太皇帝、武帝、文帝神主至洛陽，奉安於廟。蓋始定四親廟之制。而《劉曄傳》言：『明帝即位，詔議尊高皇之父處士君。曄以爲漢初追謚之禮，不及其祖，周之上祖后稷，以其佐唐有功，名在祀典。大魏發迹自高皇始，不宜追尊處士，遂止。』又《明帝紀》裴注謂：『黄初四年，有司奏立二廟，太皇帝大長秋與文帝之高祖共一廟，特立武帝廟，百世不毁。今此無高祖神主，蓋以親盡毁也。』此則魏初唯立親廟，祀四室而

已。至景初元年，始定七廟之制。案《紀》黄初四年注引《魏書》曰：『一月，有司奏造二廟，立太皇帝廟，大長秋與高祖合祭，親盡以次毁，特立武皇帝廟爲魏太祖，萬載不毁。』然則文帝時立三廟，明帝增四廟，後又增爲七廟，以文帝爲魏高祖，豫尊帝爲烈祖，與太祖爲三祖之廟，萬世不毁，其餘四廟，親盡迭毁，而處士以上皆不追祀。處士即名節者，司馬彪《續漢書》稱其字元偉，素以仁厚稱者也，于文帝爲高祖，于明帝爲高祖之父，故以爲親盡立毁矣。其景初元年所立之四親廟，蓋皆虚室以待將來者。漢之親廟，當亦如此。」

紹使人説太祖

「興平元年，吕布東屯山陽，於是紹使人説太祖，欲連和」，「紹」，宋本誤同，元修本作「爲」，疑「僞」字。一云當作「紿」，亦通。[一]

校讀記

[一]沈欽韓《三國志補注》引此條。

稱太祖公王

《武帝紀》前段但稱太祖，自建安元年爲大將軍，則三公矣，改稱爲公；至二十一年，進爵魏王，則改稱王。雖似有理，愚見以爲既爲作本紀，躋之帝王之列，自不如槩稱太祖爲直截，省却多少葛藤，[一]至其後歐陽公於朱温亦倣此例，則殊覺無謂。

校讀記

[一]劉咸炘《三國志知意》謂西莊此説非，請參原書。

許鄴洛三都

《文帝紀》黄初二年注引《魏略》：「以長安、譙、許昌、鄴、洛陽爲五都。」其實長安久不爲都，譙特因是太祖故鄉，聊目爲都，皆非都也。真爲都者，許、鄴、洛三處耳。自建安元年，操始自洛陽迎天子，遷都許，備見《武帝紀》中，并每有征伐事畢，下輒書「公還許」。至九年，滅袁氏之後，則又遷都於鄴矣。封獻帝爲山陽公，都濁鹿城，皆懷州修武縣地，則都鄴明矣。紀雖於此下屢書「公還鄴」，或書「至鄴」，而尚未能直揭明數語，使觀者醒眼。《後漢書·獻紀》亦無此。至二十四年則書「還洛陽」，二十五年又書「至洛陽」，其下即書「王崩于洛陽」，至其子丕，受禪即真位皆在洛，蓋自操之末年，又自鄴遷洛矣。沈約《宋書》三十三卷《五行志》：「魏文帝即位，自鄴還洛，終黄初不復還鄴。」紀所書亦宜再加醒眼之句。作史貴據事直書，詳明整贍，凡帝王建都地及臨幸地，雖非都而駐蹕所在，皆當一一謹志之，使觀者了然心目。予嘗恨《新唐書》本紀於武后、中宗之在長安、在洛陽全不分明，陳壽意主簡嚴，尚令讀者稍蒙昧，較《新唐書》則已遠勝之。

弱者勝

兩敵相争弱者勝，越滅吴，韓、魏滅智伯，樂毅勝齊，劉滅項，曹滅袁。袁、曹同起義兵，袁頗信用曹，後乃爲讎，與劉、項事亦相類。

三祖

《魏志·明帝紀》：「景初元年六月，有司奏武皇帝撥亂反正，爲魏太祖；文皇帝應天受命，爲魏高祖；帝制作興治，爲魏烈祖。」注引孫盛曰：「謚以表行，廟以存容，皆於既没然後著焉。未有當年而逆制祖宗，未終而豫自尊顯。」愚謂盛知魏人生存而豫爲廟號之非，然未盡也。《禮》：「祖有功，宗有德。」自李唐始，無代不稱宗，其濫斯極，要未有若魏之三世連稱爲祖，尤振古未聞，不但叡不能稱此名，即丕亦因父業，何功之有？《三少帝紀》景初三年十二月詔書及《管寧傳》陶邱一奏皆稱「烈祖明皇帝」，高貴鄉公即位詔則直稱三祖，亦見《劉放傳》，又見《晉書·禮志》。陳壽於《武紀》稱太祖武皇帝，而《文》、《明》二紀但書文皇帝、明皇帝，没其祖稱，是有深意。[一]沈約《宋書·五行志》亦云：「魏明帝景初元年，有司奏帝爲烈祖，與太祖、高祖並爲不毁之廟。從之。按宗廟之制，祖宗之號，皆身没名存，乃正其禮。故雖功赫天壤，德邁前王，未有豫定之典。此言之不從此，失之甚者也。」沈約此言與孫盛正同。

校讀記

[一]《史通·稱謂》云：「降及曹氏，祖名多濫，必無慚德，其唯武王。故陳壽《國志》獨呼武曰祖，至於文、明，但稱帝而已。」西莊謂文、明二紀没其祖稱是有深意，其説本此。錢大昭《三國志辨疑》亦曰：「承祚于文、明二紀俱不稱祖，以德不相副，且無功可録，削而不書，史筆之謹嚴也。」《三國志知意》則謂諸説皆非，其説曰：「《漢書》于文帝、武帝俱不書宗號，豈亦削之耶？彼自有祖號，史家烏得削之，但略耳，褒貶不在削號。」

淩雲盤

景初元年注引《魏略》云：「是歲，徙長安銅人、承露盤，盤折，銅人重不可致，留於霸城。大發銅鑄銅人二，號曰翁仲，列坐司馬門外。」又引《漢晉春秋》云：「帝徙盤，盤折，聲聞數十里，金狄或泣，因留於霸城。」又引董尋諫曰：「作無益之物，黄龍、鳳皇，九龍、承露盤。」愚按古來鑄金人者三主，其一秦始皇，鑄銅人十二，見《史記·本紀》；其二漢武帝，築通天臺，去地百餘丈，雲雨悉在其下，上有承露盤、仙人掌，擎玉杯以承露，見《三輔黄圖》第五卷；其三則魏明帝也。秦所鑄銅人已爲董卓椎破，見《後漢書》及《三國志·卓本傳》，則似景初所毁當爲漢武帝之金人。然《李長吉歌詩》卷二《金銅仙人辭漢歌》自序以明帝徙盤爲青龍元年八月事，年月與《魏略》不合，故西泉吴正子注長吉詩辨之，據《黄圖》言始皇所造爲董卓所銷，尚餘二人未毁。明帝欲徙洛陽，重不可致，留霸城。仙不可言狄，知長吉未可非。青龍元年所徙是漢武銅仙，景初元年所徙是秦皇銅人也。吴説如此，然則《魏略》言景初所徙，不當言有承露盤，此微誤。

魏人造陵雲臺，見《文紀》黄初二年，又見《高堂隆傳》，成時使韋仲將題榜，見《世説新語》中卷之上《方正》篇劉孝標注所引《文章志》。何平叔《景福殿賦》云：「建凌雲之層盤。」李善注云：「凌雲，盤名。」又《衛覬傳》：「明帝時役務方殷，覬上疏曰：『昔漢武信求神仙之道，謂當得雲表之露以餐玉屑，故立仙掌以承高露。陛下通明，每所非笑。漢武有求於露，而由尚見非，陛下無求於露而空設之，不益於好而糜費工夫，誠聖慮所宜裁制也。』」據諸文與《魏略》參觀，則知魏人於青龍既徙秦銅人，不可致，至景初又徙漢銅仙，又不可致，憤怒，遂又大發銅，自鑄仙人掌、承露盤，名曰「凌雲盤」，而又造凌雲臺，置于其上焉。凌雲即通天意也，其侈如此。其所鑄翁仲製名與仙人絶不同，且既言「列坐司馬門外」，則非臺上之仙人可知。

秦金狄爲董卓所毁，魏欲徙後留霸城者，薊子訓嘗摩挲歎息，見《後漢·方術傳》。後苻堅又毁其二爲錢，其一百姓推置陜北河中，見李石《續博物志》第七卷。其餘漢武、魏明所鑄，竟無下落，史籍紀載從未一及。又金狄留霸城者，胸前有銘，見陶弘景《真誥》第十七卷，古今談金石文字者亦從未一及。

程大昌也者，無知而好立議論，最爲可厭。所作《雍録》第十卷强改徙金人者爲漢明帝，而非魏明帝，今不取。

齊王芳被廢

齊王芳即位後，紀歷著其通《論語》、《尚書》、《禮記》，則假太后令廢之，謂其「耽淫内寵，沈漫女德」，非誣之乎？蓋司馬懿殺曹爽，至此六年而司馬師廢王，政去曹氏。

懿用操智[一]

懿取魏，即操取漢故智也。目所習睹，還用之甚便也。操辛苦而僅得者，子六年、孫十二年，一瞬耳。操有靈，悔不終爲漢處士，春夏讀書，秋冬射獵。

校讀記

[一]李慈銘曰：「慈銘案：古來篡逆之賊，以王莽、曹操、朱温三人爲首。莽居攝二年，稱僞新十六年，共十八年；操子丕篡漢祚六年，孫叡繼立十二年，而權歸司馬氏；温建僞梁六年，及子友貞十一年，共十七年而滅。三逆之得數相符如此，亦天道之巧合者。」

董袁等傳

董卓、袁紹、袁術、劉表等傳以范《書》較之，范之詳幾倍於陳壽，凡裴松之所採以入《注》者，皆范氏取入正文者也。陳之精簡固勝於范，然范贍而不穢，銓敘井井，亦不厭其縣。

袁紹傳注誤

《袁紹傳》注引《九州春秋》謂紹延徵北海鄭玄而不禮，案玄本傳稱：「紹總兵冀州，遣使要玄，大會賓客。玄最後至，迺延升上坐，與諸客辨對，莫不嗟服。應劭亦在坐，北面願爲弟子。紹迺舉玄茂才，表爲左中郎將，皆不就其事。」如此安得有不禮之事？此注又引

《英雄記》載「曹公云：『鄭康成行酒，伏地氣絶。』」此乃曹欲甚袁之罪，故造此語。本傳又稱「紹與曹操相拒官渡，逼玄隨軍，不得已，載病到元城縣，疾篤，不進而卒」，則安得有行酒氣絶事？皆妄也。

劉表傳少長子琦後事

陳壽總求簡嚴，然如劉表二子琦、琮，若于琦竟一字不提，亦已矣，乃上文既并出琦、琮，而下文但叙琮降曹後事，琦竟不見顛末，不特事蹟不全，行文亦無結束，不如范蔚宗於傳尾兼及琦云「操後敗于赤壁，劉備表琦爲荆州刺史，明年卒」，較爲完善。

二刺史不當稱字

《臧洪傳》：「廣陵太守張超引洪見其兄邈，與語，大異之，致之於劉兗州公山、孔豫州公緒，皆與洪親善。」案兗州刺史劉岱字公山，豫州刺史孔伷字公緒，皆起兵討董卓者，見《太祖紀》。今此段乃陳壽自執筆叙臧洪事，非詞命，何爲於二刺史稱其字乎？漢季風氣好稱人字，此必壽沿襲他人紀載之言，未及改正耳。《公孫瓚傳》云「朝議以宗正東海劉伯安」云云，此亦壽叙事，非詞命而稱字，亦非體，與《臧洪傳》正同，當云「劉虞」。

州郡中正

《夏侯玄傳》:「玄議時事,以爲:『銓衡專於臺閣,上之分也;孝行存乎閭巷,優劣任之鄉人,下之敘也。欲清教審選,在明其分敘,不使相涉而已。自州郡中正品度官才,有年載矣。孝行著於家門,豈不忠恪於在官乎?仁恕稱於九族,豈不達於爲政乎?義斷行於鄉黨,豈不堪於事任乎?但中正干銓衡之機於下,而執機柄者委仗於上,上下交侵,以生紛錯。且臺閣臨下,考功校否,衆職之屬,各有官長,旦夕相考,莫究於此。閭閻之議,以意裁處,而使匠宰失位,衆人驅駭,欲風俗清静,其可得乎?天臺縣遠,衆所絶意,所得至者,更在側近,孰不修飾以要所求,所求有路,則修己家門者已不如自達於鄉黨矣,自達鄉黨者已不如自求於州邦矣。開之有路,而患其飾真離本,雖嚴責中正,督以刑罰,猶無益也。豈若使各帥其分,官長則各以其屬能否獻之臺閣,臺閣則據官長能否之第,參以鄉閭德行之次,擬其倫比,勿使偏頗。中正則唯考其行迹,别其高下,審定輩類,勿使升降。臺閣總之,如其所簡,或有參錯,則其責負自在有司。中正輩擬比,如其不稱,責負在外,則内外相參得失,互相形檢,孰能相飾?』」案夏侯玄之意專爲州郡中正據鄉黨評議以上撓銓衡之權,故發此論。大約漢末名士互相品題,遂成風氣,於時朝廷用人率多采之,魏武已恨之，故《武紀》於建安十五年載其下令曰：「天下未定，求賢之急時也。孟公綽爲趙魏老則優，不可爲滕薛大夫。若必廉士而後可用，齊桓其何以霸，今天下得無盜嫂受金、未遇無知者乎？二三子其唯才是舉，吾得用之。」又十九年令曰：「有行之士未必能進取，進取之士未必能有行。陳平豈篤行，蘇秦豈守信？而平定漢業，秦濟弱燕，士有偏短，庸可廢乎？有司明思此義，則士無遺滯，官無廢業矣。」二十二年令曰：「韓信、陳平負汙辱之名，有見笑之恥，遂能成就王業。吴起貪將，殺妻自信，散金求官，母死不歸，然在魏，秦不敢東向，在楚，三晉不敢南謀。今天下得無高才異質，負汙辱之名，見笑之行，不仁不孝，而有治國用兵之術，其各舉所知，勿有所遺。」操以邪見，欲破格用人，心術不正可知。然清議不爲衰止，是以《何夔傳》：「夔言於太祖曰：『軍興以來，制度草創，用人未詳其本，各引其類，自今所用，必先核之鄉閭。』」夔蓋目睹操之以權道破格用人，流弊不小，故請使用人參取鄉評也。其後文帝即王位之初，而陳羣始制九品官人之法，州郡中正之設當始於此時，但《羣傳》只此一句，《國志》但有紀傳而無志，選舉科條不可得詳，竟不知所謂九品者爲何。夏侯玄之議則在正始以後，其時中正之權重矣。後晉時陳壽以服中使婢丸藥，犯清議，遂沈滯累年，而南北朝亦恒設中正，如《南史·宋武帝》《齊高帝紀》于受禪即位大赦，皆有「犯鄉論清議者一皆蕩滌，洗除先注」等語，此所洗即中正所注也。漢光武、明、章尊儒重道，風俗之美，留遺如此之久。夫鄉評有權，雖不無流弊，然三代以下，士惟恐不好名耳，恐掛清議而勉思自好者多，究亦維風俗之一法。

《新唐書·儒學·柳沖傳》：「魏氏立九品，置中正，尊世胄，卑寒士，權歸右姓。其州大中正、主簿，郡中正、功曹，皆取著姓士族爲之，以定門胄，品藻人物。晉宋因之，始尚姓已。然其別貴賤，分士庶，不可易也。于時有司選舉，必稽譜籍而考其真僞。」據此則似中正之設，專以門第定人才高下矣。《文選》第四十卷沈休文《奏彈王源》一首「給事黄門侍郎兼御史中丞吴興邑中正臣沈約稽首言」云云，以南郡丞東海王源是晉右僕射雅曾孫，嫁女於吴郡滿璋之之子鸞，璋之姓族，士庶莫辨，源蔑祖辱親，請免官，禁錮終身。即此以觀，中正所重門第，自魏晉至六朝皆然。然以夏侯玄言參之，其始本論品行，後乃專重門第耳。魏崔亮創「停年格」，亮甥司空諮議劉景安與亮書論其弊云：「立中正不考才行，空辨姓氏。」要是流弊如此，非其初制本然。

沈約《宋書·臧燾徐廣傅隆傳》論云：「選賢於野則治身業弘，求士於朝則飾智風起。漢世登士，閭黨爲先，故仕以學成，身由義立。自魏氏膺命，選賢進士，不本鄉閭，銓衡之寄，任歸臺閣。」九品中正起於魏，而約之言乃如此。

《三國》本無志，《晉書》、《宋書》、《南齊書》、《北魏書》各書雖有《官志》而於中正一官絶不及之，惟《隋書》第二十七卷《百官志》叙北齊官，言清都郡鄴、臨漳、成安三縣上上郡、上上縣各有中正，卷末叙流内比視官十三等亦及之，然甚略。中正平日于其境内人才豫銓，定爲九品，以待司衡者之采擇，其科指史不及也。至晉及南北朝各史列傳中散見者則甚多，不可枚舉。或稱某州大中正，或稱某郡大中正，或無「大」字，大約多以他官兼攝，無專員，又或以致仕家居者爲之，不必定以現任官攝也。至唐始廢。史文既略，其制皆無考。杜氏《通典》第三十二卷《職官》門中叙至州郡官，始詳述其制，可補史家之闕，詳見後第四十七卷。

《南齊書·高帝紀》建元元年十月詔：「宋元徽二年以來，諸從軍得官者未悉蒙禄，可催速下訪，隨正即給。才堪餘任者，訪洗量序。若四州士庶，本鄉淪陷，簿籍不存，尋校無所，可聽州郡保押，從實除奏。荒遠闕中正者，特許據軍簿奏除。或戍扞邊役，末由旋反，聽於同軍各立五保，所隸有司時爲言列。」《南史·梁敬帝紀》太平二年詔：「諸州各置中正。舊放舉選，不得輒承單狀序官，皆須中正押上，然後量授。其選中正，每求耆德該悉，以他官領之。」觀此則中正之權亦重矣。

夏侯玄傳附許允王經

魏氏之亡，始於曹爽之誅，而終於齊王之廢及高貴鄉公之弒。爽之驕溢，其敗有由。然爽不死，司馬之篡不成，若夏侯玄、李豐之獄，則師、昭相繼，逆節彰著，諸公身沈族滅，皆魏室之忠臣也。故於《玄傳》末以許允、王經終之，以見其皆亡身殉國者，而皆貶其以過滿取禍，則廋詞以避咎耳。世愈近，言愈隱，[一]作史之良法也。

校讀記

[一]《三國志知意》引西莊此條云：「按此説亦似鑿，允、經自當書于此，貶詞亦承祚所見固然耳。」

袁涣

義門何氏校云：「『涣』當作『焕』，今太康縣有魏《袁焕碑》。」案北平黄叔璥玉圃輯《中州金石考》，陳州府扶溝縣有魏《袁涣碑》，此縣又有《漢國三老袁良碑》。《方輿紀要》云：「《金石林》載入太康縣。」何氏因此遂以爲在太康，但作「涣」甚明，不知何以云當作「焕」，惟是《蜀志許靖傳》云：「靖與陳郡、袁焕親善。」且其字曰曜卿，則又似从火爲合，且其父名滂，不應涣亦从水，未知其審。

袁張涼國田王邴管傳

諸人生於亂世，或不忘故君，或甘心死節，其仕於操者，皆因緣託寄，非其本心也。況皆未入黄初，篡奪之事不與焉。以管寧終之，以見隱見不同，臭味各别，必如寧之志行，方爲最高耳。

《邴原傳》末所附三人皆曾貴仕者，《管寧傳》末所附二人皆能終遯者，義類謹嚴，非漫然也。二人者，張臶一百五歲，胡昭八十九歲，亦以壽高相爲類。管寧客遼東，公孫度及文帝徵寧，遂將家屬浮海還郡，不但知公孫氏將亡，亦以不還則必結怨於曹氏也。潔其身，巽其迹，可謂兩得之矣。

詔問青州刺史程喜：「寧爲守節高乎？審老疾邪？」喜上言：「揆寧前後辭爵之意，獨自以生長潛逸，耆艾志衰，是以棲遲，每執謙退。此寧志行，不爲守高。」喜可云善爲我辭矣，全寧之節者，喜也。其後正始二年，太僕陶丘一等薦寧宜備禮徵聘，而奏末又言：「若寧固執守志，斯亦聖朝同符唐虞，雖出處殊塗，於興治美俗一也。」此又諸公之留此退步，以爲寧地者，然此時寧年已八十四，寧亦自知必免矣。

田疇字

「田疇，字子泰，右北平無終人」，案陶潛《擬古》詩云：「辭家夙嚴駕，當往至無終。聞有田子春，節義爲士雄。」「春」字之下注云：「一作『泰』。」予所據者，從友人朱奐文游借得宋紹熙壬子冬贛川曾集刻本。觀此則知或作「子泰」，或作「子春」，宋人已不能定，然畢竟以「春」爲正也。至宋姚寬《西谿叢語》下卷據《漢書·劉澤傳》「高后時齊人田生游乏資，以書干澤」云云，晉灼注引《楚漢春秋》云：「田生字子春。」以此當陶詩所用，則大謬。不但田生以干謁爲事，與田疇不相類，且陶詩既云「無終」，則非齊人甚明，何得牽合？有一等人不能看正史，旁搜宋元小説以掩其短，如姚寬之輩，未嘗學問而好爲議論，自有學識者觀之，雖多亦奚以爲？

貢禹兩龔之匹

評以袁渙、邴原等爲貢禹、兩龔之匹，意指顯然，其待魏室之輕重亦有在矣。蓋借禪讓以爲篡竊，始於莽、操，莽敗操成，其開後世以巧奪之門一也。陳壽目睹兩朝，故尤謹之，而寓其意於諸賢出處之間，示進退於列傳先後之際，其用心良苦矣。

耳耳

《崔琰傳》：「楊訓發表稱讚功伐，琰與訓書曰：『省表，事佳耳。』太祖怒曰：『諺言生女耳，「耳」非佳語。』」案《谷音》柯芝詩：「耳耳非佳語，陸陸難爲顔。」[一]以「耳耳」連讀，此宋季人讀，恐不可據。按文當以「生女耳」爲句。

校讀記

[一]《谷音》卷下載柯芝《耳耳》詩。

先世名臣

《鍾繇傳》：「繇與司徒華歆、司空王朗並先世名臣，文帝罷朝，謂左右曰：『此三公者，乃一代之偉人也。』」愚謂雖云「一代偉人」，實則兩朝達節。陳壽以此三人作合傳，故引丕語以著其合之之意，而先書「先世名臣」四字，則不待貶而其失節自見。然朗之子肅作諸經傳訓解，忌鄭氏康成名高而攻詆之，其名位既極隆赫。華歆之孫嶠又秉史筆，作《漢後書》，又於《譜叙》中增飾歆之美，謂文帝受禪，而歆以形色忤時。夫歆既爲魏相國，又何忤哉？發壁牽后，誰所爲也？甚而孫資之玄孫盛亦作《魏氏春秋》、《晉陽秋》，鄙夫佞人，昌後乃爾，幸其書皆不傳。《陳羣子泰傳》裴松之注引孫盛《魏氏春秋》而云：「檢盛言諸所改易，皆非别有異聞，率更自以意，制多不如舊。凡記言之體，當使若出其口，辭勝而違實，固君子所不取，況復不勝而徒長虚妄哉？」據此，則孫盛之史多曲筆，而華嶠可知。

弟子避役

《王朗子肅傳》注引《魏略》云：「從初平之元至建安之末，天下分崩，儒道尤甚。至黄初元年後，新主乃復始掃除太學之灰炭，補舊石碑之缺壞，備博士之員録，依漢甲乙以考課。申告州郡，有欲學者，遣詣太學。太學始開，有弟子數百人。至太和、青龍中，中外多事，人懷避就，雖性非解學，多求詣太學。太學諸生有千數，而諸博士率皆麄疎，無以教弟子。弟子本以避役，竟無能習學，冬來春去，歲歲如是。雖有精者，而臺閣舉格太高，加不念統其大義，而問字指墨法點注之間，百人同試，度者未十。是以志學之士，遂復陵遲。」案「補舊碑缺壞」，疑即指蔡邕《石經》而言，太和、青龍正孔明屢出祁山之時，所謂「避就」者，即避役也。《劉馥子靖傳》「靖上疏曰：『黄初以來，崇立太學，二十餘年，寡有成者，蓋由博士選輕，諸生避役，高門子弟，恥非其倫』」云云，正指此事也。上文《朗傳》注中引《魏名臣奏》載朗節省奏謂「西京學官博士七千餘人」，「博士」下當脱「弟子」二字，今此曰數百人、曰千數，較漢盛時多寡懸殊乃爾。

程郭董劉蔣劉傳

諸人皆魏之謀主也，運籌决勝，功效卓然。至於翦漢之迹，肇自董昭；傾魏之端，啓於資、放。列叙諸人而以劉放殿之，且以孫資附入《放傳》，以明智計之士見利忘義，不可保信，以此始者必以此終，著戒甚深。不然，以諸人之謀略，且與二荀肩隨矣，何獨區而別之乎？賈詡地望無可言，[一]然觀其處父子之間，勉丕以孝，答操甚忠，則尚優於諸人，離之此而合之彼，其例密矣。[二]

校讀記

[一]李慈銘曰：「慈銘案：《後漢書·王允傳》所載詡説李傕之言，則漢季之禍，實詡一人爲之，其罪通天，萬死莫贖。而王氏稱其操、丕之間，詭效小節，何爲優乎？《三國志》本傳所述亦同，裴世期以爲『自古兆亂，未有如此之甚』，誠可痛恨者也。蕭常《續漢書贊》亦深詆之。」

[二]《三國志知意》引西莊此條云：「按此諸人雖多謀略，非發大謀，自當區於荀、賈，非有所優劣高下也。賈詡豈果忠於操，董、劉皆佞，而程、郭則非佞，安見程、郭非忠於操乎？至所謂著戒之意，亦似讀者之意而非必作者之意。」

魏民比漢一郡

《蔣濟傳》：「景初中，外勤征役，内務宫室。濟上疏曰：『今雖有十二州，至於民數，不過漢時一大郡。』」按《陳羣傳》：「青龍中，營治宫室，百姓失農時。羣上疏曰：『今喪亂之後，人民至少，比漢文景之時不過一大郡。』」羣之言與濟正同，彼文下臣松之按：「《漢·地理志》云元始二年，天下户口最盛，汝南郡爲大郡，有三十餘萬户，則文景之時不能如是多也。《晉太康三年地記》，晉户有三百七十七萬，吴、蜀户不能居半。以此言之，魏雖始承喪亂，方晉亦當無大殊。陳羣之言於是爲過。」再考《杜畿子恕傳》：「太和中，恕上疏曰：『今大魏奄有十州之地，而承喪亂之弊，計其户口，不如往昔一州之民。』」今考明帝即位，建元太和，太和七年改青龍，青龍五年改景初，儻如松之之言，以陳羣爲過，則蔣濟亦過也，杜恕近之，然亦甚其詞矣。又考《張繡傳》：「破袁譚，繡增邑二千户。是時天下户口減耗，十裁一在。」操破袁氏之時，天下亂極，生靈塗炭。《張繡傳》云云，斯爲實録。其後稍平定，至青龍、景初，生聚孳息三四十年，户口當必漸加。故松之以陳羣爲過，自此以至晉太康，生聚孳息又不下四五十年，而中間雖有征役，絶無大亂若黄巾、董、袁之甚者。則其户口自當益以滋殖，豈可遂據太康以例青龍、景初時乎？

南齊竟陵王子良密啓武帝論民户疲耗有曰：「以魏方漢，猶一郡之譬。」見蕭子顯《南齊書》本傳。然則蔣濟、陳羣之言，從來相傳如此，何得云魏始承喪亂時，與晉無大殊？又《南史·齊東昏紀》張欣泰謂裴長穆曰：「以秦之富，今不及秦一郡。」[一]南朝既不及秦一郡，則魏初只可及漢一郡可知。

校讀記

[一]按張曰：「夫以秦之富，起一阿房而滅，今不及秦一郡，而頓起數十阿房，其危殆矣。」西莊節之，其意不屬。

雞棲樹

《劉放傳》注引《世語》曰：「放與孫資久典機任，夏侯獻、曹肇心不平，殿中有雞棲樹，二人相謂：『此亦久矣，其能復幾？』」案顔師古《急就篇注》：「皁莢樹，一名雞棲。」

放資傳多微詞

放、資傳多微詞，如云「放、資既善承順，又未嘗顯言得失，抑辛毗而助王思，以是獲譏於世」。案王思在《梁習傳》。放、資之罪在引司馬耳，然此不可得而言也，故以他罪入之，著其事而微其詞也。其上文先言齊王即位，以决定大謀增邑，所謂「大謀」者何也？援納篡賊也。則抑毗助思，固其小小者矣。[一]用意不亦彰明較著哉。

校讀記

[一]《三國志知意》引西莊此條云：「按此説亦鑿，但言『大謀』，何以知其是篡與否耶？當時固以爲禪，禪不可稱『大謀』乎？觀評止云『雅亮非體』，則承祚之于放、資，固未嘗深致貶也。」

戾渠陵大堨水

「劉靖還鎮北將軍，假節都督河北諸軍事。修廣戾渠陵大堨，水溉灌薊南北，三更種稻」，案「三更」未詳。「渠陵」字當乙，《水經注》作「戾陵堰」、「車箱渠」，并載劉靖造堨開渠碑，元文詳見第十四卷《鮑邱水》篇。

五人俱逝

《王粲傳》：「文帝爲五官將，及平原侯植皆好文學。粲與徐幹、陳琳、阮瑀、應瑒、劉楨並見友善。其餘雖有文采，不在此七人之例。」案此所謂建安七子也。其下文載文帝《與吴質書》「昔年疾疫，徐、陳、應、劉一時俱逝，而其上則言粲以建安二十一年從征吴二十三年春道病卒，又言瑀以十七年卒，幹、琳、瑒、楨二十二年卒」，「幹、琳」之下，毛板脱去「瑒」字，今增此，正所謂「一時俱逝」者也。但粲亦以此年卒，則七人中五人俱逝，而獨遺粲者，意粲道病卒，不在鄴下，且又雖同在一年中，而非一時故邪？東漢從洛遷關中，又從關中還洛。建安元年，魏武乃迎天子都許。九年，破袁尚，定鄴，又遷鄴。七人飲酒賦詩皆在鄴也。

後世文人浮華輕薄之習，七人開之。曹丕命甄夫人出拜客，劉楨平視之，又命吴質諦視郭后，俱見《王粲等傳》注。而夏侯惇爲陳留太守，舉衛臻計吏，命婦出宴，見《臻傳》。一時風氣流蕩若此。

傅嘏才達

《王粲衛覬劉廙劉劭傅嘏傳》評末云：「傅嘏用才達顯。」松之云：「嘏識量名輩，實當時高流，而云『用才達顯』，不足以見嘏之美。」案此書於易代之際，有貳心以邀功者，必加微詞。司馬氏勢雖偪主，然師死於淮，昭方在許，亦事之至危也。嘏專心奉戴，擁衆還洛，大柄已得，魏祚傾矣。故首列王粲，書其勸琮納土之謀；中傳衛覬，特著還漢助禪之事；終之以嘏，則奉馬傾曹。此始此終，著鑒甚明。故評中特表徐幹之沖虚以示優劣焉。如幹猶揚雄之不與事耳，此外皆與聞乎篡者，稱嘏才達，節不足見矣。松之未明作者之

凡也。[一]

校讀記

[一]《三國志知意》引西莊此條云：「按王説未必作者本意，『才達』二字不見是微詞也。」

陳羣勸劉備勿東争徐州

《陳羣傳》：「劉備臨豫州，辟羣爲别駕。時陶謙病死徐州，迎備，備欲往，羣説備曰：『袁術尚彊，今東必與之争，吕布若襲將軍之後，將軍雖得徐州，事必無成。』備遂東與袁術戰，布果襲下邳，遣兵助術，大破備軍。備恨不用羣言。」陳氏景雲字少章，吴縣學生。曰：是時吕布正據兖州，與曹操相持，何暇分兵規取徐州乎？及布爲操所破，乃東奔備，已在備領徐州之明年。至備與袁術戰，術誘布襲取下邳，此又在布奔徐州之後一年。當羣時止可料袁術之争徐，不能逆睹吕布之爲害也。况備雖名領豫州，不過屯徐之小沛，謙既卒而備不領州事，徐州爲他人所有，備亦安得有容足之處哉？他日袁、吕相爲首尾，協領徐州，此變生意外，初非始謀不臧，輕舉貪得，致貽顛蹶，又何追恨之有？斯實由魏史以事後而附會虚談，陳壽未及刊削。

回倒

《徐宣傳》：「帝船回倒。」「回倒」無注，或作「回旋」，傾倒意亦得，未可定。何氏焯云：「回即桅也，古字通。」[一]今世呼舟中植颿木，誠有回音，至其字作「桅」，則不知所出。《説文》：「桅，黄木可染者。」假借用之，未審起於何時，若與「回」通，恐未可。此説當闕疑。

校讀記

[一]見《義門讀書記》第二十六卷。

太學課試

《文紀》：「黄初五年，立太學，制五經課試之法。」亦見《明紀》太和四年。《高堂隆傳》：「景初中，詔：『科郎吏高才解經義者三十人，從光禄勳隆、散騎常侍林蘇林、博士静秦静，分受四經三《禮》，主者具爲設課試之法。』」案太學課試之法，略載前續二《漢書·儒林傳》，魏亦行之。如上所引而又略載《王肅傳》。説已見前。然其科條不可得詳，所可見者，惟漢於《五經》立十四家，今增《穀梁春秋》一家，又用王朗《易傳》課試。《三國志》但有紀傳，别無志，遂使遺制零落難尋。

毌丘儉反

《毌丘儉傳》：「儉與夏侯玄、李豐善，揚州刺史文欽徼賞不許，怨恨，儉以計厚待欽。正元二年正月，儉、欽矯太后詔，罪狀大將軍司馬景王，舉兵反。」案凡作史者，書法先書其反，而後言其罪狀，則是正其罪而書之，坐以實反也。先具其狀然後言反，則所云反者，乃不得已而言之，儉反司馬師，非反魏，顯然可見。

十七史商榷卷四十一

三國志三

劉璋傳脱誤

《劉二牧璋傳》:「張魯驕恣,璋遣龐羲等攻魯,所破。」《通鑑》作「數爲所破」,又:「璋聞曹公征荆州,已定漢中,遣河内陰溥致敬於曹公。」「已定漢中」四字殊不可解,必有脱誤,曹公定漢中,張魯遁走,在建安二十年,距此時相後數年。

山勢

《先主傳》:「先主與夏侯淵、張郃等相拒,自陽平南渡沔水,緣山稍前,於定軍山勢作營。」案:《法正傳》云「于定軍興勢作營」,此「山」字誤,其下脱文,何氏已詳之。

勸學從事譙周

建安二十五年，羣臣勸進先主，内有勸學從事譙周。顧氏曰：「《譙周傳》：『建興中，丞相亮領益州牧，以周爲勸學從事。』與此不同。周卒于晉泰始六年，年七十二，當先主即位，年僅二十三，未必與勸進之列，從本傳爲是。」[一]

校讀記

[一]見《日知録》卷二十六《三國志》條。

宫府

《諸葛亮傳》：「亮率軍北駐漢中，上疏曰：『宫中、府中，俱爲一體，陟罰臧否，不宜異同。』」案「府」者，即三公之府，見前《漢書》；[一]「宫中」者，黄門常侍也。弘恭、石顯排擊蕭望之，周堪、曹節、王甫輩反噬陳蕃、竇武，此宫、府不一之禍也。時雖以攸之、禕、允分治宫中政令，猶恐後主柔暗，或有所暱，故首以此爲言。其後董允既卒，黄皓專政，而國亡矣。當檢《允傳》同觀，又可與三十七卷《臺閣》一條參尋之。

校讀記

〔一〕見本書卷二十三《二府三府四府五府》條。

若無興德之言

亮上疏曰：「討賊興復，不效則治臣之罪，以告先帝之靈。責攸之、禕、允等之慢，以彰其咎。」案此文載《文選》，李善注謂「責攸之」之上有「若無興德之言」六字，《蜀志》本有，《文選》脱。今《蜀志·諸葛亮傳》反脱，而《文選》反有之者，考此六字《董允傳》中亦具載，李注所云《蜀志》有者，蓋指《允傳》之文，其《亮傳》蓋本自脱，而《文選》則後人因善注添入。

亮誅馬謖

習鑿齒論諸葛亮誅馬謖云：「晉人規林父之後濟，故廢法而收功；楚成闇得臣之益己，故殺之以重敗。今蜀僻陋一方，才少上國，而殺其俊傑，退收駑下之用，將以成業，不亦難乎？」亮之誤，非誤於誅謖，誤於用謖不得其當耳。謖幼負才名，以荆州從事隨先主入蜀，才器過人，好論軍計。蓋其所長在智謀心戰之説，亮既用之，赦孟獲以服南方，終亮之世，南方不復敢反，此其明證也。祁山之役，令爲先鋒，統大衆在前，以運籌決策之才，而責以陷陣摧堅之事，是使蕭何爲將，而韓信乃轉粟敖倉以給軍也，宜其敗矣。此則亮之誤也。

十二更下在者八萬

裴注：「亮在祁山，十二更下，在者八萬。」案《周官·小司徒》：「均土地以稽其人民而周知其數。上地家七人，可任也者家三人；中地家六人，可任也者二家五人；下地家五人，可任也者家二人。」《司馬法》曰：「六尺爲步，步百爲晦，晦百爲夫，夫三爲屋，屋三爲井，井十爲通，通爲匹馬，三十家，士一人、徒二人。」[二]以《小司徒》參之，司徒之可任者如此之多，《司馬法》之出士徒數如彼之少，古人用兵皆爲不勝計，以慮敗也。故不盡用之，雖敗尚可扶持，故《小司徒》只言其可任者，非實數也。自此以後，調發者皆用實數，不幸而敗，不可救矣。晉作州兵，乃盡數調發，非先王之法。他如魯成作丘甲，蘇秦以齊臨淄之中七萬户，不下户三男子，而卒已二十一萬。曹操謂崔琰曰：「昨按户籍，可得三十萬衆，故爲大州。」是皆以實數調發，惟孔明不然。一蜀之大，兵多不過十二萬，孔明所用八萬，常留四萬，以爲更代。蜀之强，以孔明不盡用之，乃其亡尚有十萬二千，數年之間所折不過二萬耳。詳見予《周禮軍賦説》。

校讀記

[一]《周禮·小司徒》鄭注引。「三十家，士一人」，西莊誤作「三十家，十二人」，已據正。

漢壽亭侯

《關張傳》：「曹操表封羽爲漢壽亭侯。」[一]裴松之無注，熊方《後漢書年表》第八卷「異姓侯」有壽亭侯關羽，其下格注云：「武陵。」此傳寫誤脱去「漢」字，而注武陵則確也。《續漢·郡國志》：「武陵郡屬縣漢壽，刺史治。」是矣。王氏世貞《弇州山人續稾》第六十一卷有《漢前將軍漢壽亭侯廟記》，前將軍是劉先主所授，漢壽亭侯是曹操所封，王氏連稱之，此非是，而以「漢壽」連文則是也。洪邁《容齋四筆》第八卷《辨壽亭侯印》一條云：「荆門玉泉關將軍廟中有壽亭侯印一鈕，其上大環，徑四寸，下連四環，皆系於印上。相傳云紹興中洞庭漁者得之，入於潭府，以爲關雲長封漢壽亭侯，此其故物也，故以歸之廟中。南雄守黄兑見臨川興聖院僧惠通圖印形，爲作記，而復州寶相院又以建炎二年因伐木，於三門大樹下土中深四尺餘得此印，其環并背俱有文云漢建安二十年壽亭侯印。今留於左藏庫，邵州守黄沃叔啟慶元二年復買一鈕於郡人張氏，其文正同，只欠五系環耳。予以爲皆非真漢物，且漢壽乃亭名，既以封雲長，不應去『漢』字，又其大比它漢印幾倍之。閩嘉興王仲言亦有其一。侯印一而已，安得有四？雲長以四年受封，當即刻印，不應在二十年，尤非也。是特後人爲之以奉廟祭，其數必多。今流落人間者尚如此也。」以上皆洪語，其辨甚精，流俗無知之輩或創異解云：「本是封爲壽亭侯，陳壽特加一『漢』字以著明其爲漢。」試問彼時地名中安得有所謂「壽亭」者乎？況使果作「壽亭侯」，則其時操方身爲漢臣，其表封關公係假漢帝之命以行，此其爲漢亦何待言，而陳壽必爲贅加一「漢」字乎？不通古今之妄人，其謬一至於此。

又《尚書·禹貢》「荆州」疏引郭璞《爾雅注》云：「有水從漢中沔陽縣南流至梓潼、漢壽。」漢壽即漢廣，漢郡葭明縣，蜀先主始改名漢壽，晉又改晉壽，此不但與武陵漢壽本非一地，全無干涉，且當操表封關公時，先主尚未入蜀，蜀地未有此名也。《唐詩鼓吹》第一卷劉夢得《漢壽城春望》詩明古岡廖文炳解於題下，既云「城在今四川保寧府廣元縣」，則以爲蜀漢壽矣，而于首聯「荒祠古墓對荆榛」解云：「古荆州治亭下有子胥廟，楚王故墳，則又似武陵。」此不知考核兩漢壽之名同地異也。

《魏志·劉放傳》：「黄初三年，封魏壽亭侯。」裴亦無注，此疑亦武陵漢壽。此雖吴地，因其時孫權臣服，魏人遥改名之，與蜀之漢壽無涉。

［一］李慈銘曰：「慈銘案：《蜀志·先主傳》羣下上先主爲漢中王，表於漢帝，具列諸臣名，有曰盪寇將軍漢壽亭侯臣關某。據侯本傳，先主收江南諸郡，以某爲盪寇將軍，及爲漢中王，拜爲前將軍，而未言别有封爵，蓋即仍漢壽之封，故侯卒後追謚曰壯繆，侯子興嗣，興卒，子統嗣，統卒，興庶子彝續封，皆就其故爵也。漢壽由曹操表封，固出於漢帝，故先主仍而不改，侯又遽薨，未及見先主踐位，故亦不進爵。然則王氏漢前將軍漢壽亭侯之稱，不得爲非也。又案：侯傳言：『先主收江南諸郡，乃封拜元勳，以侯爲襄陽太守、盪寇將軍。』案《張飛傳》言：『先主既定江南，以飛爲宜都太守、征虜將軍，封新亭侯。』先主元勳惟關、張兩人，故以委任如諸葛，名將如趙雲，而諸葛之封武鄉侯，趙之封永昌亭侯，皆至後主建興元年，終先主世，訖未封爵。然則侯傳既云封拜元勳，乃僅著軍號而不及爵封，非以仍其故封不更著歟。獨怪昭烈寄任壯繆過于桓侯，而桓侯于章武元年進封西鄉侯，馬超亦以是年由都亭侯進封斄鄉侯，壯繆竟以先逝不得進爵，子孫三世以亭侯終，雖國制如是，而酬功稍薄矣。」

傅士仁

「將軍傅士仁屯公安」，案楊戲作《輔臣贊》及《吴主傳》并稱「士仁」，《吕蒙傳》亦然，然則姓士名仁，「傅」字衍。《吴志》：「漢末有交州刺史士燮。」則當時固有「士」姓矣。常璩《華陽國志》第六卷作「傅士仁」，此吴琯《古今逸史》俗刻，校者妄改，不可據。［一］

校讀記

［一］見卷六《劉先主志》，任乃强校注有詳説，見《華陽國志校補圖注》頁三七五至三七六。

關傳注多誣

裴松之注專務博采，若《關雲長傳》所採《蜀記》六條、《典略》一條，内惟「龐德子會，滅關氏家」一條或係實録，其餘盡屬虚浮誣妄。松之雖亦尚知駁正，然徒勞筆墨矣。觀裴注，愈知陳壽史法之嚴。

益德

張飛字益德甚明，而《古今逸史》中所刻《華陽國志·劉先主志》作「翼德」，甘肅蘭州刻同，此妄人所改。［一］

校讀記

［一］任乃强《華陽國志校補圖注》云：「飛字益德，取《易·益卦》『凡益之道，與時偕行』義，宋以前史書並作『益德』，元明小説乃改作『翼德』。張佳胤刻本仍作『益』，吴、何本乃據小説改之。」金毓黻《静晤室日記》卷九十五則云：「《三國志·張飛傳》飛字益德，而《漢魏叢書》本《華陽國

志·劉先主志》作字翼德，與《演義》同，或譏《演義》爲誤，必據陳《志》改之，是知其一不知其二之論也。然廖寅刻本《華陽國志》亦作益德，余疑此爲校者據陳《志》擅改，不可據为典要，翼德之稱本與飛名相應，且有所出，以其出於説部而擅改之，此不學之過也。」其立説又與任氏校注不同，録以存參。

關張贊稍不稱

《關張傳》贊云：「關羽、張飛爲世虎臣，羽報效曹公，飛義釋嚴顔，並有國士之風。」夫關公之所以爲國士者，以其乃心漢室耳。若其與張遼策馬刺殺袁紹將顔良于萬衆之中，遂解白馬之圍，公之所以爲國士，豈專在此哉？且其報曹正爲歸劉地也，若徒以報曹爲公義舉，未爲知公之心，此贊稍嫌不稱，即張桓侯之美，亦不宜但以釋嚴顔一節當之。

蜀諸臣年

李商隱《籌筆驛》詩：「管樂有才終不忝，關張無命欲何如。」愚謂先主語諸葛亮「君才十倍曹丕」，夫亮與丕豈可相提並論，十倍固不足言，即管樂雖本亮自稱，亦恐有所未盡，不如老杜「伯仲之間見伊吕」一語，品題尤當，而痛惜關張無命則是也。張少於關數歲，其死年必未老，固可恨，而諸葛年亦僅五十四，馬超四十七，龐統三十六，法正四十五，《黄忠傳》言其「勇毅冠三軍，而名望不高」，則年亦必尚未老，乃先主爲漢中王之明年遽卒，趙雲卒於建興七年，其年想亦不過五十餘，惟空虚無實之許靖年逾七十耳。天欲廢漢，人不能興之矣。

馬謖逃亡

《向朗傳》：「朗素與馬謖善，謖逃亡，朗知情不舉，亮恨之。」案《廖立傳》「立訴朗奉馬良兄弟，謂爲聖人」，即此傳所云「素與馬謖善」也。至《謖傳》但言其敗於街亭，下獄物故，並無逃亡事，而此傳乃云云，意謖逃而被獲，故下獄死，若然，則罪所應得，而習鑿齒尚譏亮殺謖爲非，何也？其事殊不明悉。

郤正造降書

《郤正傳》：「景耀六年，後主遣使請降於鄧艾，其書正所造也。」陸遊《籌筆驛》詩：「一等人間管城子，不堪譙叟作降箋。」用意相形甚妙，但不知造降書者乃郤正，非譙周也。

郭循

《費禕傳》：「延熙十六年歲首大會，魏降人郭循在坐，禕歡飲沈醉，爲循手刃所害。」案《魏書·三少帝紀》齊王芳嘉平五年作「郭修」，本書《張嶷傳》及《吴書·諸葛恪傳》注引《志林》並同，惟《費禕傳》作「循」，明是傳寫誤。

姜維志在復蜀

《姜維傳》末叙維爲魏將士所殺事，維本志在復蜀，不成被殺，其赤心則千載如生。陳壽蜀人而入晉，措詞之際有難焉者。評中於其死事反置不論，而但譏其翫衆黷旅，以致隕斃。壽豈不知不伐賊，王業亦亡，惟坐待亡，孰與伐之。特敵國之詞云爾。若以維之謀殺鍾會而復蜀爲非，則壽不肯爲此言，此其所以展轉詭説，以避咎也。維之于蜀，猶張世傑、陸秀夫之於宋耳。注引孫盛云：「盛以永和初從安西將軍平蜀，見諸故老，及姜維既降之後密與劉禪表疏，説欲僞服事鍾會，因殺之以復蜀土，會事不捷，遂至泯滅，蜀人于今傷之。」其下文皆盛貶維之言，盛佞人子孫，言固難據。考永和三年李勢破滅，是年丁未，去蜀亡景耀六年癸未，凡八十五年。

楊戲輔臣贊

楊戲，《華陽國志》作「楊羲」，《昭烈贊》以「興」與「音」爲韻。案《秦風・小戎》末章「興」與「音」爲韻，《大雅・大明》七章與「林」、「心」爲韻，「興」本蒸韻，此等乃偶沿方俗之音，非其正也。而此《贊》即據《小戎》、《大明》用之。《諸葛丞相贊》首用「濱」、「真」、「文」韻，第八句用「風」韻，第九句用「心」韻，第十句用「身」韻，「風」古音在侵，此以「風」與「心」爲韻，間襍二韻於其間，而「身」則仍與「濱」、「真」、「文」爲韻。[一]

校讀記

[一]沈濤《銅熨斗齋隨筆》卷五引西莊此條，云：「濤案此説非是。《季漢輔臣贊》所用韻皆與今不同，亦與《詩》、《騷》古音間有出入，當是漢魏時音韻如此，未可以陸法言《切韻》繩之，即如王元泰諸人贊，用『真』、『文』、『林』三字爲韻，此即侵、真二部通用之證，又豈有他韻間雜其間耶？又《昭烈贊》『鐘』字與『方』、『生』爲韻，《馬孟起贊》『亡』字與『同』、『龍』爲韻，《李正芳贊》『端』字與『綱』、『喪』爲韻，皆與《唐韻》不同。余嘗擬作《漢魏古音考》，繼三山陳氏《毛詩》、《屈宋》二書之後，迄未暇也。」